中国南方电网
CHINA SOUTHERN POWER GRID

U0668065

电费核算
典型案例分析

广东电网有限责任公司湛江供电局　编

浙江人民出版社
ZHEJIANG PEOPLE'S PUBLISHING HOUSE

国家能源局主管
中国电力传媒集团
CHINA ELECTRIC POWER MEDIA GROUP

图书在版编目（CIP）数据

电费核算典型案例分析 / 广东电网有限责任公司湛
江供电局编. —杭州 ： 浙江人民出版社，2017.10

ISBN 978-7-213-08314-3

Ⅰ. ①电… Ⅱ. ①广… Ⅲ. ①用电管理—费用—
案例—中国 Ⅳ. ①F426.61

中国版本图书馆 CIP 数据核字(2017)第 180152 号

电费核算典型案例分析

广东电网有限责任公司湛江供电局 编

出版发行：浙江人民出版社 中国电力传媒集团

经 销： 中电联合（北京）图书有限公司
销售部电话：（010）52238170 52238190

印 刷：北京博图彩色印刷有限公司

责任编辑：李 雯 李 瑶

责任印制：郭福宾

网 址：http://www.cpnn.com.cn/tsyxzx/

版 次：2017 年 10 月第 1 版·2017 年 10 月第 1 次印刷

规 格：787mm×1092mm 16 开本·11.25 印张·230 千字

书 号：ISBN 978-7-213-08314-3

定 价：**49.00** 元

编　委　会

主　编：蔡延华

副主编：朱继锋

成　员：招景明　陈　怡　陈康轩　邹雅婵

　　　　黄崇霞　吴华钰　符诗娴　陈晓波

　　　　黄宏秋　余婷婷　林锋沛

前　　言

近年来，随着电力营销业务的精细化，对电力营销工作人员的业务能力及业务素质要求日益提高。为使广大电力营销工作者理解和掌握现有营销业务模式，进一步提升营销业务技术水平，使之更具标准化、规范化，现结合实际工作，由湛江供电局客户服务中心电费核算二班组织编写了《电费核算典型案例分析》。

本书内容主要从日常工作出发，按照南网公司各类营销业务模型设计要求，针对一线营销工作人员在工作中易出错、掌握不全的环节，收录了 100 个电费复核工作的典型案例，其中涵盖业扩报装、电能计量、抄表计费、档案错误等方面，知识点多、内容丰富、实用性强，对具体从事电力营销工作的一线人员具有较强的指导和实践意义。

在此，特别感谢湛江供电局各级领导的大力支持，给本书提供了很多宝贵的参考资料和修改意见。由于编者水平有限，书中难免存在不足和错误之处，敬请广大读者和有关专家批评指正。

编者

2017 年 4 月

目　　录

第一章 影响变损电量的典型案例分析

案例 1-1 新装工单变损计费标志为"否"，导致变损电量为 0

一、案例介绍

计量方式高供低计应计收变损电量，因新装工单变损计费标志选择"否"，导致变损电量为 0，漏收变损电量 395kW·h。

供电单位						电费年月 201512					电费次数		
用户编				用户名				用电地址					
抄表区			供电线				台区名				合同容	160	
收费方	供电坐收		开户银				账号				客户类	公线专变客户	
抄表员			抄表日 2015-12-02		上次抄表日期 2015-11-16			联系人			联系电		
核算员			核算日 2015-12-08		发行员			发行日			联系电		
抄表周	每月一次抄表		阶梯类	非阶梯	免费电标志	否	免费电有效截止日				备注说		

抄表信息

计量点	抄表序	资产编号	示数类型	上月行码	本月行码	度差	业务类别	倍率	电表电量	换表电量	合计电量
1	1		正有功总	0	67.85	67.85	正常电费	60	4071	0	4071
1	1		正无功总	0	12.67	12.67	正常电费	60	760	0	760

计费信息

计量点	计量方式	电价代码	分时计费	定量定比值	基本电费标志	需量核定值	变损分摊标志	业务类别	力调标准	变损定额	线损计算方法	线损分摊标志	线损计算值
1	高供低计	商业1-10千伏	否	0	不计算	0	按容量比例分摊	正常电费	考核标准 0.85	0	不计算	否	0

变压器信息

变压器标识	计量点	补收容量	变压器标志	开始时间	结束时间	运行天数	容量	状态	变损类型	计算方法	考核功率因数	变压器户号
1111111111 433221	1	0	专变	2015-11-16	2015-11-30	15	160	运行	GB6451.1-95	查表法一	考核标准 0.85	

电量

计量点	时段	有功									无功						电度电费	
		抄见电量	换表电量	免费电量	退补电量	扣表电量	分摊电量	变损电量	线损电量	实用电量	抄见电量	换表电量	退补电量	变损电量	扣表电量	实用电量	单价	金额
1	总	4071	0	0	0	0	0	0	0	4071	760	0	0	0	0	760	0.7688	3129.78

变损计费标志为否，导致变损电量为0

图 1-1

二、存在问题

工单变损电量计费参数设置错误影响算费。业扩新装工单的现场勘查环节，计量方式为高供低计，变压器变损分摊方式为"按电量比例分摊"，但变损计费标志为"否"，导致变损电量为0。

图 1-2

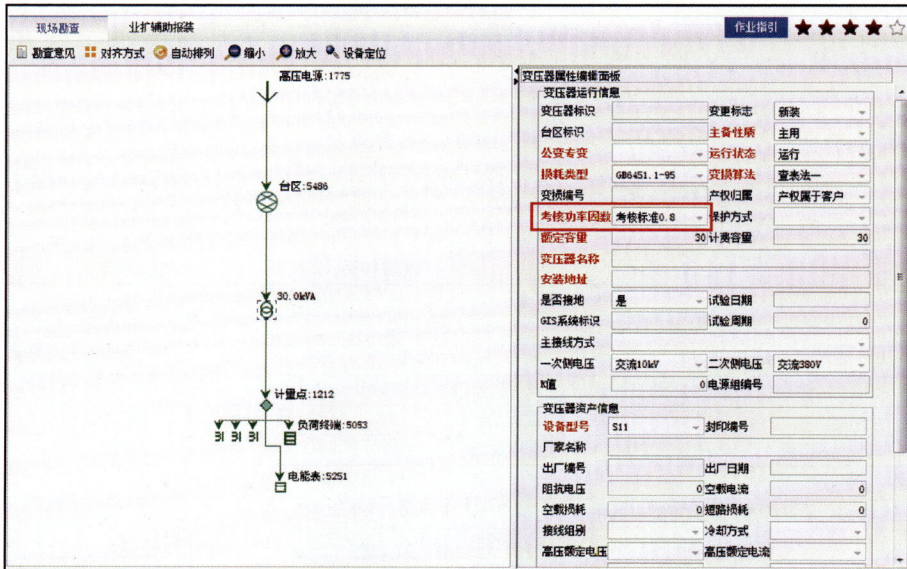

图 1-3

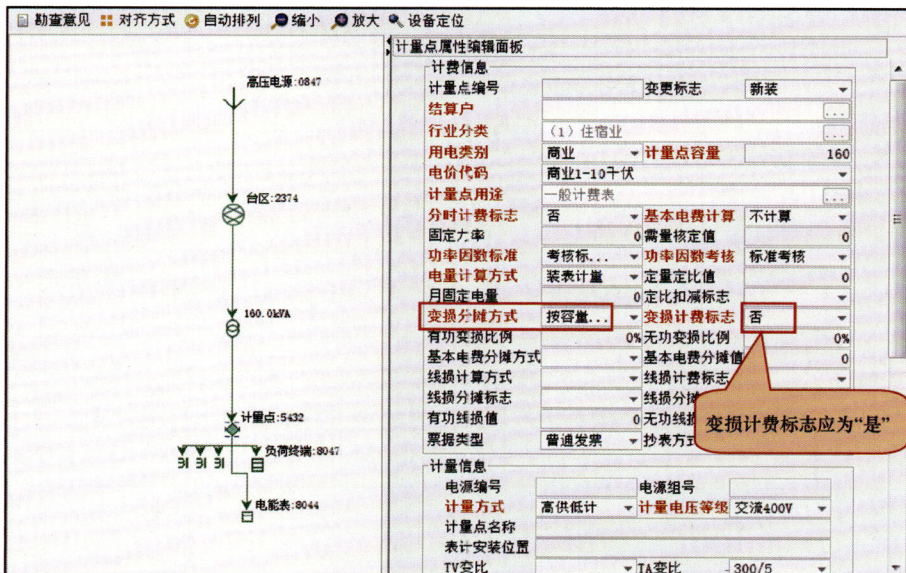

图 1-4

2

三、解决办法

在客户档案里维护变损计费标志为"是"。

四、注意事项

工单里影响变损电量计费的参数：

1．变压器的考核功率因数；

2．变压器损耗类型；

3．计量点变损分摊方式；

4．计量点变损计费标志。

这些参数都必须设置正确才能算费正确。

案例 1–2　工单接火日期为当月最后一天，导致多收一天变损电量

一、案例介绍

受电装置变更工单接火送电时间为 2015 年 11 月 30 日（当月最后一天），当月应计收 80kVA 变压器一个月变损电量 464kW·h，但系统计费分为变更前、后两段。

变压器变更前：2015 年 11 月 1 日至 2015 年 11 月 30 日，运行天数 30 天，计收 464kW·h 变损电量；变更后：2015 年 11 月 30 日至 2015 年 11 月 30 日，运行天数 1 天，计收 50kW·h 变损电量，多计收一天变损电量。

二、存在问题

一个月只有 30 天的月份，工单的接火送电时间为当月最后一天（×月 30 日），营销系统分段计费，导致多计收最后一天变损电量。

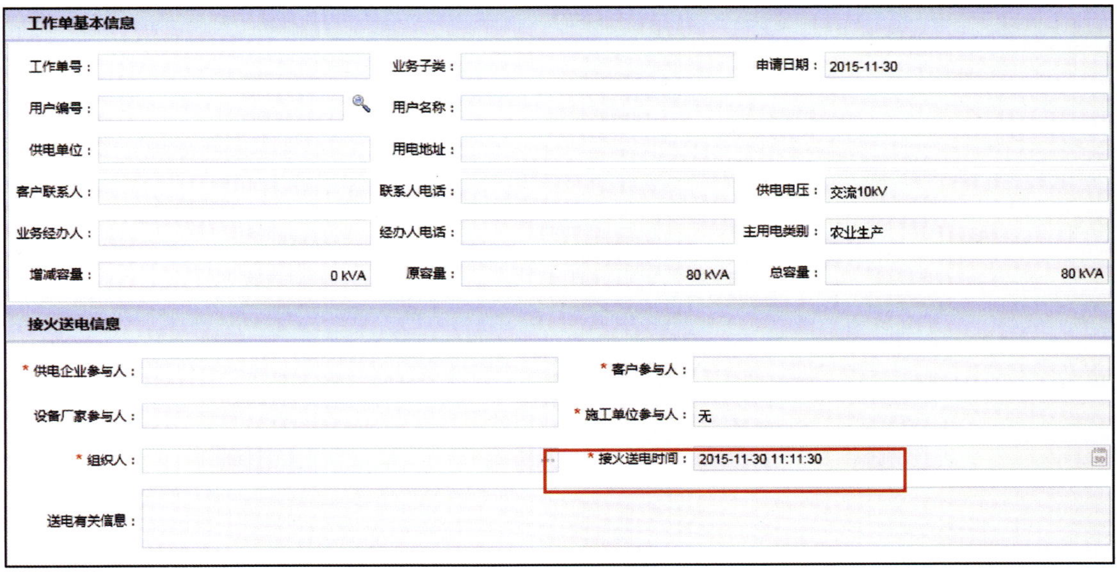

图 1-5

3

| 1 | 77 | | 正有功总 | 12345.14 | 12397.04 | 51.9 | 变更前 | 30 | 1557 | 0 | 1557 |

计费信息

计量点	计量方式	电价代码	分时计费	定量定比值	基本电费标志	需量核定值	变损分摊标志	业务类别	力调标准	变损定额	线损计算方法	线损分摊标志	线损计算值
1	高供低计	农业生产	否	0	不计算	0	按电量比例分摊	变更前	不考核	0	不计算	否	0
1	高供低计	农业生产	否	0	不计算	0	按电量比例分摊	正常电费	不考核	0	不计算	否	0

变压器信息

变压器标识	计量点	补收容量	变压器标志	开始时间	结束时间	运行天数	容量	状态	变损类型	计算方法	考核功率因数	变压器户号
	1	0	专变	2015-11-30	2015-11-30	1	80	运行	GB6451.1-95	查表法一	考核标准0.85	
	1	0	专变	2015-11-01	2015-11-30	30	80	运行	GB6451.1-95	查表法一	考核标准0.85	
	1	0	专变	2015-11-30	2015-11-30	1	80	运行	GB6451.1-95	查表法一	考核标准0.85	
	1	0	专变	2015-11-01	2015-11-30	30	80	运行	GB6451.1-95	查表法一	考核标准0.85	

电量

计量点	时段	有功								无功						电度电费	
		抄见电量	换表电量	免费电量	退补电量	扣表电量	分摊电量	变损电量	线损电量	实用电量	抄见电量	换表电量	退补电量	变损电量	扣表电量	实用电量	单价	金额
1	总	2365	0	0	0	0	0	50	0	2415	0	0	0	123	0	123	0.6351	1533.76
1	总	1557	0	0	0	0	0	464	0	2021	0	0	0	1849	0	1849	0.6351	1283.54

多收一天的变损电量50度

图 1-6

三、解决办法

在当月计费档案维护里维护运行变压器信息，变压器变更后×月 30 日至×月 30 日运行天数维护为 0 天。

四、注意事项

2015 年 9 月新系统上线后，统一算法要求：营销系统变压器运行天数据计算规则每月按 30 天计算。如发生变更，用电不足一天，按一天计算，即变压器投运的当天计入实用天数，撤出运行的当天不计入实用天数。当变压器发生变更（新装、更换、拆除、暂停、恢复等）时，变压器状态变更日计入变更后变压器状态的持续天数：

变更前运行天数= 变压器状态变更日−1；

变更后运行天数= 变压器状态变更日+1。

注：详情可以查看"新营销系统变压器运行天数计算说明"。

案例 1-3　暂停工单停电时间与现场不一致，导致变损等电量电费计收错误

一、案例介绍

暂停工单停电日期 11 月 18 日，截取表码 1490.89，但在计量自动化系统上显示 11 月 18 日至 11 月 27 日期间表码仍然在增加，11 月 27 日的表码为 1501.13，漏收止码（1501.13—

1490.89）×30=307kW・h，漏收 11 月 18 日至 11 月 27 日（9 天）变损电量 96kW・h。

二、存在问题

有个别用户的新装、增容、销户、暂停或暂停恢复等工单的接火送电或停电拆火的时间与计量自动化系统、用户现场的停送电的时间不一致，导致计费的变压器运行天数不正确，止码电量、变损电量、基本电费容易错收、漏收。

计量自动化查看表码，11.27止码是1501.13

暂停工单的停电时间是11.18，但计量自动化在11.27仍有1501.13的止码。

电费年月：201412　　当月次数　1

				用电地址	英佳塘		
			台区名称			合同容量	50
开户银行			账号			客户类型	公线专变客户
抄表日期	2014/12/02	上次抄表日期	2014/11/01	用电天数	31	联系人	
核算日期	2014/12/03	发行员		发行日期	2014/12/0	联系电话	

抄表信息

	计量点	抄表序号	表号	表序号	表类型	时段	上月行码	本月行码	度差	倍率	电表电量	增减电量	合计电量
抄表	1			4	有功	总	1490.89	1490.89	0	30	0	0	0
抄表前						总	1490.89	1490.89	0	30	0	0	0

计费信息

计量点	变压器组	计量方式	电价代码	分时计费	力调标准	基本电费标志	大需量	变损分摊方式	变损定比定量值	线损计算方法	分摊容量
1	19	高供低计	农业生产	否	不执行	不计算		按电量比例分摊		不计线损	6

变压器信息

变压器组	变压器号	变压器标志	开始时间	结束时间	运行天数	容量	状态	装拆标志	变损类型	计算方法	考核功率因数	变压器户号
		专变	2014/11/0	2014/11/17	17	50	运行	暂停	GB6451.1-86	查表		805412107
		专变	2014/11/1	2014/11/30	0	50	停运	暂停	GB6451.1-86	查表		805412107

电量

		有功								无功					电度电费	
计量点	时段	抄见电量	换表电量	增减电量	扣表电量	分摊电量	变损电量	线损电量	实用电量	抄见电量	换表电量	增减电量	变损电量	实用电量	单价	金额
1	总	0					181		181	0			737	737	0.6351	114.95

计量信息				电度电费 － 阶梯1			电度电费 － 阶梯2			电度电费 － 阶梯3		
计量点	时段	分段	运行天数	电量	单价	电费	电量	单价	电费	电量	单价	电费

加价电费

计量点	三峡建设基金		城建附加费		国家水库移民		省内水库移民		可再生能源		高耗能差别电价		燃油附加	
	单价	金额	单价	金额	单价	金额	单价	金额	单价	金额	单价	金额	单价	金额
1	0.0070	1.27	0.0140	2.53										

总电费

计量点	考核电量	计费电量	电度电费	加价合计	功率因数	调整率%	力调电费	容(需)	单价	基本电费	总电费	退补电费	应收电费
1	0	181	114.95	3.80							118.75		118.75

图 1-7

三、解决办法

如果已经发行，需要发起冲正退补工单或电量电费退补工单，重新计收正确的电量电费或追补漏收的电量电费。

四、注意事项

现场拆火停电时间应与营销系统工单时间及止码一致，否则影响基本电费、变损电量、力调电费及电度电量的正确计收。提倡现场作业表单化，每一项工作实施进度应与营销系统一致，杜绝体外循环现象。

案例 1–4　子母表不同时计费，导致多收变损电量

一、案例介绍

关联户是总分关系，母表 2015 年 6 月 10 日发起更换故障计量装置工单，工单于 2015

年 7 月 13 日归档，2015 年 7 月 13 日抄表。子表 2015 年 7 月 3 日抄表，2015 年 7 月 4 日核算和发行，该户 2015 年 7 月抄见电量为 0，分摊变损电量应为 0，因没和关联户同步计算核查，导致多收变损电量 921kW·h。关联户应同步抄表、计算和核算，但供电所核算员没有把两户同步计算。

二、存在问题

关联户没有同时计算核查，导致重复计收变损电量。

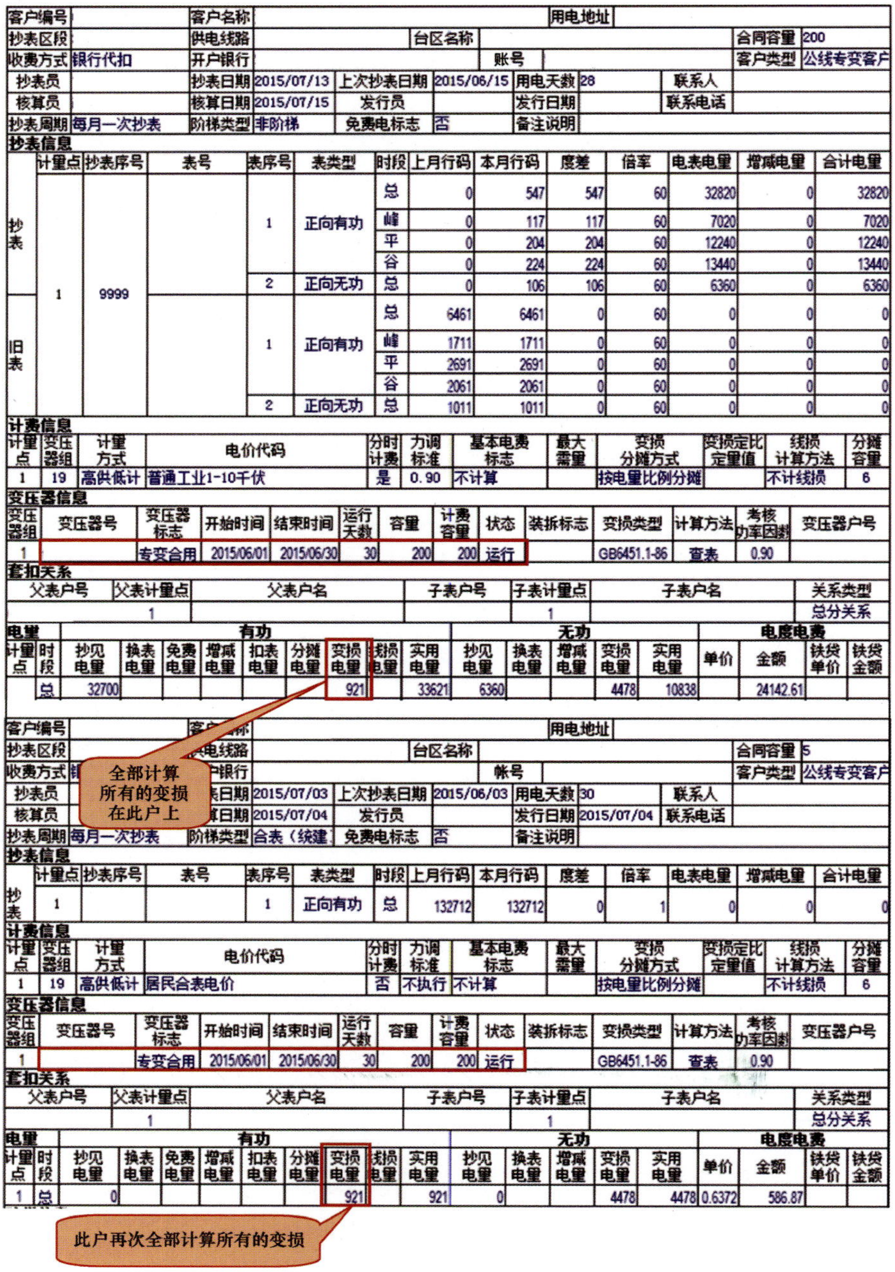

客户编号		客户名称				用电地址			
抄表区段		供电线路		台区名称				合同容量	200
收费方式	银行代扣	开户银行			账号			客户类型	公线专变客户
抄表员		抄表日期	2015/07/13	上次抄表日期	2015/06/15	用电天数	28	联系人	
核算员		核算日期	2015/07/15	发行员		发行日期		联系电话	
抄表周期	每月一次抄表	阶梯类型	非阶梯	免费电标志	否	备注说明			

抄表信息

	计量点	抄表序号	表号	表序号	表类型	时段	上月行码	本月行码	度差	倍率	电表电量	增减电量	合计电量
抄表	1	9999		1	正向有功	总	0	547	547	60	32820	0	32820
						峰	0	117	117	60	7020	0	7020
						平	0	204	204	60	12240	0	12240
						谷	0	224	224	60	13440	0	13440
				2	正向无功	总	0	106	106	60	6360	0	6360
旧表				1	正向有功	总	6461	6461	0	60	0	0	0
						峰	1711	1711	0	60	0	0	0
						平	2691	2691	0	60	0	0	0
						谷	2061	2061	0	60	0	0	0
				2	正向无功	总	1011	1011	0	60	0	0	0

计费信息

计量点	变压器组	计量方式	电价代码	分时计费	力调标准	基本电费标志	最大需量	变损分摊方式	变损定比定量值	线损计算方法	分摊容量
1	19	高供低计	普通工业1-10千伏	是	0.90	不计算		按电量比例分摊		不计线损	6

变压器信息

变压器组	变压器号	变压器标志	开始时间	结束时间	运行天数	容量	计费容量	状态	装拆标志	变损类型	计算方法	考核功率因数	变压器户号
1		专变合用	2015/06/01	2015/06/30	30	200	200	运行		GB6451.1-86	查表	0.90	

套扣关系

父表户号	父表计量点	父表户名	子表户号	子表计量点	子表户名	关系类型
	1			1		总分关系

电量

计量点	时段	有功 抄见电量	有功 换表电量	有功 免费电量	有功 增减电量	有功 扣表电量	有功 分摊电量	有功 变损电量	有功 线损电量	有功 实用电量	无功 抄见电量	无功 换表电量	无功 增减电量	无功 变损电量	无功 实用电量	电度电费 单价	电度电费 金额	铁贷单价	铁贷金额
	总	32700						921		33621	6360			4478	10838		24142.61		

客户编号		客户名称				用电地址			
抄表区段		供电线路		台区名称				合同容量	5
收费方式		开户银行			帐号			客户类型	公线专变客户
抄表员		抄表日期	2015/07/03	上次抄表日期	2015/06/03	用电天数	30	联系人	
核算员		核算日期	2015/07/04	发行员		发行日期	2015/07/04	联系电话	
抄表周期	每月一次抄表	阶梯类型	合表（统建	免费电标志	否	备注说明			

抄表信息

	计量点	抄表序号	表号	表序号	表类型	时段	上月行码	本月行码	度差	倍率	电表电量	增减电量	合计电量
抄表	1			1	正向有功	总	132712	132712	0	1	0	0	0

计费信息

计量点	变压器组	计量方式	电价代码	分时计费	力调标准	基本电费标志	最大需量	变损分摊方式	变损定比定量值	线损计算方法	分摊容量
1	19	高供低计	居民合表电价	否	不执行	不计算		按电量比例分摊		不计线损	6

变压器信息

变压器组	变压器号	变压器标志	开始时间	结束时间	运行天数	容量	计费容量	状态	装拆标志	变损类型	计算方法	考核功率因数	变压器户号
1		专变合用	2015/06/01	2015/06/30	30	200	200	运行		GB6451.1-86	查表	0.90	

套扣关系

父表户号	父表计量点	父表户名	子表户号	子表计量点	子表户名	关系类型
	1			1		总分关系

电量

计量点	时段	有功 抄见电量	有功 换表电量	有功 免费电量	有功 增减电量	有功 扣表电量	有功 分摊电量	有功 变损电量	有功 线损电量	有功 实用电量	无功 抄见电量	无功 换表电量	无功 增减电量	无功 变损电量	无功 实用电量	电度电费 单价	电度电费 金额	铁贷单价	铁贷金额
1	总	0						921		921	0			4478	4478	0.6372	586.87		

图 1-8

三、解决办法

转回数据接收状态同步计算核查，如果已发行，发起电量电费退补工单。

四、注意事项

关联户应同步计算核查。有工单影响或重新调整抄表区域，请注意共用变压器的关联户，抄表区段必须要相同，并且要一起抄表、计算、核查及发行。

案例1-5 暂停工单变压器状态为空，导致多收变损电量

一、案例介绍

暂停工单现场勘查环节里的变压器装拆标志没有选择"暂停"，系统默认状态没有变更，仍然是运行状态，计收了80kVA，变压器一个月变损电量464kW·h，多计收了变损电量。

二、存在问题

暂停工单里的勘查环节，变压器状态要选"暂停"，否则工单不生效，仍是运行。

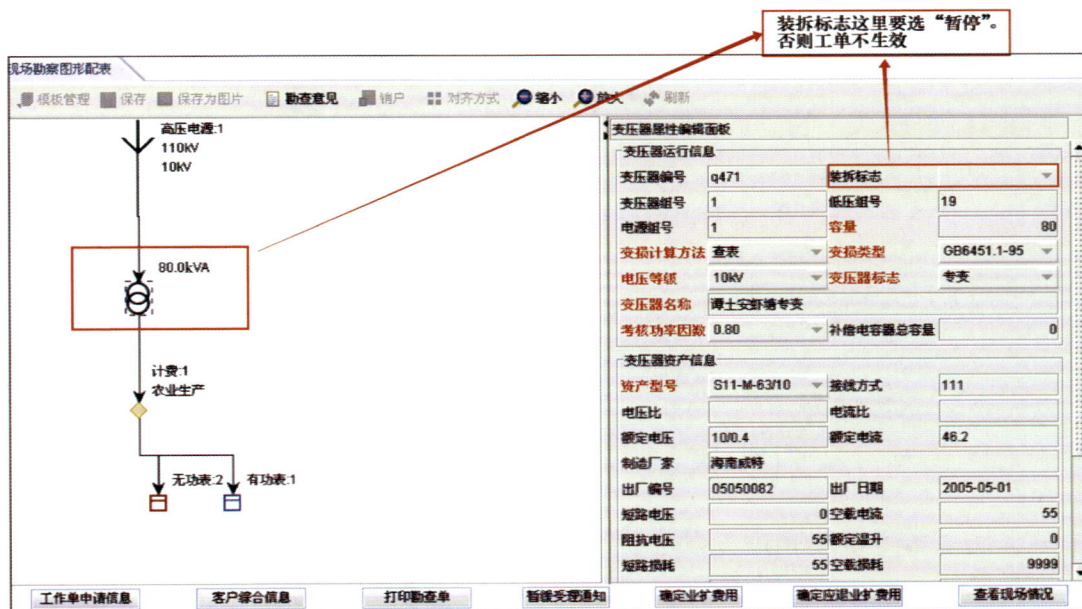

图 1-9

三、解决办法

如果工单未归档，回退到现场勘查环节维护变压器变更标志。

四、注意事项

旧系统暂停工单里的现场勘查环节，注意核查变压器状态是否已选"暂停"，变更日期不能为空，变压器暂停工单的状态没有选择正确，会导致计费错误。

客户编号		客户名称					用电地址					
抄表区段		供电线路			台区名称					合同容量	80	
收费方式	坐收	开户银行			账号					客户类型	公线专变客户	
抄表员		抄表日期	2014/07/03	上次抄表日期	2014/06/03	用电天数	30		联系人			
核算员		核算日期	2014/07/03	发行员		发行日期			联系电话			
抄表周期	每月一次抄表	阶梯类型	非阶梯	免费电标志	否	备注说明						

抄表信息

	计量点	抄表序号	表号	表序号	表类型	时段	上月行码	本月行码	度差	倍率	电表电量	增减电量	合计电量
抄表	1	056		1	正向有功	总	10426	10426	0	40	0		0
				2	正向无功	总				40			0
抄表前				1	正向有功	总	10426	10426	0	40	0		0

计费信息

计量点	变压器组	计量方式	电价代码	分时计费	力调标准	基本电费标志	最大需量	变损分摊方式	变损定比定量值	线损计算方法	分摊容量
1	10	高供低计	农业生产	否	不执行	不计算		按电量比例分摊		不计线损	80

变压器信息

变压器组	变压器号	变压器标志	开始时间	结束时间	运行天数	容量	状态	装拆标志	变损类型	计算方法	考核功率因数	变压器户号
1		专变	2014/06/01	2014/06/30	30	80	运行		GB6451.1-95	查表	0.80	

电量

计量点	时段	抄见电量	换表电量	免费电量	增减电量	扣表电量	分摊电量	变损电量	线损电量	实用电量	抄见电量	换表电量	增减电量	变损电量	实用电量	单价	金额
1	总	0						464		464	0			1849	1849	0.6351	294.68

阶梯信息

计量点	时段	计费类型	用电天数	阶梯类别	阶梯档次	电量上限	电量	单价	电费

备注	

客户电源变更信息

电源号	装拆标志	电源类型	线路名称	电源容量	导线截面	架空长度(米)	进户方式	运行方式	供电方式	变压器名称(编号)
1	无变更	高压电源						运行	公线专变供电	

客户变压器变更信息 暂停

变压器编号	组号	电源	变更标志	容量kVA	待变更状态	变更日期	变损类型	电压等级	公变标志	变损计算方法	考核功率因数
q471	1	1	无变更	80	运行		GB6451.1-95	1CkV	专变	查表	0.80

客户计量点变更信息

计量点号	电源号	计量方式	变更标志	用电类别	电价	基本电费	分时计费	力率标准	计量电压	计量分类	变损分摊方式
1	1	高供低计	变更后	农业生产	农业生产	不计算	非分时计费	不执行	E	IV类用户	
1	1	高供低计	变更前	农业生产	农业生产	不计算	非分时计费	不执行	E	IV类用户	

应有变更日期

图 1-10

案例 1-6　新装客户无功变损电量为 0，影响力调电费计算不正确

一、案例介绍

变压器容量大于等于 100kVA，由于无功变损电量为 0，导致力调电费计算不正确。该户新装，系统按容量进行折算，得出本月计费变压器容量=160/30×17=90.6kVA，旧系统原来设置变压器小于 100kVA 的无功变损不需要计算电量，导致该户新装电费计算不正确。

二、存在问题

系统设置容量折算，容量小于 100kVA 不计收无功变损电量导致力调电费错误。

三、解决办法

重新向营销运维人员申请调整无功变损的计算取值，去掉限制后可以正确计算无功电量。

客户抄表结算复核单

供电所： 电费年月 201406 当月次数：1

客户编号		客户名称			用电地址				
抄表区段		供电线路		台区名称				合同容量	160
收费方式	坐收	开户银行		帐号				客户类型	公线专变客户
抄表员		抄表日期 2014/06/03	上次抄表日期 2014/05/14	用电天数 20		联系人			
核算员		核算日期 2014/06/05	发行员	发行日期 2014/06/05		联系电话			

抄表信息

	计量点	抄表序号	表号	表序号	表类型	时段	上月行码	本月行码	度差	倍率	电表电量	增减电量	合计电量
抄表	1			1	有功	总	0	0	0	60	0	0	0
				2	无功	总	0	0	0	60	0	0	0
抄表前				1	有功	总	0	0	0	60	0	0	0
				2	无功	总	0	0	0	60	0	0	0

计费信息

计量点	变压器组	计量方式	电价代码	分时计费	力调标准	基本电费标志	最大需量	变损分摊方式	变损定比定量值	线损计算方法	分摊容量
1	2	高供低计	农业生产	否	0.8	不计算		按电量比例分摊		不计线损	160

变压器信息

变压器组	变压器号	变压器标志	开始时间	结束时间	运行天数	容量	状态	装拆标志	变损类型	计算方法	考核功率因数	变压器户号
1		专变	2014/05/1	2014/05/31	17	160	运行	新装	GB6451.1-95	查表	0.8	

电量

计量点	时段	有功 抄见电量	换表电量	增减电量	扣表电量	分摊电量	变损电量	线损电量	实用电量	无功 抄见电量	换表电量	增减电量	变损电量	实用电量	电度电费 单价	金额
1	总	0					448		448	0				1899	0.6351	284.52

计量信息

计量点	时段	分段	运行天数	电度电费 - 阶梯1 电量	单价	电费	电度电费 - 阶梯2 电量	单价	电费	电度电费 - 阶梯3 电量	单价	电费

加价电费

计量点	三峡建设基金 单价	金额	城建附加费 单价	金额	国家水库移民 单价	金额	省内水库移民 单价	金额	可再生能源 单价	金额	高耗能差别电价 单价	金额	燃油附加 单价	金额
	0.0070	3.14	0.0140	6.27										

总电费

计量点	考核电量	计费电量	电度电费	加价合计	功率因数	调整率%	力调电费	需容(需)单价	基本电费	总电费	退补电费	应收电费
1	0	448	284.52	9.41	1.00	-1.30	-3.70			290.23		

无功变损电量为0，导致力调电费不正确。

计费信息

计量点	变压器组	计量方式	电价代码	分时计费	力调标准	基本电费标志	最大需量	变损分摊方式	变损定比定量值	线损计算方法	分摊容量
1	2	高供低计	农业生产	否	0.80	不计算		按电量比例分摊		不计线损	160

变压器信息

变压器组	变压器号	变压器标志	开始时间	结束时间	运行天数	容量	状态	装拆标志	变损类型	计算方法	考核功率因数	变压器户号
1		专变	2014/05/14	2014/05/31	17	160	运行	新装	GB6451.1-95	查表	0.80	

电量

计量点	时段	有功 抄见电量	换表电量	免费电量	增减电量	扣表电量	分摊电量	变损电量	线损电量	实用电量	无功 抄见电量	换表电量	增减电量	变损电量	实用电量	单价	金额
1	总	0						448		448	0			1899	1899	0.6351	284.52

阶梯信息

计量点	时段	计费类型	用电天数	阶梯类别	阶梯档次	电量上限	电量	单价	电费

各项附加费

计量点	重大水利工程建设基金 单价	金额	城建附加费 单价	金额	国家水库移民 单价	金额	省内水库移民 单价	金额	可再生能源 单价	金额	高耗能差别电价 单价	金额	燃油附加 单价	金额
1	0.0070	3.14	0.0140	6.27										

总电费

计量点	考核电量	计费电量	电度电费	加价合计	功率因数	调整率%	力调电费	计费容(需)量	单价	基本电费	总电费	退补电费	应收电费
1	0	448	284.52	9.41	0.23	79.00	224.77				518.70		518.70

正确

图 1-11

四、注意事项

计收有功变损电量时应同时计收无功变损电量（此为旧系统存在的异常问题）。

案例1-7 关联户用户回退后不一起计算，导致变损电量为0

一、案例介绍

两户关联户回退后，一户4月2日计算核查，一户4月4日计算核查，没有一起计算核查，导致计量方式高供低计变损电量为0，漏收460kW·h变损电量。

二、存在问题

关联户的客户新系统已设置同步发行，但是只要回退其中一户重算，就会导致变损电量计算为0或者总变损电量与查表不一致。

图 1-12

图 1-13

三、解决办法

旧系统：回退已发行的关联户，一起同步重新计算，变损电量才会正确。

新系统：全部关联户转到数据接收状态，一起计算核查，同一抄表区段的关联户可以限制一起发行。

四、注意事项

1. 当关联户中的一户需要重算时，必须与其他关联户一起重算，否则可能会导致变损电量、力调电费、基本电费不正确。

2. 关联户应编制相同的抄表区段。

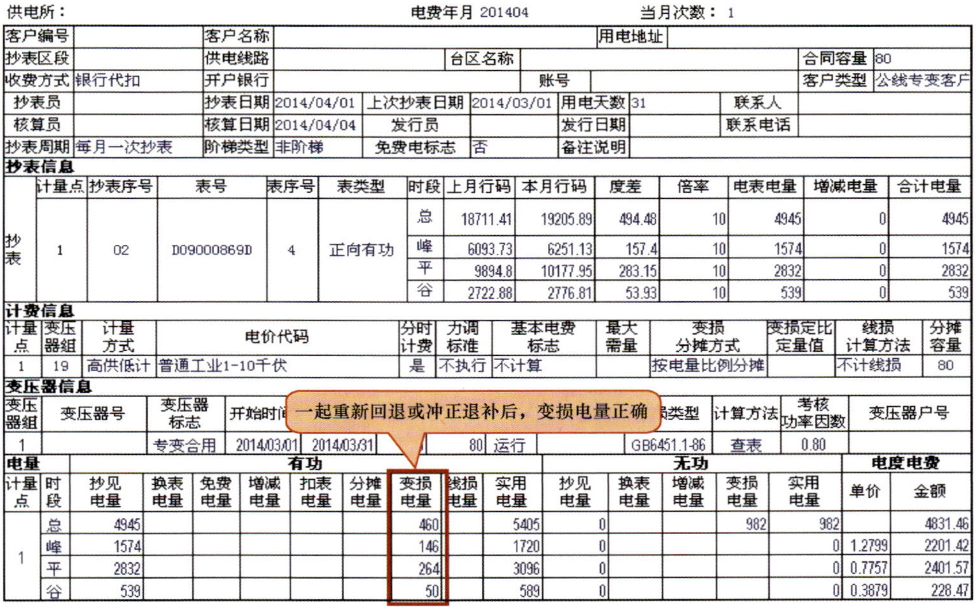

供电所：　　　　　　　　　　　电费年月 201404　　　　　　当月次数：1

客户编号			客户名称					用电地址					
抄表区段			供电线路			台区名称					合同容量		80
收费方式	银行代扣		开户银行			账号					客户类型		公线专变客户
抄表员			抄表日期	2014/04/01	上次抄表日期	2014/03/01	用电天数	31		联系人			
核算员			核算日期	2014/04/04	发行员			发行日期		联系电话			
抄表周期	每月一次抄表		阶梯类型	非阶梯	免费电标志	否		备注说明					

抄表信息

	计量点	抄表序号	表号	表序号	表类型	时段	上月行码	本月行码	度差	倍率	电表电量	增减电量	合计电量
抄表	1	02	D09000869D	4	正向有功	总	18711.41	19205.89	494.48	10	4945	0	4945
						峰	6093.73	6251.13	157.4	10	1574	0	1574
						平	9894.8	10177.95	283.15	10	2832	0	2832
						谷	2722.88	2776.81	53.93	10	539	0	539

计费信息

计量点	变压器组	计量方式	电价代码	分时计费	力调标志	基本电费标志	最大需量	变损分摊方式	变损定比定量值	线损计算方法	分摊容量
1	19	高供低计	普通工业1-10千伏	是	不执行	不计算		按电量比例分摊		不计线损	80

变压器信息

变压器组	变压器号	变压器标志	开始时间				运行类型	计算方法	考核功率因数	变压器户号
1		专变合用	2014/03/01	2014/03/31	80		运行	GB6451.1-86	查表	0.80

一起重新回退或冲正退补后，变损电量正确

电量

计量点		有功									无功					电度电费	
	时段	抄见电量	换表电量	免费电量	增减电量	扣表电量	分摊电量	变损电量	线损电量	实用电量	抄见电量	换表电量	增减电量	变损电量	实用电量	单价	金额
1	总	4945						460		5405	0			982	982		4831.46
	峰	1574						146		1720	0				0	1.2799	2201.42
	平	2832						264		3096	0				0	0.7757	2401.57
	谷	539						50		589	0				0	0.3879	228.47

图 1-14

案例 1-8　共用变压器的专变用户销户，关联户计费错误

一、案例介绍

主户销户时拆除变压器信息，导致关联户没有变压器信息，计量方式高供低计变损电量为 0。

二、存在问题

关联户共用变压器，变压器信息挂在主户上，录入变压器信息的主户销户，但其他关联户还要继续使用该变压器，如果发起销户工单把变压器信息拆除，营销系统档案里没有变压器信息，其他关联户则无法关联变压器计收变损电费。

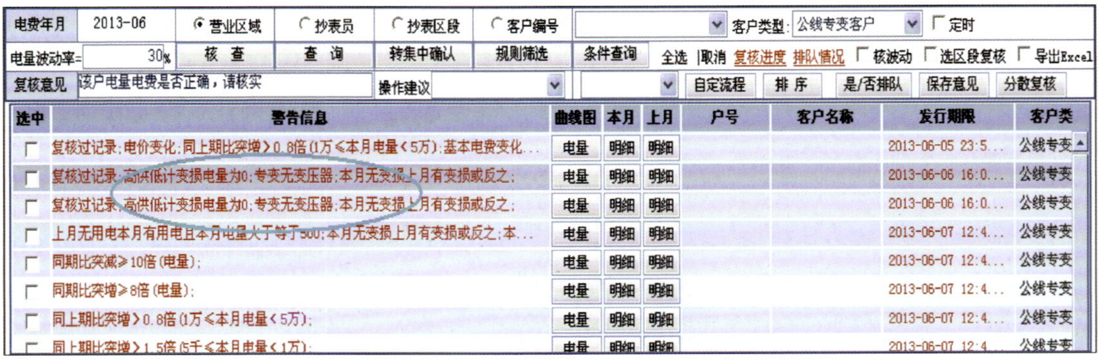

图 1-15

供电所：				电费年月 201306			当月次数：1			
客户编号		客户名称				用电地址				
抄表区段		供电线路			台区名称				合同容量	80
收费方式	坐收	开户银行				帐号			客户类型	公线专变客户
抄表员		抄表日期	2013/06/03	上次抄表日期	2013/05/03	用电天数	31	联系人		
核算员		核算日期	2013/06/03	发行员		发行日期		联系电话		
抄表周期		阶梯类型		免费电标志	否	备注说明				

抄表信息

	计量点	抄表序号	表号	表序号	表类型	时段	上月行码	本月行码	度差	倍率	电表电量	增减电量	合计电量
抄表	1	-470		1	有功	总	129547	133380	3833	1	3833	0	3833

计费信息

计量点	变压器组	计量方式	电价代码	分时计费	力调标准	基本电费标志	最大需量	变损分摊方式	变损定比定量值	线损计算方法	分摊容量
1	19	高供低计	农业生产	否	不执行	不计算		按电量比例分摊		不计线损	80

变损电量为0

电量

		有功									无功				电度电费	
计量点	时段	抄见电量	换表电量	免费电量	增减电量	扣表电量	分摊电量	变损电量	线损电量	实用电量	抄见电量	换表电量	增减电量	变损电量	实用电量	单价	金额
1	总	3833								3833					0	0.6351	2434.34

错误

图 1-16

供电所：				电费年月 201305			当月次数：1			
客户编号		客户名称				用电地址				
抄表区段		供电线路			台区名称				合同容量	80
收费方式	坐收	开户银行				帐号			客户类型	公线专变客户
抄表员		抄表日期	2013/05/03	上次抄表日期	2013/04/03	用电天数	30	联系人		
核算员		核算日期	2013/05/03	发行日期		发行日期	2013/05/08	联系电话		
抄表周期	每月一次抄表	阶梯类型		免费电标志	否	备注说明				

抄表信息

	计量点	抄表序号	表号	表序号	表类型	时段	上月行码	本月行码	度差	倍率	电表电量	增减电量	合计电量
抄表	1	-470		1	有功	总	124539	129547	5008	1	5008	0	5008

计费信息

计量点	变压器组	计量方式	电价代码	分时计费	力调标准	基本电费标志	最大需量	变损分摊方式	变损定比定量值	线损计算方法	分摊容量
1	19	高供低计	农业生产	否	不执行	不计算		按电量比例分摊		不计线损	80

变压器信息

变压器组	变压器标志	变压器号	开始时间	结束时间	运行天数	容量	状态	装拆标志	变损类型	计算方法	考核功率因数	变压器户号
1	N168	专变合用	2013/04/01	2013/04/30	30	80	运行		J8500-64	查表	0.80	

电量

		有功									无功				电度电费	
计量点	时段	抄见电量	换表电量	免费电量	增减电量	扣表电量	分摊电量	变损电量	线损电量	实用电量	抄见电量	换表电量	增减电量	变损电量	实用电量	单价	金额
1	总	5008						346		5354					0	0.6351	3400.32

正确

图 1-17

三、解决办法

共用变压器的专变用户，销户工单时注意变压器要另挂其他户才可以正常销户。如果主户已经销户归档，只能在关联户重新添加变压器信息，重新维护正确。

四、注意事项

变压器的主户需要销户时，需将变压器的信息维护到其他关联户上，若主户与关联户都需要销户，请先将关联户销户，再将主户销户。

案例1-9 暂停工单封停时间选取错误，导致变损电量为0

一、案例介绍

暂停工单封停时间错误选取了 2002 年，实际应该是 2015 年 11 月 11 日，导致暂停工单非周期性计费抄表日期错误，变损电量为 0，漏计 10 天的变损电量。

二、存在问题

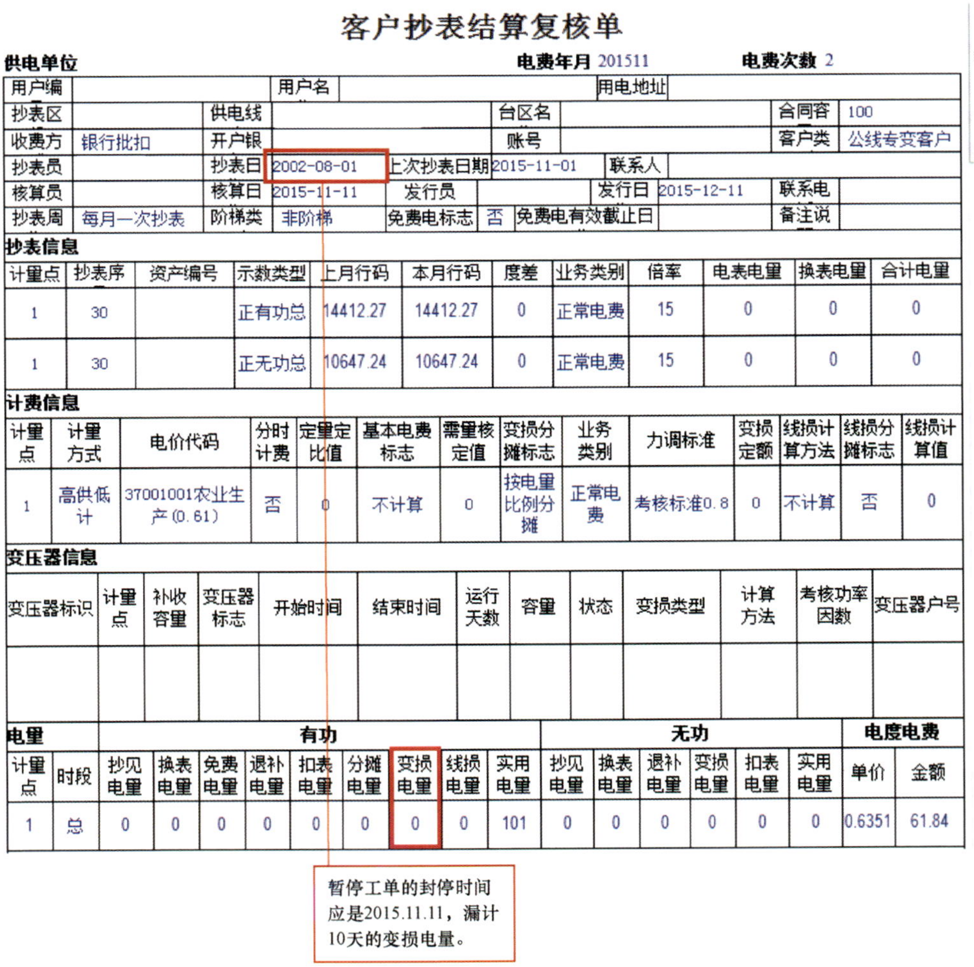

暂停工单现场封停相关设备环节的封停时间，会影响变压器信息的开始时间、结束时间和运行天数等计费参数，如果选择时间有误，就会导致变损电量为 0。

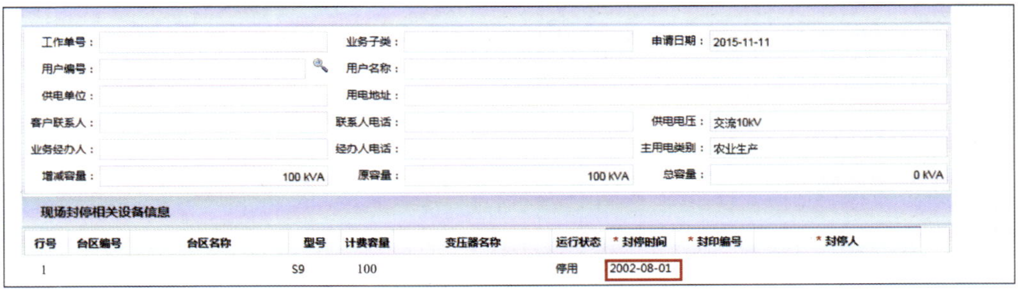

图 1-18

图 1-19

暂停工单的封停时间选错，11月二次计费已错，12月计费也错误。

客户抄表结算复核单

电费年月 201512　　电费次数 1

供电单位							
用户编		用户名			用电地址		
抄表区		供电线		台区名		合同容	100
收费方	银行批扣	开户银		账号		客户类	公线专变客户
抄表员		抄表日 2015-12-03	上次抄表日期 2002-08-01		联系人		
核算员		核算日 2015-12-11	发行员		发行日 2015-12-11	联系电	
抄表周	每月一次抄表	阶梯类	非阶梯	免费电标志	否	免费电有效截止日	备注说

抄表信息

计量点	抄表序	资产编号	示数类型	上月行码	本月行码	度差	业务类别	倍率	电表电量	换表电量	合计电量
1	30		正有功总	14412.27	14412.27	0	正常电费	15	0	0	0
1	30		正无功总	10647.24	10647.24	0	正常电费	15	0	0	0

计费信息

计量点	计量方式	电价代码	分时计费	定值比值	基本电费标志	需量核定值	变损分摊标志	业务类别	力调标准	变损定额	线损计算方法	线损分摊标志	线损计算值
1	高供低计	37001001农业生产(0.61)	否	0	不计算	0	按电量比例分摊	正常电费	考核标准0.8	0	不计算	否	0

变压器信息

变压器标识	计量点	补收容量	变压器标志	开始时间	结束时间	运行天数	容量	状态	变损类型	计算方法	考核功率因数	变压器户号
	1	100	专变合用	2015-11-01	2015-11-30	0	100	停用	GB6451.1-95	查表法一	考核标准0.8	

电量

计量点	时段	有功								无功					电度电费	
		抄见电量	换表电量	免费电量	退补电量	扣表电量	分摊电量	变损电量	线损电量	实用电量	抄见电量	换表电量	退补电量	变损电量	扣表电量	实用电量	单价	金额
1	总	0	0	0	101	0	0	0	0	101	0	0	0	0	0	0	0.6351	61.84

阶梯信息

计量点	时段	阶梯类别	用电时间		电量上限	电量	单价	电费
				至				

图 1-20

三、解决办法

暂停工单回退到现场封停相关设备环节，重新维护封停时间，如果暂停工单已归档，发起电量电费退补工单，追补少收的变损电量。

四、注意事项

业扩人员在办理暂停工单时应注意，核实现场封停相关设备环节的封停时间（目前新系统这类工单，自动默认上次的变压器变更时间作为封停时间，请业务人员注意核对）。

案例1-10　计量方式为低供低计的用户有计收变损电量

一、案例介绍

公变客户计量方式低供低计，但计收了变损电量 301kW·h，根据计量点变压器关系可以查到，该户与台区考核表合用了变压器，其中计费参数：变损分摊标志选择了"按电量比例进行分摊"，所以这户分摊了变损电量，导致多收了 301kW·h 变损电量。

二、存在问题

客户档案里计费参数设置不正确，公变客户低供低计变损分摊标志应选择"不分摊"，但选择了"按电量比例分摊"，导致变损电量计收错误。

供电单位					电费年月 201509			电费次数 1		
用户编			用户名				用电地址			
抄表区		供电线			台区名			合同容	4	
收费方	银行批扣	开户银			账号			客户类	公变客户	
抄表员		抄表日	2015-09-06	上次抄表日期	2015-07-06	联系人				
核算员		核算日	2015-09-07	发行员		发行日	2015-09-14	联系电		
抄表周	单月抄表	阶梯类	一户一表	免费电标志	否	免费电有效截止日		备注说		

抄表信息

计量点	抄表序	资产编号	示数类型	上月行码	本月行码	度差	业务类别	倍率	电表电量	换表电量	合计电量
1	0		正有功总	4332.7	4614.67	281.97	正常电费	1	282	0	282

计费信息

计量点	计量方式	电价代码	分时计费	定量定比值	基本电费标志	需量核定值	变损分摊标志	业务类别	力调标准	变损定额	线损计算方法	线损分摊标志	线损计算值
1	低供低计	居民电价	否	0	不计算	0	按电量比例分摊	正常电费	不考核	0	不计算	否	0

此处应是"不分摊"

变压器信息

变压器标识	计量点	补收容量	变压器标志	开始时间	结束时间	运行天数	容量	状态	变损类型	计算方法	考核功率因数	变压器户号

电量

计量点	时段	有功									无功					电度电费	
		抄见电量	换表电量	免费电量	退补电量	扣表电量	分摊电量	变损电量	线损电量	实用电量	抄见电量	换表电量	退补电量	变损电量	扣表电量	实用电量	单价	金额
1	总	282	0	0	0	0	0	301	0	583	0	0	0	2169	0	2169	0.6502	353.07

阶梯信息

计量点	时段	阶梯类别	用电时间			电量上限	电量	单价	电费
1	总	居民阶梯一	2015-07-06	至	2015-09-06	520	520	0.63	327.6
1	总	居民阶梯二	2015-07-06	至	2015-09-06	1200	63	0.68	42.84

各项附加费

计量点	重大水利工程建设基金		城建附加费		国家水库移民		省内水库移民		可再生资源		差别电价		燃油附加		业务类别
	单价	金额	单价	金额	单价	金额	单价	金额	单价	金额	单价	金额	单价	金额	
1	0.007	4.08	0.014	8.16	0.0083	4.84	0.0005	0.29	0	0.00	0	0.00	0	0.00	正常电费

图 1-21

三、解决办法

需要修改此户的计量点变压器共用错误档案关系，及变损分摊标志为"不分摊"。重新数据开放再计算。

四、注意事项

需特别留意工单里的计费参数设置。按照《广东电网公司抄表管理细则》中的第 5.2.4 条"对新装增容、用电变更、电能计量装置参数变化、执行或不执行特殊电价、表计故障等，在业务流程处理完毕后的首次计费月份，应逐户进行核对"的要求，对此类客户的首次计费月份认真进行核对，避免多计、漏计变损电量。

案例1-11　关联户抄表区段不一致，导致变损电量无法分摊

一、案例介绍

三户关联户，变压器挂在其中一户上，但是这三户并不在同一个抄表区段，计费时没能同步计算，变损电费无法分摊，导致由其中一户独自承担变损电量。

二、存在问题

互为关联户的用户，在计算电费时必须同时计算，否则会导致变损电量不分摊或者总的变损电量与查表不一致。关联户若不在同一区段，很容易出现不同时抄表和不同时计费的情况，因此影响了变损电量的计算。

三、解决办法

在客户档案维护共用变压器的，关联户维护在同一个抄表区段，关联户一起计算核查。

客户抄表结算复核单

供电所：			电费年月　201506			当月次数：1		
客户编号		客户名称			用电地址			
抄表区段	1113G016	供电线路		台区名称			合同容量	80
收费方式	银行代扣	开户银行		帐号			客户类型	公线专变客
抄表员		抄表日期 2015/06/04	上次抄表日期 2015/05/02	用电天数 31		联系人		
核算员		核算日期 2015/06/05	发行员		发行日期		联系电话	
抄表周期	每月一次抄表	阶梯类型		免费电标志 否		备注说明		

抄表信息

	计量点	抄表序号	表号	表序号	表类型	时段	上月行码	本月行码	度差	倍率	电表电量	增减电量	合计电量
抄表	1	12	D09005950A	1	正向有功	总	17683.87	18294.88	611.01	30	18330	0	18330

计费信息

量点	压器	计量方式	电价代码	时计调标	基本电费标志	大需	变损分摊方式	变损定比定量值	损计算方	摊容
1	19	高供低	农业生产	否	不执	不计算	按电量比例分摊		不计线损	6

变压器信息

压器	变压器号	压器标	开始时间	结束时间	行天数	容量	计费容量	状态	表拆标志	变损类型	计算方法	核功率因	变压器户号
1	Y972	专变	2015/05/01	2015/05/31	30	80	80	运行		GB6451.1-86	查表	0.8	

电量

计量			有功						无功					电度电费			
计量	时段	抄见电量	换表	免费	增减电量	扣表电量	分摊电量	变损电量	线损	实用电量	抄见电量	换表	增减	变损电量	实用电量	单价	金额	铁贷单价	铁贷金额
1	总	18330						638		18968				0		0.6351	12046.58		

阶梯信息

计量点	时段	计费类型	用电天数	阶梯类别	阶梯档次	电量上限	电量	单价	电费

只是计算此户的变损电量

图1-22

客户抄表结算复核单

供电所：   电费年月 201506   当月次数： 1

客户编号		客户名称			用电地址						
抄表区段	1113Z028	供电线路		台区名称					合同容量	80	
收费方式	银行代扣	开户银行			帐号				客户类型	公线专变客	
抄表员		抄表日期	2015/06/04	上次抄表日期	2015/05/02	用电天数	31	联系人			
核算员		核算日期	2015/06/05	发行员		发行日期		联系电话			
抄表周期	每月一次抄表	阶梯类型		免费电标志	否	备注说明					

抄表信息

	计量点	抄表序号	表号	表序号	表类型	时段	上月行码	本月行码	度差	倍率	电表电量	增减电量	合计电量
抄表	1	032-39	D07001000A	1	正向有功	总	160616	161336	720	1	720	0	720

计费信息

计量点	变压器	计量方式	电价代码		时计	调标	基本电费标志	大需	变损分摊方式	损定比定量值	损计算方	摊容
1	19	高供低	农业生产			否	不执	不计算		按电量比例分摊		不计线损	6

变压器信息

压器	变压器号	压器标	开始时间	结束时间	运行天数	容量	计费容量	状态	拆标志	变损类型	计算方法	核功率因	变压器户号
1	Y972		专变	2015/05/01	2015/05/31	30	80	80	运行		GB6451.1-86	查表	0.8	

电量

计量	时段	有功								无功					电度电费			
		抄见电量	换表	免费	增减电量	扣表电量	分摊电量	变损电量	线损	实用电量	抄见电量	换表	增减	变损电量	实用电量	单价	金额	铁贷单价	铁贷金额
1	总	720								720	0					0.6351	457.27	

阶梯信息

计量点	时段	计费类型	用电天数	阶梯类别	阶梯档次	电量上限	电量	单价	电费

各项附加费

没有分摊到变损电量

图 1-23

客户抄表结算复核单

供电所：   电费年月 201506   当月次数： 1

客户编号		客户名称			用电地址						
抄表区段	1113Z029	供电线路		台区名称					合同容量	80	
收费方式	银行代扣	开户银行			帐号				客户类型	公线专变客	
抄表员		抄表日期	2015/06/03	上次抄表日期	2015/05/02	用电天数	31	联系人			
核算员		核算日期	2015/06/05	发行员		发行日期		联系电话			
抄表周期	每月一次抄表	阶梯类型		免费电标志	否	备注说明					

抄表信息

	计量点	抄表序号	表号	表序号	表类型	时段	上月行码	本月行码	度差	倍率	电表电量	增减电量	合计电量
抄表	1	302-34	T5288	1	正向有功	总	43643	43709	66	1	66	0	66

计费信息

计量点	变压器	计量方式	电价代码		时计	调标	基本电费标志	大需	变损分摊方式	损定比定量值	损计算方	摊容
1	19	高供低	农业生产			否	不执	不计算		按电量比例分摊		不计线损	6

变压器信息

压器	变压器号	压器标	开始时间	结束时间	运行天数	容量	计费容量	状态	拆标志	变损类型	计算方法	核功率因	变压器户号
1	Y972		专变	2015/05/01	2015/05/31	30	80	80	运行		GB6451.1-86	查表	0.8	

电量

计量	时段	有功								无功					电度电费			
		抄见电量	换表	免费	增减电量	扣表电量	分摊电量	变损电量	线损	实用电量	抄见电量	换表	增减	变损电量	实用电量	单价	金额	铁贷单价	铁贷金额
1	总	66								66	0					0.6351	41.92	

阶梯信息

计量点	时段	计费类型	用电天数	阶梯类别	阶梯档次	电量上限	电量	单价	电费

没有分摊到变损电量

图 1-24

四、注意事项

1. 建议各供电所把关联户的用户都设在同一区段，减少电量计算的差错。
2. 新增的关联户或重新调整区域的关联户，注意核对抄表区段是否一致。

案例 1-12 分摊容量错误，导致计收两次变损电量

一、案例介绍

两户关联户共用一台 50kVA 变压器，变损分摊方式选择了"按容量比例分摊"，并且分摊容量各自设置为 50kVA，导致计收了两次变损电量 319kW·h 和 461kW·h。

二、存在问题

变损分摊方式选择了"按容量比例分摊"，但没有正确设置分摊容量，导致计收两次变损电量。

三、解决办法

在客户档案里维护变损分摊方式为"按电量比例分摊"，或正确设置分摊容量。

四、注意事项

变损分摊方式选择"按容量比例分摊"，容易导致计费出错，分摊容量影响变损电量。

客户编号		客户名称				用电地址				
抄表区段		供电线路			台区名称			合同容量	50	
收费方式	银行代扣	开户银行	建设银行		账号			客户类型	公线专变客户	
抄表员		抄表日期 2014/05/01	上次抄表日期 2014/04/01	用电天数 30		联系人				
核算员		核算日期 2014/05/05	发行员	发行日期 2014/05/06		联系电话				

抄表信息

	计量点	抄表序号	表号	表序号	表类型	时段	上月行码	本月行码	度差	倍率	电表电量	增减电量	合计电量
抄表	1	02		1	有功	总	29720.34	30064.52	344.18	40	13767	0	13767

计费信息

计量点	变压器组	计量方式	电价代码	分时计费	力调标准	基本电费标志	最大需量	变损分摊方式	变损定比定量值	线损计算方法	分摊容量
1	19	高供低计	非工业/普通工业1-10千伏	否	不执行	不计算		按容量比例分摊		不计线损	50

变压器信息

变压器组	变压器号	变压器标志	开始时间	结束时间	运行天数	容量	状态	装拆标志	变损类型	计算方法	考核功率因数	变压器户号
1		专变合用	2014/04/01	2014/04/30	30	50	运行			GB6451.1-86	查表	0.80	

套扣关系

父表户号	父表计量点	父表户名	子表户号	子表计量点	子表户名	关系类型
	1			1		总分关系

电量

计量点	时段	有功								无功					电度电费	
		抄见电量	换表电量	增减电量	扣表电量	分摊电量	变损电量	线损电量	实用电量	抄见电量	换表电量	增减电量	变损电量	实用电量	单价	金额
1	总	13767			4384		461	0	9844				1526	1526	0.7757	7635.98

按整台变压器50kVA 单独计算父表变损电量

图 1-25

18

客户编号		客户名称			用电地址							
抄表区段		供电线路		台区名称						合同容量	50	
收费方式	银行代扣	开户银行			账号					客户类型	公线专变客户	
抄表员		抄表日期	2014/05/05	上次抄表日期	2014/04/05	用电天数	30		联系人			
核算员		核算日期	2014/05/05	发行员		发行日期	2014/05/06		联系电话			

抄表信息

	计量点	抄表序号	表号	表序号	表类型	时段	上月行码	本月行码	度差	倍率	电表电量	增减电量	合计电量
抄表	1	01		1	有功	总	493475	497859	4384	1	4384	0	4384

计费信息

计量点	变压器组	计量方式	电价代码	分时计费	力调标准	基本电费标志	最大需量	变损分摊方式	变损定比定量值	线损计算方法	分摊容量
1	19	高供低计	非工业/普通工业1-10千伏	否	不执行	不计算		按容量比例分摊		不计线损	50

变压器信息

变压器组	变压器号	变压器标志	开始时间	结束时间	运行天数	容量	状态	装拆标志	变损类型	计算方法	考核功率因数	变压器户号
1		专变合用	2014/04/01	2014/04/30	30	50	运行		GB6451.1-86	查表	0.80	

套扣关系

父表户号	父表计量点		子表户号	子表计量点	子表户名	关系类型
	1	按50kVA单独计算子表变损电量		1		总分关系

电量

计量点	时段	有功							无功					电度电费	
		抄见电量	换表电量	增减电量	扣表电量	分摊电量	变损电量	线损电量	实用电量	抄见电量	换表电量	增减电量	变损电量	实用电量	单价	金额
1	总	4384					319	0	4703				1300	1300	0.7757	3648.12

图 1-26

案例 1–13　按容量比例分摊且有工单，导致变损电量异常

一、案例介绍

变压器容量 160kVA，变损分摊方式选择了"按容量比例分摊"，而且当月 4 号暂停恢复，变压器运行天数 27 天。

错误变损电量：根据电量查表变损为 790kVA，790×27×160/30=113760。但 790kVA 是 160kVA 变压器 30 天的变损电量。

正确变损电量：790/160=4.94（1kVA 的变损电量），160×27/30=144（27 天的容量），4.94×144=711，所以 711 才是正确的变损电量。

注：790 是该户 160kVA 变压器正常查表的变损电量，27 是恢复运行的天数，160 是指变压器容量，30 是指一个月 30 天。

二、存在问题

变损分摊方式选择"按容量比例分摊"，并且当月有工单，系统设置的计算公式不正确，导致变损电量异常。

三、解决办法

在客户档案里维护变损分摊方式为"按电量比例分摊"。

四、注意事项

谨慎选择变损分摊方法为"按容量比例分摊"。

客户抄表结算复核单

供电所：　　　　　　　　　　电费年月 201407　　　当月次数：1

客户编号		客户名称			用电地址				
抄表区段		供电线路		台区名称				合同容量	160
收费方式	银行代扣	开户银行		账号				客户类型	公线专变客户
抄表员		抄表日期 2014/07/01	上次抄表日期 2014/06/01	用电天数 30		联系人			
核算员		核算日期 2014/07/01	发行员		发行日期	联系电话			
抄表周期		阶梯类型 非阶梯	免费电标志 否		备注说明				

抄表信息

计量点	计量点	抄表序号	表号	表序号	表类型	时段	上月行码	本月行码	度差	倍率	电表电量	增减电量	合计电量
抄表	2	39		4	正向有功	总	742.13	755.91	13.78	60	827		827
				5	正向无功	总	42.93	175.27	132.34	60	7940		7940
抄表				4	正向有功	总	742.13	742.13	0	60	0		0
				4	正向无功	总	42.93	42.93	0	60	0		0

计费信息

计量点	变压器组	计量方式	电价代码	分时计费	力调标准	基本电费标志	最大需量	变损分摊方式	变损定比定值	线损计算方法	分摊容量
2	19	高供低计	稻田排灌、脱粒用电	否	0.80	不计算		按容量比例分摊	160	不计线损	

变压器信息

变压器组	变压器号	变压器标志	开始时间	结束时间	运行天数	容量	状态	装拆标志	变损类型	计算方法	考核功率因数	变压器户号
1		专变	2014/06/01	2014/06/03	0	160	停运	恢复	GB6451.1-95	查表	0.80	
		专变	2014/06/04	2014/06/30	27	160	运行	恢复	GB6451.1-95	查表	0.80	

电量

计量点	时段	有功							无功					电度电费		
		抄见电量	换表电量	免费电量	增减电量	扣表电量	分摊电量	变损电量	线损电量	实用电量	抄见电量	换表电量	增减电量	变损电量	实用电量	单价 金额
2	总	827						113760		114587	7940			482720	490660	0.3761　43096.17

阶梯信息

计量点	时段	计费类型	用电天数	阶梯类别	阶梯档次	单价	电费

> 变损电量超大，错误

各项附加费

计量点	重大水利工程建设基金		城建附加费		国家水库移民		省内水库移民		可再生能源		高耗能差别电价		燃油附加	
	单价	金额	单价	金额	单价	金额	单价	金额	单价	金额	单价	金额	单价	金额
2	0.0070	802.11												

总电费

计量点	考核电量	计费电量	电度电费	加价合计	功率因数	调整率%	力调电费	计费容（需）量	单价	基本电费	总电费	退补电费	应收电费
2	0	114587	43096.17	802.11	0.23	79.00	34045.97				77944.25		

注：变损的计算——根据电量查表变损为790，系统变损电量计算为790×27×160/30=13760，但790是160kVA变压器30天的变损电量，正确的变损电量应为：790/160=4.94（1kVA的变损电量），160×27/30=144（27天的容量），所以4.94×44=711才是正确的变损电量。

图 1-27

供电单位　　　　　　　　　　电费年月 201601　　　电费次数 1

用户编				用电地址				
抄表区		供电线		区名			合同容	5
收费方		开户银		账号			客户类	公变客户
抄表员		抄表日 2016-01-11	上次抄表日期		联系人			
核算员		核算日 2016-01-11	发行员		发行日		联系电	
抄表周	每月一次抄表	阶梯类 一户一表	免费电标志 否	免费电有效截止日			备注说	

> 上次抄表日期为空，导致电价为空

抄表信息

计量点	抄表序	资产编号	示数类型	上月行码	本月行码	度差	业务类别	倍率	电表电量	换表电量	合计电量
1	22		正有功总		340	340	正常电费	1	340	0	340

> 起码不能为空

计费信息

计量点	计量方式	电价代码	分时计费	定量定比值	基本电费标志	需量核定值	变损分摊标志	业务类别	力调标准	变损定额	线损计算方法	线损分摊标志	线损计算值
1	低供低	居民电价	否	0	不计算	0	不分摊	正常电	不考核	0	不计算	否	

变压器信息

变压器标识	计量点	补收容量	变压器标志	开始时间	结束时间	运行天数	容量	状态	变损类型	计算方法	考核功率因数	变压器户号

电量

计量点	时段	有功								无功						电度电费	
		抄见电量	换表电量	免费电量	退补电量	扣表电量	分摊电量	变损电量	线损电量	实用电量	抄见电量	换表电量	退补电量	变损电量	扣表电量	实用电量	单价	金额
1	总	340	0	0	0	0	0	0	0	340	0	0	0	0	0	0		0.00

图 1-28

案例1-14 变损分摊方式为空或不分摊，导致变损电量为0

一、案例介绍

新装工单，变压器容量30kVA，计量方式高供低计，变损分摊方式选择了"不分摊"，导致漏收了225kW·h变损电量。

二、存在问题

计量方式为高供低计，用户变压器的变损分摊方式不能为"空"或"不分摊"，一般情况下可以选择"按电量比例分摊"，如果变损分摊方式为"空"或"不分摊"，会导致计费变损电量为0，影响正确计费。

三、解决办法

在客户档案里维护变损分摊标志为"按电量比例分摊"。

四、注意事项

新装工单要特别注意计费参数的设置。

客户抄表结算复核单

供电所：   电费年月 201404   当月次数：1

客户编号		客户名称			用电地址				
抄表区段		供电线路		台区名称				合同容量	30
收费方式	银行托收	开户银行		帐号				客户类型	公线专变客户
抄表员		抄表日期	2014/04/03	上次抄表日期	2014/02/25	用电天数	37	联系人	
核算员		核算日期	2014/04/03	发行员		发行日期		联系电话	
抄表周期	每月一次抄表	阶梯类型	非阶梯	免费电标志	否	备注说明			

抄表信息

	计量点	抄表序号	表号	表序号	表类型	时段	上月行码	本月行码	度差	倍率	电表电量	增减电量	合计电量
抄表	1			1	正向有功	总	0.9	0.9	0	20	0	0	0

计费信息

计量点	变压器组	计量方式	电价代码	分时计费	力调标准	基本电费标志	最大需量	变损分摊方式	变损定比定量值	线损计算方法	分摊容量
1	2	高供低计	非工业/普通工业1-10千伏	否	不执行	不计算		不分摊		不计线损	

变压器信息

变压器组	变压器号	变压器标志	开始时间	结束时间	运行天数	容量	状态	装拆标志	变损类型	计算方法	考核功率因数	变压器户号
1		专变	2014/03/02	2014/03/31	29	30	运行	新装	GB6451.1-95	查表	0.80	

电量

计量点	时段	有功								无功					电度电费	
		抄见电量	换表电量	免费电量	增减电量	扣表电量	分摊电量	变损电量	线损电量	实用电量	抄见电量	换表电量	增减电量	变损电量	实用电量	单价	金额
1	总	0									0					0.7757	

阶梯信息

变损电量为0，错误

图 1-29

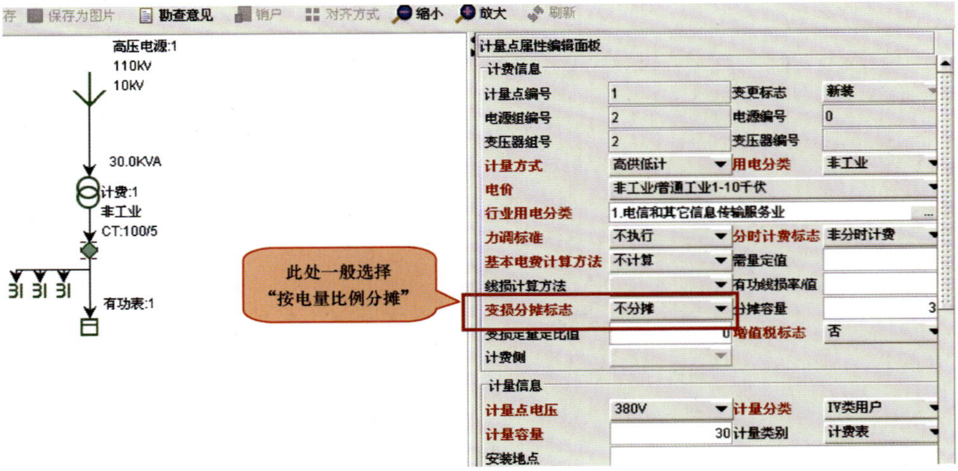

此处一般选择
"按电量比例分摊"

图 1-30

案例1-15　变压器的考核功率因数选择　"不执行"，导致变损电量为0

一、案例介绍

新装工单现场勘查环节里，变压器考核功率因数选择了"不执行"，50kVA 变压器，计量方式高供低计，漏收 319kW·h 变损电量。

二、存在问题

由于变压器的考核功率因数选择为"不执行"或为"空"，导致计费明细处的考核功率因数栏为空，变损电量为0。

图 1-31

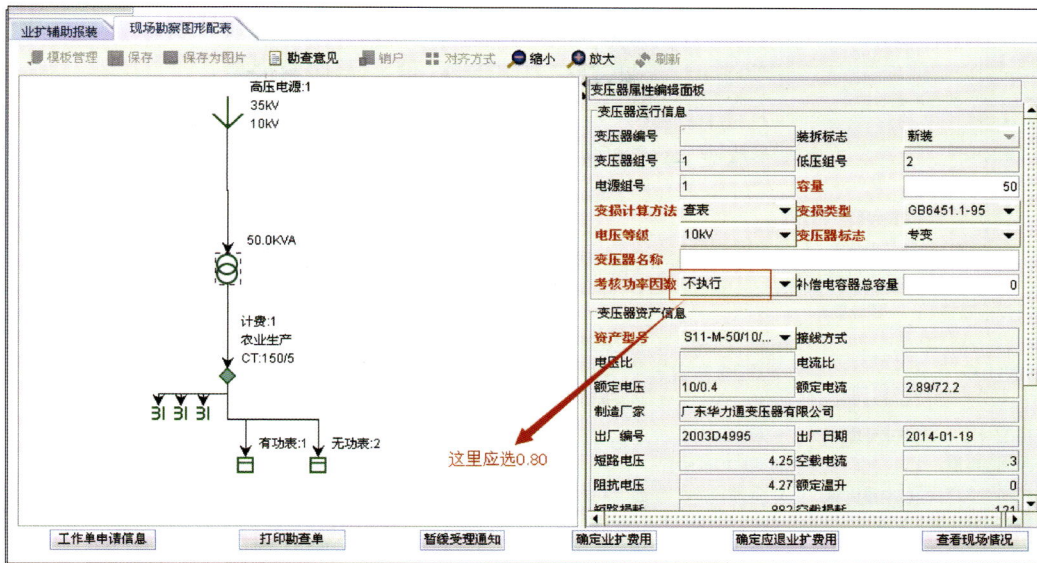

图 1-32

三、解决办法

在客户档案里维护变压器考核功率因数。

四、注意事项

考核功率因数分为 0.8、0.85、0.9 三档，按电价及容量选择适合的功率因数。

本章小结：变损相关参数

变压器属性中与计算变损相关的变压器参数包括：公变专变、运行状态、损耗类型、变损算法、考核功率因数、额定容量（此四项为变损查表参数）。

广东电网公司变损算法是"查表法一"，如需计算变损，变损算法属性全部选择"查表法一"，其他参数根据实际业务填写。

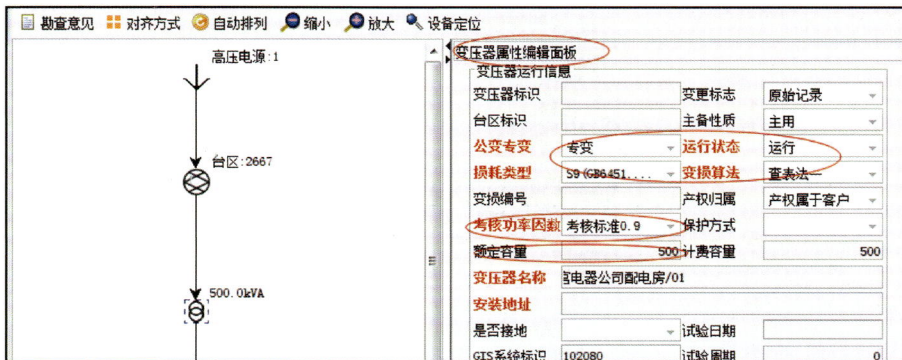

图 1-33

三、解决办法

只需要计收违约使用费用 500 元，违约使用费用不需要进入应收电费。

四、注意事项

根据《供电营业规则》第一百条第五点“私自迁移、更动和擅自操作供电企业的用电计量装置、电力负荷管理装置、供电设施以及约定由供电企业调度的用户受电设备者，属于居民用户的，应承担每次500元的违约使用电费；属于其他用户的，应承担每次 5000 元的违约使用电费”的规定，该户只需要计收违约使用费用，而违约使用费用不需进入应收电费，应收电费包括力调电费，若将违约使用费用填入力调电费，会导致应收报表不正确。

案例 2-2　违约窃电工单回退，导致重复收取窃电追补电量

一、案例介绍

某用户窃电工单传递到客户缴费认定环节时，业务人员发现缴费月份为 11 月，认为工单电费月份有误（新系统上线后，统一规定 25 号为应收截止日，当时工单办理日期为 10 月 26 日，显示 11 月是正确的），重新回退到制定处理方案环节。由于工单回退，系统默认有两次窃电补收记录，导致窃电补收电量部分重复收取。

二、存在问题

由于业务人员不熟悉新系统存在的功能限制，回退窃电工单，导致窃电追补电量重复。

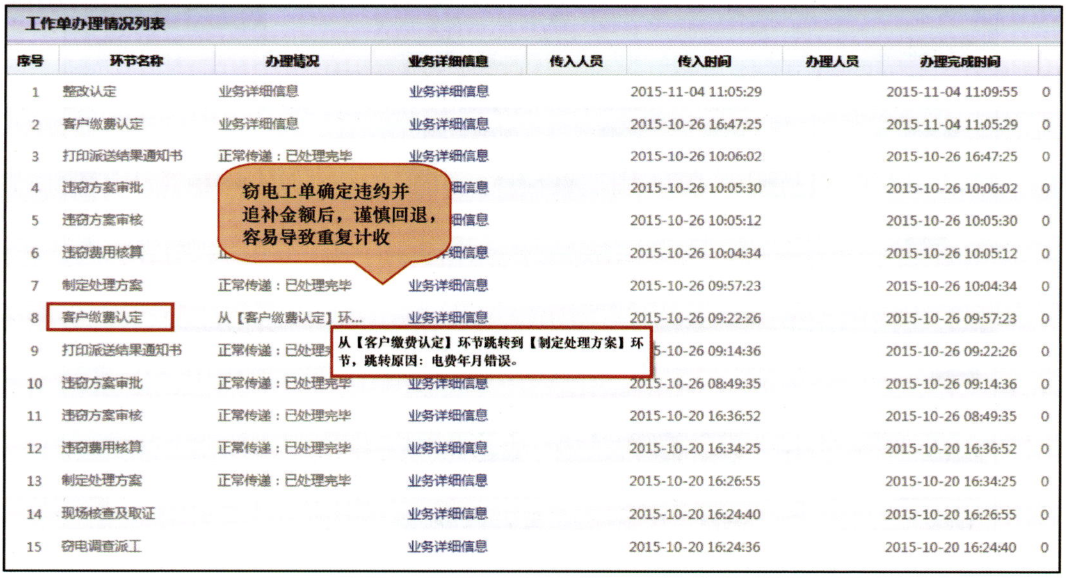

工作单办理情况列表

序号	环节名称	办理情况	业务详细信息	传入人员	传入时间	办理人员	办理完成时间	
1	整改认定	业务详细信息	业务详细信息		2015-11-04 11:05:29		2015-11-04 11:09:55	0
2	客户缴费认定	业务详细信息	业务详细信息		2015-10-26 16:47:25		2015-11-04 11:05:29	0
3	打印派送结果通知书	正常传递：已处理完毕	业务详细信息		2015-10-26 10:06:02		2015-10-26 16:47:25	0
4	违窃方案审批		细信息		2015-10-26 10:05:30		2015-10-26 10:06:02	0
5	违窃方案审核		细信息		2015-10-26 10:05:12		2015-10-26 10:05:30	0
6	违窃费用核算		细信息		2015-10-26 10:04:34		2015-10-26 10:05:12	0
7	制定处理方案	正常传递：已处理完毕	业务详细信息		2015-10-26 09:57:23		2015-10-26 10:04:34	0
8	客户缴费认定	从【客户缴费认定】环...	业务详细信息		2015-10-26 09:22:26		2015-10-26 09:57:23	0
9	打印派送结果通知书	正常传递：已处理			5-10-26 09:14:36		2015-10-26 09:22:26	0
10	违窃方案审批	正常传递：已处理完毕	业务详细信息		2015-10-26 08:49:35		2015-10-26 09:14:36	0
11	违窃方案审核	正常传递：已处理完毕	业务详细信息		2015-10-20 16:36:52		2015-10-26 08:49:35	0
12	违窃费用核算	正常传递：已处理完毕	业务详细信息		2015-10-20 16:34:25		2015-10-20 16:36:52	0
13	制定处理方案	正常传递：已处理完毕	业务详细信息		2015-10-20 16:26:55		2015-10-20 16:34:25	0
14	现场核查及取证		业务详细信息		2015-10-20 16:24:40		2015-10-20 16:26:55	0
15	窃电调查派工		业务详细信息		2015-10-20 16:24:36		2015-10-20 16:24:40	0

图 2-3

三、解决办法

如果已经生成应收，但还没有形成实收，将违窃工单从工作单监控跳转到制定处理方案环节，重新计算电费后，生成应收账务，可以覆盖之前的应收账务。

四、注意事项

1．如果在窃电明细处有两条相同的记录，注意核查是否重复计算电量电费，否则容易导致应收报表错误。窃电工单环节到了缴费环节，请谨慎回退。在统计报表前，需要核对违约窃电收费明细记录，及时发现重复的记录。

2．如果回退后应收数据发生了变化，而这个数据变化是在应收和欠费报表出来之后，必须重新统计应收和欠费报表。

3．回退还需要注意，如果在电费截止日之前已经形成应收账务（没有实收），在电费截止日之前是可以通过回退重新生成覆盖本月的应收记录的；但是一旦过了电费应收截止日，回退重新生成的就是下个月的应收，这个应收无法覆盖上月的应收记录。

4．加强对业务员专业知识培训。

案例 2-3　已作废的违约工单仍重复收取窃电追补电量电费

一、案例介绍

某用户已作废窃电工单，但计费已产生，导致重复收取窃电追补电量电费。

二、存在问题

窃电工单只要传递到客户缴费认定环节，即使作废，已产生的计费记录仍存在，导致重复计收违约电量电费。

图 2-4

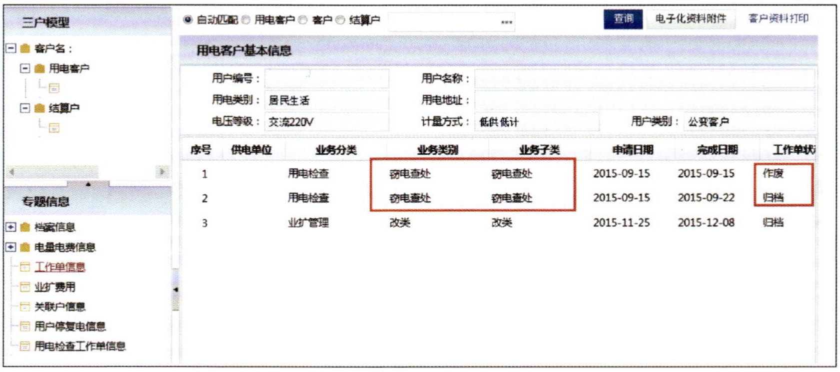

图 2-5

三、解决办法

如果已经生成应收财务，但还没有形成实收，将违窃工单从工作单监控跳转到制定处理方案环节，重新计算电费后，生成应收账务，可以覆盖之前的应收账务。

四、注意事项

1. 窃电工单到了缴费环节，须谨慎作废。如果在窃电明细处有两条相同的记录，注意核查是否重复计算电量电费，否则容易导致应收报表错误。窃电工单到了缴费环节，请谨慎回退。在统计报表前，需要核对违约窃电收费明细记录，及时发现重复的记录。

2. 如果回退后应收数据发生了变化，而这个数据变化是在应收和欠费报表出来之后，必须重新统计应收和欠费报表。

3. 回退还需要注意，如果在电费截止日之前已经形成应收账务（没有实收），在电费截止日之前是可以通过回退重新生成覆盖本月的应收记录的；但是一旦过了电费应收截止日，回退重新生成的就是下个月的应收账务，此时是无法覆盖上月的应收记录的。

4. 加强业务员专业知识培训。

案例 2-4　追补电量工单避免出现小数点

一、案例介绍

某用户有退补工单，追补电量未四舍五入，电量含有小数点。

二、存在问题

追补电量工单中电量不应出现小数点，电量有小数点，会影响应收报表的正确统计。

三、解决办法

发起退补工单时，电量计算结果应避免出现有小数点的情况，将追补电量进行四舍五入，保留至整数位。

四、注意事项

退补工单的电量如果出现小数点，会导致正常电费查询数据的电量与应收报表统计的电量不相等，直接影响正常电费数据、本地报表、省公司报表之间的电量不一致。退补工单录入退补电量时需要四舍五入，避免出现电量有小数点。

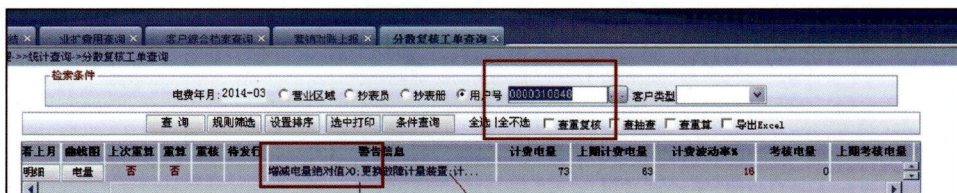

图 2-6

客户抄表结算复核单

供电所：　　　　　　　　　　　　电费年月 201403　　　　　当月次数：1

客户编号		客户名称					用电地址				
抄表区段		供电线路			台区名称				合同容量	4	
收费方式	银行代扣	开户银行	工商银行			帐号			客户类型	公变客户	
抄表员		抄表日期	2014/03/07	上次抄表日期	2014/01/07	用电天数	59	联系人			错误
核算员		核算日期	2014/03/10	发行员		发行日期	2014/03/11	联系电话			
抄表周期	单月抄表	阶梯类型	一户一表	免费电标志		备注说明					

抄表信息

	计量点	抄表序号	表号	表序号	表类型	时段	上月行码	本月行码	度差	倍率	电表电量	增减电量	合计电量
抄表	1	411		2	正向有功	总	1	66.65	65.65	1	66	7.2	73.2
旧表						总	2803	2803	0	1	0	0	0

计费信息

计量点	变压器组	计量方式	电价代码		分时计费	力调标准	基本电费标志	最大需量	变损分摊方式	变损定比定量值	线损计算方法	分摊容量
1		低供低计	住宅用电		否	不执行	不计算		不分摊		不计线损	

电量

计量点	时段	抄见电量	换表电量	免费电量	增减电量	扣表电量	分摊电量	变损电量	线损电量	实用电量	抄见电量	换表电量	增减电量	变损电量	实用电量	单价	金额
				有功									**无功**			**电度电费**	
1	总	66			7.2					73.2							43.98

阶梯信息

图 2-7

客户抄表结算复核单

供电所：　　　　　　　　　　　　电费年月 201403　　　　　当月次数：1

客户编号		客户名称					用电地址				
抄表区段		供电线路			台区名称				合同容量	4	
收费方式	银行代扣	开户银行	工商银行			账号			客户类型	公变客户	
抄表员		抄表日期	2014/03/21	上次抄表日期	2014/01/07	用电天数	73	联系人			正确
核算员		核算日期	2014/03/21	发行员		发行日期	2014/03/21	联系电话			
抄表周期	单月抄表	阶梯类型	一户一表	免费电标志	否	备注说明					

抄表信息

	计量点	抄表序号	表号	表序号	表类型	时段	上月行码	本月行码	度差	倍率	电表电量	增减电量	合计电量
抄表	1	411		2	正向有功	总	1	66.65	65.65	1	66	7	73
旧表						总	2803	2803	0	1	0	0	0

计费信息

计量点	变压器组	计量方式	电价代码		分时计费	力调标准	基本电费标志	最大需量	变损分摊方式	变损定比定量值	线损计算方法	分摊容量
1		低供低计	住宅用电		否	不执行	不计算		不分摊		不计线损	

电量

计量点	时段	抄见电量	换表电量	免费电量	增减电量	扣表电量	分摊电量	变损电量	线损电量	实用电量	抄见电量	换表电量	增减电量	变损电量	实用电量	单价	金额
				有功									**无功**			**电度电费**	
1	总	66			7					73							43.85

阶梯信息

计量点	时段	计费类型	用电天数	阶梯类别	阶梯档次	电量上限	电量	单价	电费
1	总	阶梯计费	73	一户一表	第一档	493	66	0.6007	39.65
1	总	其它			退补电量		7	0.6007	4.20
	总	汇总	73		合计		73		43.85

图 2-8

退补电量方案及退补电量审核

工作单编号：		用户编号：		用户名称：	
用户地址：				计算方法：	参考表法
退补方案：	电能表电量追补：由于换表箱前抄表一直抄反向电量，换表箱后电量在正向、现场抄电能表正向电量359.95kW·h、倍率10，所以追补电量359				

审批信息

审批人：		审批日期：	2015-10-14	*审批结论：	同意
审批意见：					

计量点信息　　故障设备信息　　退补电量信息　　附件信息

行号	示数类型	退补方式	退补电量
1	正有功总	补	3599.5
2	正无功总	补	0

图 2-9

供电单位						电费年月 201511		电费次数 1	
用户编		用户名			用电地址				
抄表区		供电线		台区名			合同容	20.	
收费方	银行批扣	开户银		账号			客户类	公线专变客户	
抄表员		抄表日	2015-11-05	上次抄表日期	2015-10-06	联系人			
核算员		核算日	2015-11-06	发行员		发行日		联系电	
抄表局	每月一次抄表	阶梯类	非阶梯	免费电标志	否	免费电有效截止日		备注说	

抄表信息

计量点	抄表序	资产编号	示数类型	上月行码	本月行码	度差	业务类别	倍率	电表电量	换表电量	合计电量
1			正有功总	366	778.67	412.67	正常电费	10	4127	0	4127
1			正无功总	77	162.49	85.49	正常电费	10	855	0	855

计费信息

计量点	计量方式	电价代码	分时计费	定量定比值	基本电费标志	需量核定值	变损分摊标志	业务类别	力调标准	变损定额	线损计算方法	线损分摊标志	线损计算值
1.	高供低计	非工业1-10千伏	否	0	不计算	0	按电量比例分摊	正常电费	不考核	0.	不计算	否	0

变压器信息

变压器标识	计量点	补收容量	变压器标志	开始时间	结束时间	运行天数	容量	状态	变损类型	计算方法	考核功率因数	变压器户号
1	0		专变	2015-10-01	2015-10-31	30	20	运行	GB6451.1-86	查表法一	考核标准0.8	

电量

				有功							无功					电度电费	
计量点	时段	抄见电量	换表电量	免费电量	退补电量	扣表电量	分摊电量	变损电量	线损电量	实用电量	抄见电量	换表电量	退补电量	变损电量	扣表电量	实用电量	单价	金额
1	总	4127	0	0	3599.5	0	0	210	0	7936.5	855	0	0	611	0	1466	0.7688	6101.58

图 2-10

案例 2-5　窃电追补工单避免出现小数点

一、案例介绍

某用户有窃电工单，追补电量未四舍五入，电量含有小数点。

二、存在问题

窃电工单中电量不应出现小数点，电量有小数点，会影响应收报表的正确统计。

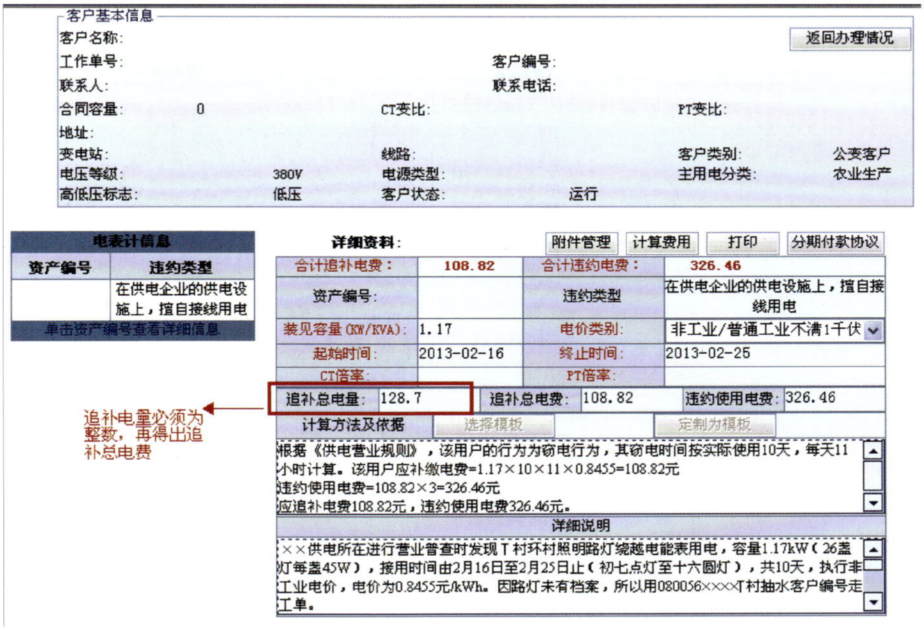

图 2-11

三、解决办法

发起窃电工单时，应将追补电量四舍五入，保留至整数位。

四、注意事项

窃电工单追补电量避免出现小数点。由于应收报表按整数统计电量，故在发起窃电追补方案、违约用电追补方案时，建议按整数计算追补电量。

案例 2-6　违约工单有误，导致应收报表不正确

一、案例介绍

某户本月发起"违约用电查处"工单，该工单是追补高价接低的价差电费，即在电价低的供电线路上，擅自接用电价高的用电设备或私自改变用电类别。客户原是稻田排灌电价，私自转供农业生产的用电，需要计收电价差额，电量应有一正一负冲抵记录，电量不需要再录入。

二、存在问题

1. 录入电量只有一条正电量记录。

2. 电价为空，没有选取正确的单价。

3. 导致最后的应收报表数据未含入此工单的违约追补电量及电费。

31

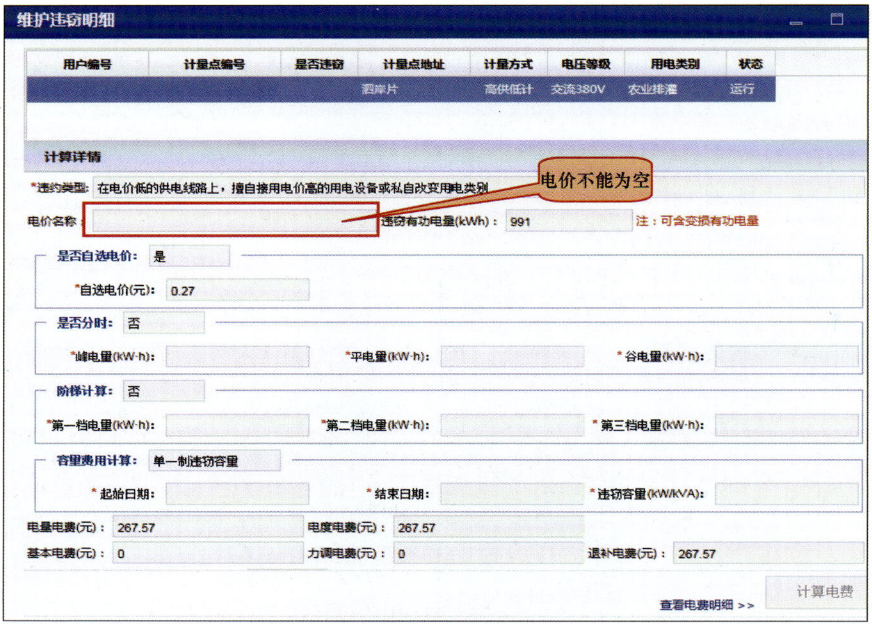

图 2-12

三、解决方法

1. 应有一正一负两条记录生成，一正一负的电量刚好抵消，电量不再录入应收报表。正电量是应该计收的高电价记录，负电量的是低电价记录。

图 2-13

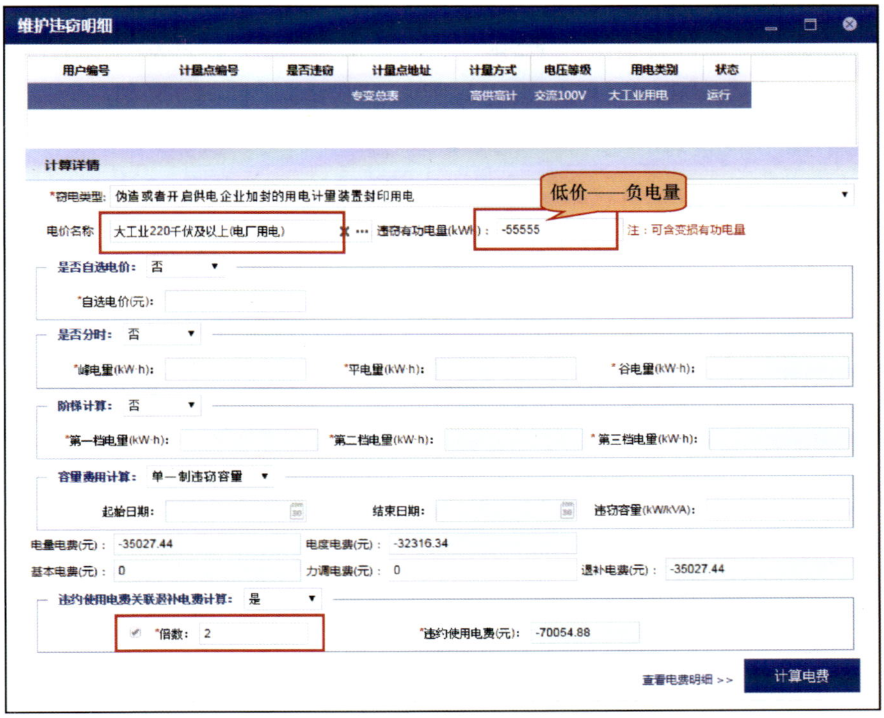
维护违窃明细
用户编号
计量点编号
是否违窃
计量点地址
计量方式
电压等级
用电类别
状态
专变总表
高供高计
交流100V
大工业用电
运行
计算详情
*窃电类型:
伪造或者开启供电企业加封的用电计量装置封印用电
低价——负电量
电价名称
大工业220千伏及以上(电厂用电)
违窃有功电量(kWh):
-55555
注：可含变损有功电量
是否自选电价:
否
*自选电价(元):
是否分时:
否
*峰电量(kW·h):
*平电量(kW·h):
*谷电量(kW·h):
阶梯计算:
否
*第一档电量(kW·h):
*第二档电量(kW·h):
*第三档电量(kW·h):
容量费用计算:
单一制违窃容量
起始日期:
结束日期:
违窃容量(kW/kVA):
电量电费(元):
-35027.44
电度电费(元):
-32316.34
基本电费(元):
0
力调电费(元):
0
退补电费(元):
-35027.44
违约使用电费关联退补电费计算:
是
*倍数:
2
*违约使用电费(元):
-70054.88
查看电费明细 >>
计算电费

图 2-14

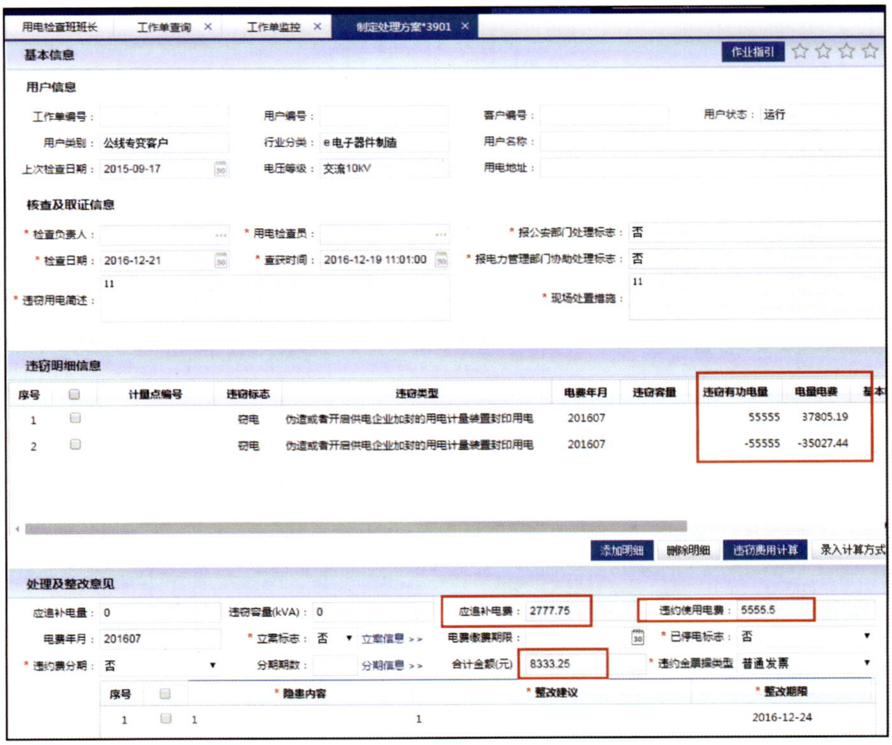
用电检查班班长
工作单查询
工作单监控
制定处理方案*3901
基本信息
作业指引
用户信息
工作单编号：
用户编号：
客户编号：
用户状态：
运行
用户类别：
公线专变客户
行业分类：
e电子器件制造
用户名称：
上次检查日期：
2015-09-17
电压等级：
交流10kV
用电地址：
核查及取证信息
*检查负责人：
*用电检查员：
*报公安部门处理标志：
否
*检查日期：
2016-12-21
*查获时间：
2016-12-19 11:01:00
*报电力管理部门协助处理标志：
否
*违窃用电简述：
11
*现场处置措施：
11
违窃明细信息
序号
计量点编号
违窃标志
违窃类型
电费年月
违窃容量
违窃有功电量
电量电费
1
窃电
伪造或者开启供电企业加封的用电计量装置封印用电
201607
55555
37805.19
2
窃电
伪造或者开启供电企业加封的用电计量装置封印用电
201607
-55555
-35027.44
添加明细
删除明细
违窃费用计算
录入计算方式
处理及整改意见
应追补电量：
0
违窃容量(kVA)：
0
应追补电费：
2777.75
违约使用电费：
5555.5
电费年月：
201607
*立案标志：
否
立案信息 >>
电费缴费期限：
*已停电标志：
否
*违约费分期：
否
分期期数：
分期信息 >>
合计金额(元)
8333.25
*违约金票据类型
普通发票
序号
*隐患内容
*整改建议
*整改期限
1
1
1
2016-12-24

图 2-15

四、注意事项

1. 此类违约的高价接低情况需要发起违约工单。
2. 制定处理方案时，需要生成一正一负两条记录的计算过程。

案例2-7 追补工单异常，上月追补电量但次月自动冲减

一、案例介绍

某客户当月追补电量生效，但次月复核单又扣取该部分电量，导致电量电费出错。

二、存在问题

该客户是分时计费客户，在电量退补工单里没有在峰平谷时段录入电量，当月计费是按峰平谷的电量自动折算，追补电量到峰平谷时段里进行追补，但是到了次月，系统却出现负退补电量，导致电量电费错误。

图 2-16

供电所：			电费年月 201306			当月次数：1		

客户编号		客户名称				用电地址		
抄表区段		供电线路		台区名称				合同容量 250
收费方式 坐收		开户银行		帐号				客户类型 公线专变客户
抄表员		抄表日期 2013/06/01	上次抄表日期 2013/05/02		用电天数 30	联系人		
核算员		核算日期 2013/06/03	发行员		发行日期		联系电话	
抄表周期 每月一次抄表		阶梯类型 非阶梯	免费电标志 否		备注说明			

抄表信息

	计量点	抄表序号	表号	表序号	表类型	时段	上月行码	本月行码	度差	倍率	电表电量	增减电量	合计电量
抄表	1	63		1	有功	总	24.3	221.62	197.32	100	19732	-667	19065
						峰	9.62	75.61	65.99	100	6599	-236	6363
						平	10.35	114.28	103.93	100	10393	-339	10054
						谷	4.32	31.71	27.39	100	2739	-92	2647
				2	无功	总	16.38	180.94	164.56	100	16456	0	16456

计费信息

计量点	变压器组	计量方式	电价代码	分时计费	力调标准	基本电费标志	最大需量	变损分摊方式	变损定比定量值	线损计算方法	分摊容量
1	19	高供低计	普通工业1-10千伏	是	0.90	不计算		按电量比例分摊		不计线损	250

变压器信息

变压器组	变压器号	变压器标志	开始时间	结束时间	运行天数	容量	状态	装拆标志	变损类型	计算方法	考核功率因数	变压器户号
1		专变	2013/05/01	2013/05/31	30	250	运行		GB6451.1-95	查表	0.90	

电量

		有功								无功				电度电费	
计量点	时段	抄见电量	换表电量	免费电量	增减电量	扣表电量	分摊电量	变损电量	线损电量	实用电量	抄见电量	换表电量	增减电量	变损电量	实用电量	单价	金额
---	---	---	---	---	---	---	---	---	---	---	---	---	---	---	---	---	---
1	总	19731			-667			1073		20137	16456			4878	21334		18111.08
	峰	6599			-236			359		6722	0			0		1.2967	8716.42
	平	10393			-339			565		10619	0			0		0.7827	8311.49
	谷	2739			-92			149		2796	0			0		0.3874	1083.17

阶梯信息

计量点	时段	计费类型	用电天数	阶梯类别	阶梯档次	电量上限	电量	单价	电费

图 2-17

	传来时间	标准环节	办理情况	详细信息	办理人员	传来人
●	2013-04-28 17:13	更新档案、归档	正常传递：已办理完毕！	详细情况		
●	2013-04-28 17:12	归档前全面资料审核	正常传递：已办理完毕！	详细情况		
●	2013-04-28 17:11	电量退补审批	正常传递：同意	详细情况		
●	2013-04-27 17:30	追退补电量计算	正常传递：已办理完毕！	详细情况		
●	2013-04-27 17:29	业扩费用结算	正常传递：已办理完毕！	详细情况		
●	2013-04-27 16:59	确定业扩费用	正常传递：已办理完毕！	详细情况		
●	2013-04-27 16:57	录入计量故障处理意见	正常传递：已办理完毕！	详细情况		
●	2013-04-27 16:57	装表员退旧资产	正常传递：已办理完毕！	详细情况		
●	2013-04-27 15:17	录入装拆记录	正常传递：现场为雷击烧表，从计量自动化可查见故障从4月26日凌晨4时30分发生，（原表计电度是从计量自动化抄见），请追补电费	详细情况		
●	2013-04-27 15:17	装拆表打单	正常传递：已办理完毕！			
●	2013-04-27 15:17	装拆表派工	正常传递：已办理完毕！			
●	2013-04-27 15:12	计量配表	正常传递：已办理完毕！	详细情况		
●	2013-04-27 14:56	现场勘察	正常传递：已办理完毕！	详细情况		
●	2013-04-27 14:55	勘察派工	已经办理完毕			
●	2013-04-27 14:54	申请登记	已经办理完毕			

●：可控超时　●：不

图 2-18

2．各业务人员对于一户一表的居民用户的电量退补的执行文件要理解透彻并执行到位。

3．电费退补工单需注意，必须选择合适的年月及计量点生成退补记录，并通过录入应退补的电量计算退补电费。对于可追溯抄表周期的退补电量电费，将退补电量还原至当期重新计费后进行退补，必须注意在走流程前应人工进行还原计算，并与系统计算的结果进行核对，如有差异，按人工计算的结果录入系统。计算过程保留小数点后两位。

4．退补注意事项详细说明请参考《湛江供电局电量电费退补流程操作指引》。

案例 2-9　一户一表电费退补有力调电费，导致应收报表不正确

一、案例介绍

一户一表进行电费退补，但却将退补差额的金额填入工单中力调电费栏，一户一表没有力调电费，最后导致应收居民电价中含有力调电费，报表有误。

二、存在问题

住宅用户不需要执行力调考核，如果在住宅力调栏出现力调电费，说明此住宅用户的此项费用不正确，需要修正。

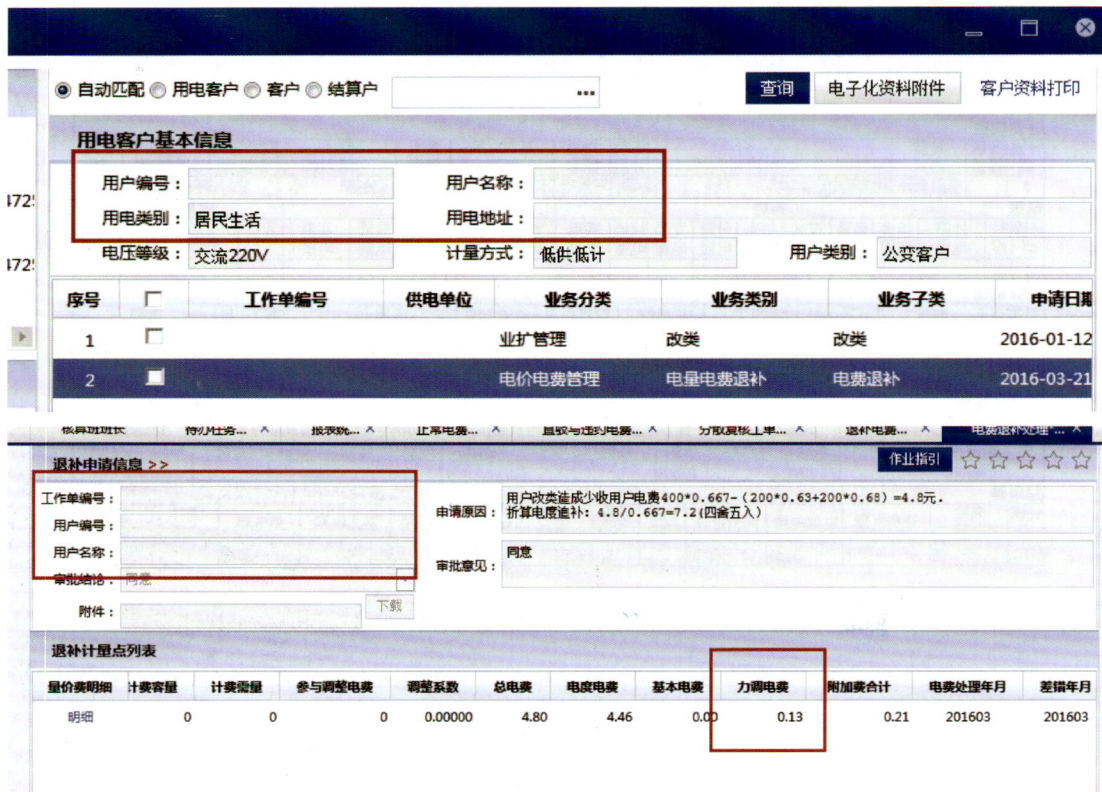

图 2-23

电力销售收入明细表

报表年月：2016年04月

项目用电分类	行次	售电量(MW.h)	电网收入												基金和附加费									
			售电平均电价(元/MW.h)	售电收入(元)	电度电费		功率因数调整电费		基本电费				国家统筹可再生能源附加资金		重大水利基金		市政附加费		大型水库移民资金					
																			国家统筹		省内统筹		合计	
					单价(元/MW.h)	金额(元)	增加额(元)	减少额(元)	变压器容量(千伏安)	金额(元)	最大需量(千瓦)	金额(元)	单价(元/MW.h)	金额(元)	单价(元/MW.h)	金额(元)	单价(元/MW.h)	金额(元)	单价(元/MW.h)	金额(元)	单价(元/MW.h)	金额(元)	单价(元/MW.h)	金(元
		1	2	3	4	5	6	7	8	9	10	11	12	13	14	15	16	17	18	19	20	21	22	2
其中：第一档	100	25372.089	600.19	15228138.46	600.19	15228138.46	0.00	0.00	0.00	0.00	0	0.00	0.00	0.00	7.01	177738.89	14.00	355202.09	8.30	210594.07	0.50	12742.56	8.80	2233
第二档	101	3158.787	650.19	2053823.96	650.19	2053823.96	0.00	0.00	0.00	0.00	0	0.00	0.00	0.00	7.00	22125.61	14.00	44221.42	8.30	26218.65	0.50	1585.52	8.80	278
第三档	102	1031.786	900.20	928809.54	900.20	928809.54	0.00	0.00	0.00	0.00	0	0.00	0.00	0.00	7.00	7225.23	14.00	14444.66	8.30	8564.04	0.50	517.51	8.80	908
2、一户一表（有峰谷）	103	0.000	0.00	0.00	0.00	0.00	0.00	0.00	0.00	0.00	0	0.00	0.00	0.00	0.00	0.00	0.00	0.00	0.00	0.00	0.00	0.00	0.00	
其中：高峰	104	0.000	0.00	0.00	0.00	0.00	0.00	0.00	0.00	0.00	0	0.00	0.00	0.00	0.00	0.00	0.00	0.00	0.00	0.00	0.00	0.00	0.00	
低谷	105	0.000	0.00	0.00	0.00	0.00	0.00	0.00	0.00	0.00	0	0.00	0.00	0.00	0.00	0.00	0.00	0.00	0.00	0.00	0.00	0.00	0.00	
平段	106	0.000	0.00	0.00	0.00	0.00	0.00	0.00	0.00	0.00	0	0.00	0.00	0.00	0.00	0.00	0.00	0.00	0.00	0.00	0.00	0.00	0.00	
第二档加价	107	0.000	0.00	0.00	0.00	0.00	0.00	0.00	0.00	0.00	0	0.00	0.00	0.00	0.00	0.00	0.00	0.00	0.00	0.00	0.00	0.00	0.00	
第三档加价	108	0.000	0.00	0.00	0.00	0.00	0.00	0.00	0.00	0.00	0	0.00	0.00	0.00	0.00	0.00	0.00	0.00	0.00	0.00	0.00	0.00	0.00	
3、合表	109	4647.594	635.68	2954370.78	637.20	2961445.44	0.13	7074.79	0.00	0.00	0	0.00	0.00	0.00	7.00	32534.67	14.00	65066.36	8.30	38575.18	0.50	2325.11	8.80	409
其中：合表（统建）	110	363.281	637.20	231482.60	637.20	231482.60	0.00	0.00	0.00	0.00	0	0.00	0.00	0.00	7.00	2543.03	14.00	5085.92	8.30	3015.22	0.50	181.72	8.80	319
合表（公共）	111	355.130	637.20	226288.72	637.20	226288.72	0.00	0.00	0.00	0.00	0	0.00	0.00	0.00	7.00	2486.06	14.00	4971.82	8.30	2947.57	0.50	177.69	8.80	312
合表（自建）	112	1880.574	637.20	1198300.76	637.20	1198300.76	0.00	0.00	0.00	0.00	0	0.00	0.00	0.00	7.00	13165.03	14.00	26328.13	8.30	15608.92	0.50	941.03	8.80	165
合表（非居民、食学																								

图 2-24

三、解决办法

1．重新发起一张负的电费退补力调工单进行冲抵。

2．如果应收已经封账，需要后台申请作废已归档的错误电费退补工单，重新退补。

3．重新初始化报表及重新统计。

四、注意事项

1．审核电费退补工单时，需要注意住宅用户。

2．如果应收已经封账，需要后台申请作废已归档的错误电费退补工单，重新退补。

3．重新初始化报表及重新统计。

案例 2–10 电量退补方式错误，导致退补电量错误

一、案例介绍

该户电能计量装置故障，电量退补工单退补方式选择错误，本应是追补，却错误选择为退电量，导致退补电量错误。

二、存在问题

发起电量退补工单，追补电量应在退补方式选“追”；退电量应在退补方式选“退”。在电量退补工单中，“追”和“退”容易选错，导致最后的退补电量不正确。

三、解决办法

1．电量退补工单经过多层审核，工单未归档前发现退补方式错误，都可以退回至申请环节，重新修改正确再传递。

2．电量退补工单退补方式错误且已归档，只能再重新发起新的电量退补工单，追（退）补双倍电量。

内联单申请信息

工作单号		内部联系单类型	其他类
用户编号		错误代码	其他
用户名称		用户类别	公变客户
用电地址			
台区名称		电表资产编号	
抄表区段		抄表人	
联系电话		联系人	
登记人		登记时间	2016-04-25 10:09:28
登记人部门			

申请内容：用户号：　　　　　，户名：　　　　在3月21号来办理电能计量装置故障更换，根据计量故障情况来办理用户应在本月追补66度电量。在走工单办理时止扩不小心选错了，造成本月应追补的66度电量退减用户66度电量。因工单已归档无法再修改，所以下个月再把退减给用户的66度电量以及要追补给用户66度电量一起追补回来。

内联单办理

*办理人		*办理部门		*办理时间	2016-04-25 11:03:40
*请输入办理意见	同意。				
*接收人		✕ 删除			

传递　归档　作废　返回　　打印内联单　附件管理　查看现场情况　传递给创建人
传递给上个办理人

内联单办理记录

任务号	办理人	办理日期	办理意见
1		2016-04-25 10:30:05	同意。

图 2-25

工作单基本信息

工作单号		业务类别	电能计量装置故障电量退补	业务子类	电能计量装置故障电量退补
工作单摘要	关联故障工作单编号：	；用户编号：	；用户名称：	用户地址：	

工作单办理情况列表

序号	环节名称	办理情况	业务详细信息	传入人员	传入时间	办理人员	办理完成时间	
1	与退补方确认退补方案及退补电量	正常传递：已处理完毕	业务详细信息		2016-03-24 15:28:29		2016-03-27 10:03:25	
2	退补电量方案及退补电量审核	正常传递：已处理完毕	业务详细信息		2016-03-24 15:04:34		2016-03-24 15:28:29	
3	计算退补电量	正常传递：已处理完毕	业务详细信息		2016-03-24 15:02:35		2016-03-24 15:04:34	
4	提出电量退补方案	正常传递：已处理完毕	业务详细信息		2016-03-24 14:41:57		2016-03-24 15:02:35	

计算退补电量

工作单编号：		用户编号：		用户名称：	
用户地址：				*计算方法：	手工算法

退补方案：2016年03月18日经我所抄表员检查该用户电能表烧坏，经与用户协商，根据《供电营业规则》第八十条：以用户正常月份的电量为基准，退补电量。电能表故障前三次计费进行参照追补电量，追补该用户上次抄表2016年03月18日至2016年03月22日期间用电电量。

计量点信息　　故障设备信息　　**退补电量信息**　　附件信息

行号	示数类型	*退补方式	*退补电量
1	正有功总	退	66

图 2-26

供电单位							电费年月↓201604			电费次数 1		
用户编				用户名				用电地址				
抄表区			供电线				台区名			合同容		4
收费方	银行批扣		开户银				账号			客户类		公变客户
抄表员			抄表日	2016-04-05		上次抄表日期 2016-02-05		联系人				
核算员			核算日	2016-04-25		发行员			发行日 2016-04-25	联系电		
抄表周	双月抄表		阶梯类	一户一表		免费电标志	否	免费电有效截止日		备注说		

抄表信息

计量点	抄表序	资产编号	示数类型	上月行码	本月行码	度差	业务类别	倍率	电表电量	换表电量	合计电量
1	3350		正有功总	1	171	170	正常电费	1	170	661	170

抄表信息（旧表）

计量点	抄表序	资产编号	示数类型	上月行码	本月行码	度差	业务类别	倍率	上次抄表日期	本次抄表日期
1	3350		正有功总	8945	9605.9	660.9	正常电费	1	2016-02-05 09:10:25.0	2016-03-24

计费信息

计量点	计量方式	电价代码	分时计费	定量定比值	基本电费标志	需量核定值	变损分摊标志	业务类别	力调标准	变损定额	线损计算方法	线损分摊标志	线损计算值
1	低供低	居民电价	否	0	不计算	0	不分摊	正常电	不考核	0	不计算	否	0

变压器信息

变压器标识	计量点	补收容量	变压器标志	开始时间	结束时间	运行天数	容量	状态	变损类型	计算方法	考核功率因数	变压器户号

电量

计量点	时段	有功									无功						电度电费	
		抄见电量	换表电量	免费电量	退补电量	扣表电量	分摊电量	变损电量	线损电量	实用电量	抄见电量	换表电量	退补电量	变损电量	扣表电量	实用电量	单价	金额
1	总	170	661	0	-66	0	0	0	0	765	0	0	0	0	0	0	0.6502	477.40

图 2-27

四、注意事项

1. 退补电费工单需要注意选择退补方式，"追"和"退"的选项注意选择正确。

2. 电量退补工单审批人员除了要核查电量退补工单的电量、金额等关键数据外，更要注意核查退补方式是否正确。

第三章　业务工单影响电量电费不正确

案例 3-1　高压暂停工单归档未生效，导致电量电费不正确

一、案例介绍

某客户高压暂停工单归档，但计费时工单未生效，导致当月电量电费不正确。

二、存在问题

旧营销系统中，某客户高压暂停工单拆火时间是 2 月 27 日，按照计起不计止的原则，正确计算变损的天数为 2 月 1 日至 2 月 27 日共 26 天，但暂停工单在翻月后归档，且归档后没有进行数据开放（抄表初始化），系统计算了整月的变损电量，暂停工单在本月并未生效，导致电量电费不正确。

三、解决办法

3 月电费计算前要单独对此户进行数据开放（旧系统称：抄表初始化），再进行本期电费计算，否则工单无法生效，影响本期电量电费计算。已发行的需要发起电量电费退补工单。

四、注意事项

1. 相关计费的业务工单，业务办理人员与各复核员加强沟通，及时做好工单归档后工单生效工作，以免影响正常计费。

2. 供电所相关业务人员应在每月抄表前，对已归档的业务工单进行查看核实，特别是翻月后才归档的业务工单，需要单独进行数据开放，才能令业务工单在当期电费生效。

3. 电费核算人员应严格按照《广东电网公司抄表管理细则》中电量电费核算要求进行复核工作，同时提高电费复核人员对电费异常信息的核查能力，及时发现计费错误，避免出现电费差错。

图 3-1

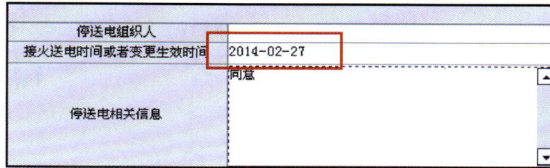

停送电组织人	
接火送电时间或者变更生效时间	2014-02-27
停送电相关信息	同意

图 3-2

供电所：　　电费年月：201403　　当月次数：1

客户编号		客户名称	陈八木片厂	用电地址	知青场		
抄表区段						合同容量	80
收费方式	银行代扣		21019E+18			客户类型	公线专变客户
抄表员		抄表日期	2014/03/01	上次抄表日期	2014/02/01	用电天数	28
核算员		核算日期	2014/03/05	发行员		发行日期	2014/03/05

联系人：　联系电话：

抄表信息

	计量点	抄表序号	表号	表序号	表类型	时段	上月行码	本月行码	度差	倍率	电表电量	增减电量	合计电量
抄表	1	46		4	有功	总	4955.64	4955.64	0	20	0	0	0

计费信息

计量点	变压器组	计量方式	电价代码	时计	力调标准	基本电费标志	最大需量	变损分摊方式	固定比定量	线损计算方法	分摊容量
1	19	高供低计	非工业/普通工业1-10千伏	否	不执行	不计算		按电量比例分摊		不计线损	

变压器信息

变压器组	变压器号	变压器标志	开始时间	结束时间	运行天数	容量	状态	装拆标志	变损类型	计算方法	核功率因	变压器户号
1		专变	2014/02/0	2014/02/28	30	80	运行		GB6451.1-95	查表	0.85	

电量

		有功								无功					电度电费	
计量点	时段	抄见电量	换表电量	增减电量	扣表电量	分摊电量	变损电量	线损电量	实用电量	抄见电量	换表电量	增减电量	变损电量	实用电量	单价	金额
1	总	0					464		464	0			1849	1849	0.7757	359.92

图 3-3

案例 3-2　改类工单归档后未生效，导致电量电费不正确

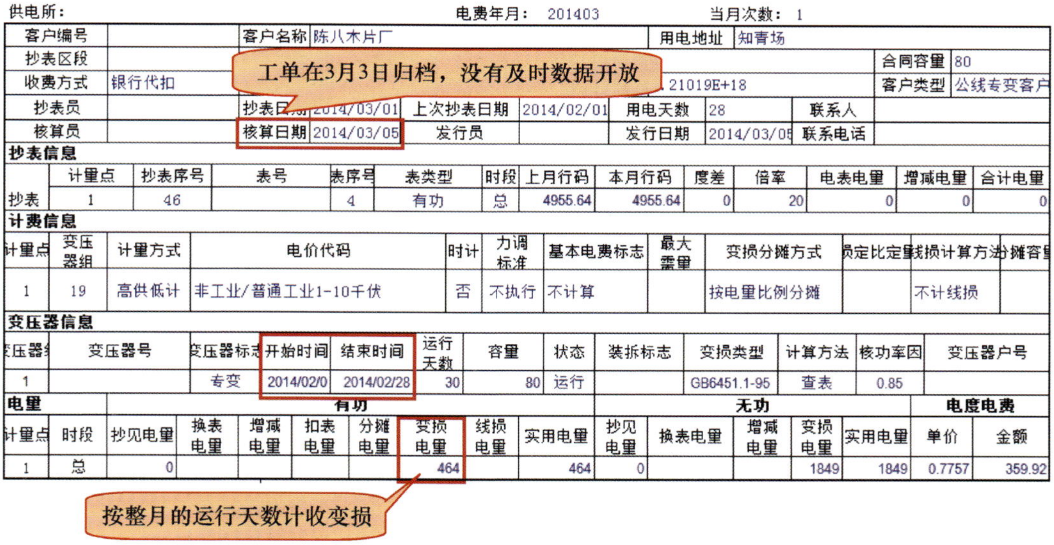

一、案例介绍

某客户由住宅电价改类为非工业电价，改类工单归档后没有及时数据开放，改类工单没有生效，导致电价、电费不正确。

二、存在问题

1．客户 3 月 4 日改类工单归档，但未重新数据开放，工单没有生效。改类前后表码不一致，客户工单截取表码 2360，故止码 2360～2472 之间的电量应为改类后非工业电价，但由于没有及时数据开放，导致电价及计费不正确。

2．该户改类工单在 3 月 4 日发起的工单，但是截取的止码却是上月的止码 2360，在 3 月 6 日抄见止码却为 2472，2 天用了 112 度不符合逻辑，说明业务人员并未到现场进行改类止码的抄取并录入。

3．本案例暴露该业务人员工作不够细致，工作流程随意，管理制度不健全，止码录入不按规定要求严格执行的问题。

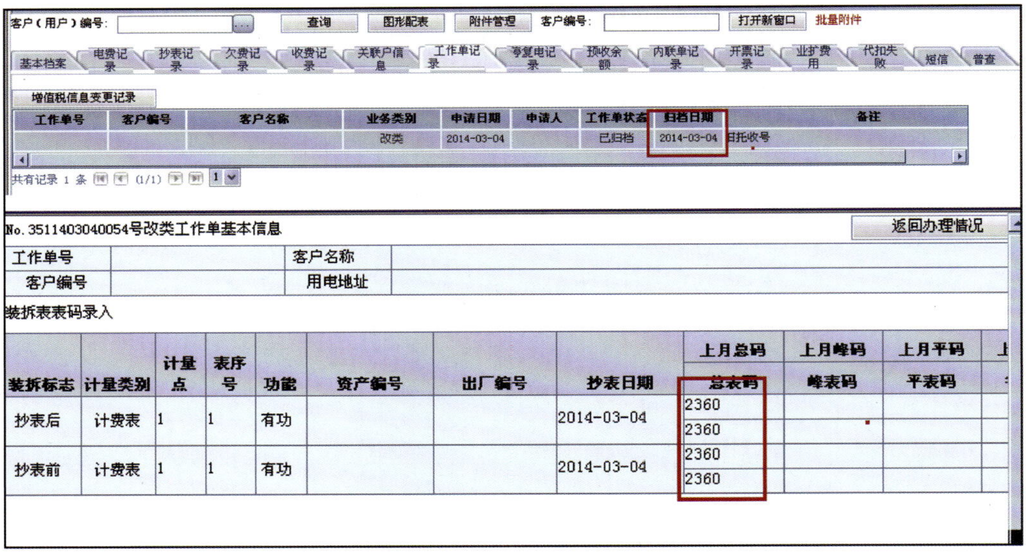

图 3-4

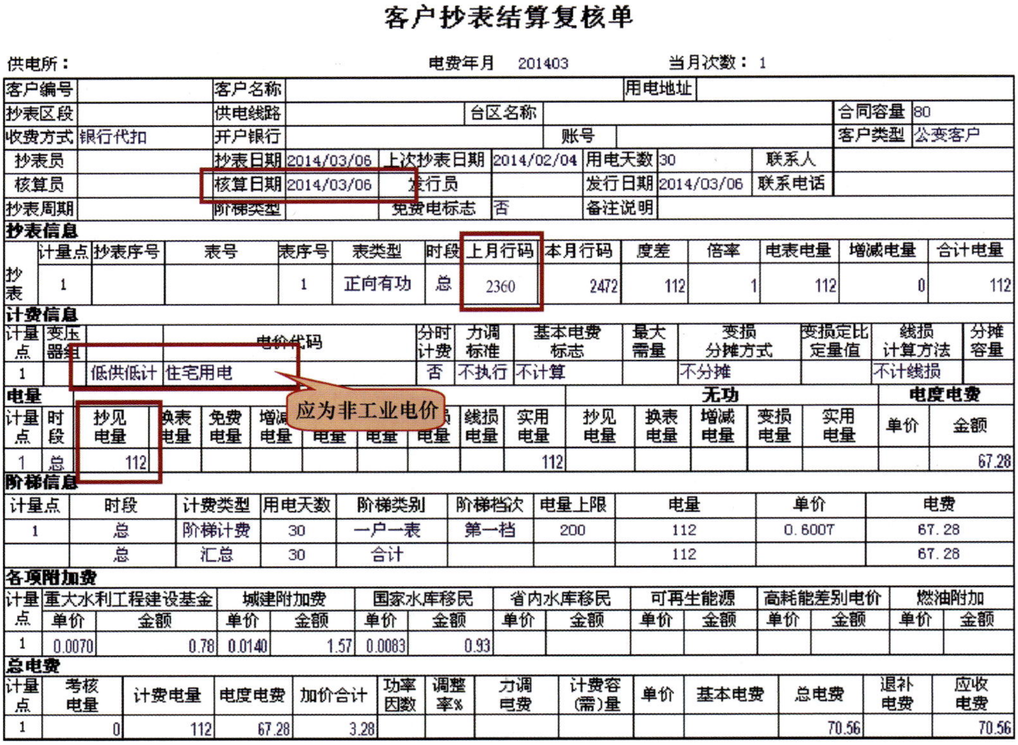

客户抄表结算复核单

供电所： 电费年月 201403 当月次数：1

客户编号		客户名称				用电地址			
抄表区段		供电线路		台区名称				合同容量	80
收费方式	银行代扣	开户银行			账号			客户类型	公变客户
抄表员		抄表日期	2014/03/06	上次抄表日期	2014/02/04	用电天数	30	联系人	
核算员		核算日期	2014/03/06	发行员		发行日期	2014/03/06	联系电话	
抄表周期		阶梯类型		免费电标志	否	备注说明			

抄表信息

计量点	抄表序号	表号	表序号	表类型	时段	上月行码	本月行码	度差	倍率	电表电量	增减电量	合计电量
1			1	正向有功	总	2360	2472	112	1	112	0	112

计费信息

计量点	变压器	电价代码		分时计费	力调标准	基本电费标志	最大需量	变损分摊方式	变损定比定量值	线损计算方法	分摊容量
1		低供低计	住宅用电	否	不执行	不计算		不分摊		不计线损	

应为非工业电价

电量

计量点	时段	抄见电量	换表电量	免费电量	增减电量	电量	电量	电量	线损电量	实用电量	无功抄见电量	换表电量	增减电量	变损电量	实用电量	电度电费单价	金额
1	总	112								112							67.28

阶梯信息

计量点	时段	计费类型	用电天数	阶梯类别	阶梯档次	电量上限	电量	单价	电费
1	总	阶梯计费	30	一户一表	第一档	200	112	0.6007	67.28
	总	汇总	30	合计			112		67.28

各项附加费

计量点	重大水利工程建设基金单价	金额	城建附加费单价	金额	国家水库移民单价	金额	省内水库移民单价	金额	可再生能源单价	金额	高耗能差别电价单价	金额	燃油附加单价	金额
1	0.0070	0.78	0.0140	1.57	0.0083	0.93								

总电费

计量点	考核电量	计费电量	电度电费	加价合计	功率因数	调整率%	力调电费	计费容(需)量	单价	基本电费	总电费	退补电费	应收电费
1	0	112	67.28	3.28							70.56		70.56

图 3-5

注：改类后为非工业电价，3 月 4 日改类工单归档，工单截取的表码是 2360，则 112 度电量应为改类后的电价，但由于工单归档后没有抄表初始化，导致工单没有生效，所以单价、电费不正确。

三、解决办法

翻月后再归档的业务工单，要及时进行数据开放，再进行本期电费计算，否则会导致本期电量电费计算不正确。

四、注意事项

1．翻月后再归档的业务工单，需要单独进行数据开放。

2．业务人员对该户进行历史重算退补电费差价。

3．供电所相关业务人员应在每月抄表前，对已归档的业务工单进行查看核实，特别是翻月后才归档的业务工单，需要单独进行数据开放，才能令业务工单在当期电费生效。

4．改类工单容易存在重复计算电量问题，电费核算人员需要将本月有改类工单的客户明细逐户认真核对，避免出现电量电费差错问题。

5．加强相关业务人员的业务技能培训，完善业务工作流程，避免因人为疏忽导致电量电费出错。

6．电费核算人员应严格按照《广东电网公司抄表管理细则》中电量电费核算要求进行复核工作，同时提高电费复核人员对电费异常信息的核查能力，及时发现计费错误，避免出现电费差错。

案例3-3 有两张换表工单，导致电量重复计收

一、案例介绍

旧营销系统中有两张换表工单，导致当月电量重复收取。

二、存在问题

发起两张及以上的更换计量装置、移表批量换表工单容易导致重复计算电量。

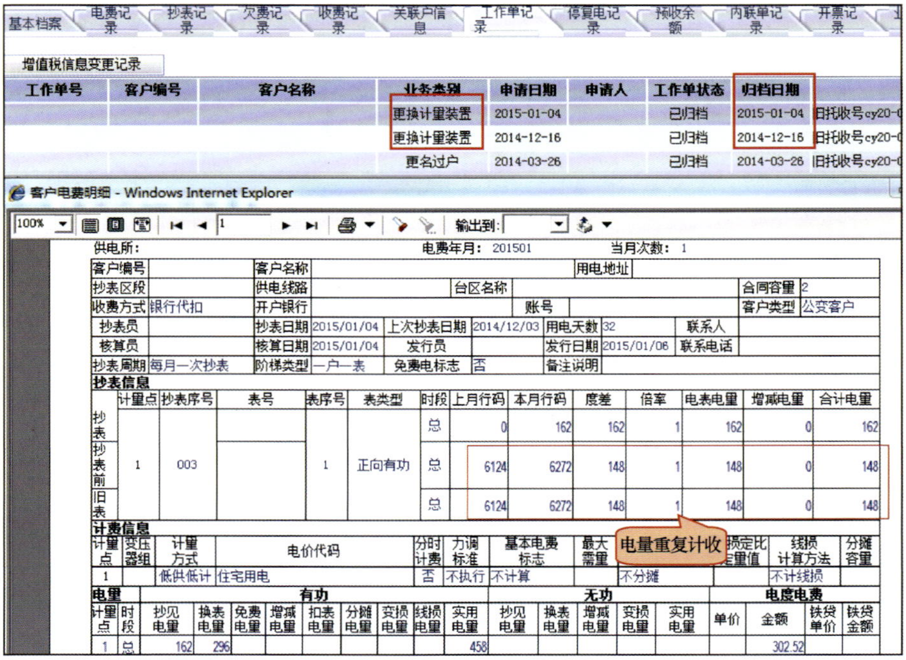

图3-6

三、解决办法

申请作废其中一条不正确的换表工单，重新数据开放再计算。如已发行，需要发起冲正退补工单或退补工单进行处理。

四、注意事项

1. 发起两张及以上的更换计量装置、移表批量换表工单容易导致重复计算电量，尽量避免重复发起相同的工单。该异常暂时没有准确的电费规则拦截，需要特别注意。业务工单准确有效发起与计费准确息息相关。

2. 供电所的电费核算人员应严格按照《广东电网公司抄表管理细则》第5.2.4条，"对新装增容、用电变更、电能计量装置参数变化、执行或不执行特殊电价、表计故障等，在业务流程处理完毕后的首次计费月份，应逐户进行核对"的规定执行。

案例3-4　当月有两张退补工单，导致退补电量电费都不生效

一、案例介绍

某客户当月有两次电量退补，旧营销系统无法同时生效，容易导致退补电量漏计。

二、存在问题

某客户有两次电量退补工单，旧营销系统无法同时生效，容易导致退补电量漏计。

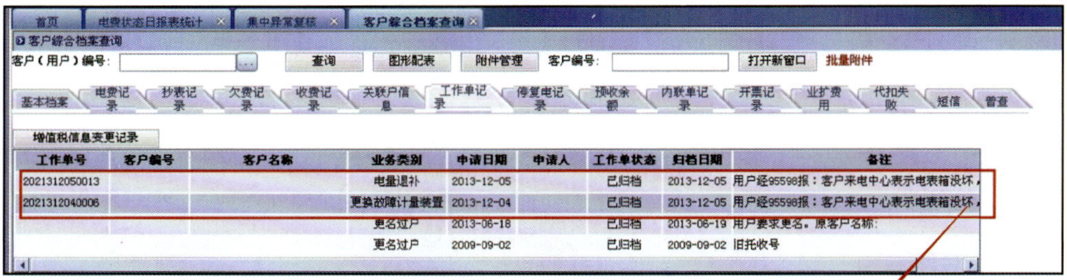

图 3-7

图 3-8

客户抄表结算复核单

供电所：　　　　　　　　　　电费年月 201312　　　　　　当月次数：1

客户编号		客户名称				用电地址							
抄表区段		供电线路			台区名称					合同容量	2		
收费方式		开户银行				账号				客户类型	公变客户		
抄表员		抄表日期	2013/12/05	上次抄表日期	2013/10/06	用电天数	60	联系人					
核算员		核算日期	2013/12/05	发行员		发行日期		联系电话					
抄表周期	双月抄表	阶梯类型	一户一表	免费电标志	否	备注说明		退补工单没有生效					

抄表信息

	计量点	抄表序号	表号	表序号	表类型	时段	上月行码	本月行码	度差	倍率	电表电量	增减电量	合计电量
抄表	1	576-3260		1	有功	总	0	636	636	1	636	0	636
旧表						总	26345	26345	0	1	0	0	0

计费信息

计量点	变压器组	计量方式	电价代码		分时计费	力调标准	基本电费标志	最大需量	变损分摊方式	变损定比定值	线损计算方法	分摊容量
1		低供低计	住宅用电		否	不执行	不计算		不分摊		不计线损	

电量

计量点	时段	有功								无功					电度电费	
		抄见电量	换表电量	免费电量	增减电量	扣表电量	分摊电量	变损电量	线损电量	实用电量	抄见电量	换表电量	增减电量	变损电量	实用电量	单价	金额
1	总	636								636							390.85

阶梯信息

计量点	时段	计费类型	用电天数	阶梯类别	阶梯档次	电量上限	电量	单价	电费
1	总	阶梯计费	60	一户一表	第一档	460	460	0.6007	276.32
1	总	阶梯计费	60	一户一表	第二档	1000	176	0.6507	114.53
	总	汇总	60	合计			636		390.85

各项附加费

计量点	重大水利工程建设基金		城建附加费		国家水库移民		省内水库移民		可再生能源		高耗能差别电价		燃油附加	
	单价	金额	单价	金额	单价	金额	单价	金额	单价	金额	单价	金额	单价	金额
1	0.0070	4.45	0.0140	8.90	0.0083	5.28								

总电费

计量点	考核电量	计费电量	电度电费	加价合计	功率因数	调整率%	力调电费	计费容(需)量	单价	基本电费	总电费	退补电费	应收电费
1	0	636	390.85	18.63							409.48		

图 3-9

三、解决办法

该户有两次电量退补工单，一张是故障换表中的电量退补，另一张是电量退补工单，系统无法一起生效，导致退补电量漏计。营销系统如果一户发起两张及以上的退补工单，请注意核查是否生效。

四、注意事项

1. 发起两次电量退补，系统无法同时生效，容易导致退补电量漏计。

2. 电费复核人员对同一个月办理多项业务流程的客户要重点复核，避免因人为疏忽，致使电量电费退补计算错误。

3. 供电所的相关人员，在退补工单流程归档后需要核查退补电量电费是否生效，做好工作流程的闭环管理。

4. 应加强营销业务管理，严格按照《广东电网公司抄表管理细则》第 5.6.3 条的规定执行，制定专人负责电量电费退补工作，避免因人为疏忽致使电量电费出错。

案例3-5　故障换表工单起码与实际不一致，导致多计电量

一、案例分析

更换故障计量装置，工单中新表起码截取表码与上传相片表码不一致，导致计费不正确。

二、存在问题

该户新装起码是 3.97，但是工单录入表码是 0。换表工单新表起码实际不一致，更换故障计量装置，工单中截取表码与上传相片表码不一致，导致计费不正确。

三、解决办法

1．故障换表工单未归档需要跳转到"录入装拆环节"，重新录入正确新表起码。

2．发起电表起码修改申请，并上传相关的电表及申请说明附件进行修改。

四、注意事项

1．更换故障计量装置，相关业务办理人员应按实际起止码进行录入，并与现场新旧电表核对一致，否则影响电量电费。如不一致，表计是否有故障，应送计量中心进行检测并上传检验报告。

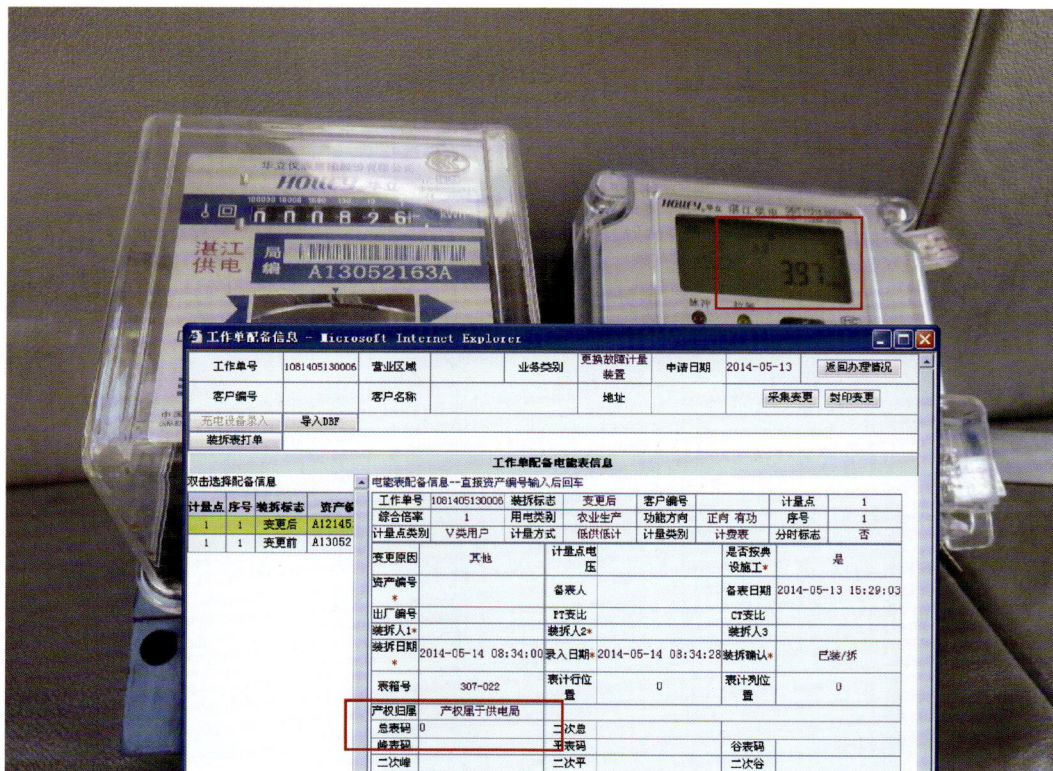

图 3-10

客户抄表结算复核单

供电所： 　　　　电费年月 201406　　　　当月次数：1

客户编号		客户名称			用电地址			
抄表区段		供电线路		台区名称			合同容量	1
收费方式	银行代扣	开户银行			账号		客户类型	公变客户
抄表员		抄表日期	2014/06/08	上次抄表日期	2014/05/08	用电天数 31	联系人	
核算员		核算日期	2014/06/08	发行员		发行日期	2014/06/10	联系电话
抄表周期	每月一次抄表	阶梯类型	非阶梯	免费电标志	否	备注说明		

抄表信息

	计量点	抄表序号	表号	表序号	表类型	时段	上月行码	本月行码	度差	倍率	电表电量	增减电量	合计电量
抄表新表	1	0036-270	A12145239A	1	正向有功	总	0	249	249	1	249	0	249
旧表			A13052163A			总	755	826	71	1	71	0	71

计费信息

计量点	变压器组	计量方式	电价代码	分时计费	力调标准	基本电费标志	最大需量	变损分摊方式	变损定比定量值	线损计算方法	分摊容量
1		低供低计	农业生产	否	不执行	不计算		不分摊		不计线损	

电量

计量点	时段	有功							无功					电度电费	
		抄见电量	换表电量	免费电量	增减电量	扣表电量	分摊电量	变损电量	线损电量	实用电量	抄见电量	换表电量	增减电量	变损电量	实用电量	单价	金额
1	总	249	71							320						0.6351	203.23

阶梯信息

计量点	时段	计费类型	用电天数	阶梯类别	阶梯档次	电量上限	电量	单价	电费

各项附加费

计量点	重大水利工程建设基金		城建附加费		国家水库移民		省内水库移民		可再生能源		高耗能差别电价		燃油附加	
	单价	金额	单价	金额	单价	金额	单价	金额	单价	金额	单价	金额	单价	金额
1	0.0070	2.24	0.0140	4.48										

总电费

计量点	考核电量	计费电量	电度电费	加价合计	功率因数	调整率%	力调电费	计费容(需)量	单价	基本电费	总电费	退补电费	应收电费
1	0	320	203.23	6.72							209.95		209.95

图 3-11

2．业务人员需要提高责任心，认真核对录入实际的新旧表起止码。

3．供电所复核人员在复核本月有工作单的用户，需要进入工作单影响计费的关键环节，核对资料正确，才能继续计算核查电费。

案例 3-6 一户一表工单里的抄表日期不正确，导致阶梯电量电费不正确

一、案例介绍

工单里的抄表日期不正确影响用电天数。

二、存在问题

1．更名过户工单 9 月 2 日发起、归档，工单内截取表码环节抄表日期选择了 8 月 6 日，导致本月电费明细的抄表日期为工单里的 8 月 6 日，用电天数为 0，影响了 9 月阶梯电量的正确计算（上月抄表日期 2014 年 8 月 6 日，本次抄表日期取工单的抄表日期也是 2014 年 8 月 6 日，用电天数为 0 时，系统默认为一个月）。

2．该户 9 月的抄表时间如果是 9 月 6 日之前，则不影响本月电费计算；如果是 9 月 8 日之后，则会导致阶梯电量不正确。根据居民阶梯电价用电天数折算原则，每月抄表的客户，用电天数超过 32 天的进行折算。但该户用电天数已经为 0，系统默认一个月的阶梯电量，不再进行天数折算，导致客户的阶梯电量电费不正确。

3．工单抄表时间错误，也将会影响次月的上月抄表日期。需要截取表码的工单，抄表时间、截取表码要录入正确。

图 3-12

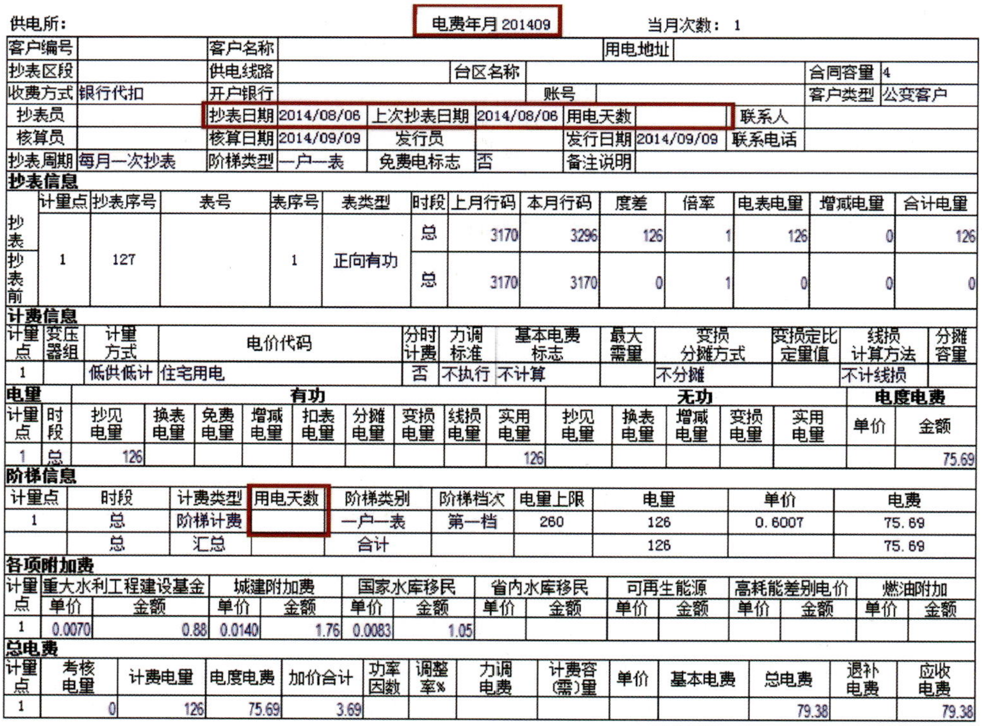

图 3-13

三、解决办法

在当月计费档案维护处，修改正确的工单截取时间，并上传修改说明申请。

四、注意事项

1. 请注意工单抄表时间按实际情况选择，且及时发起工单，否则会影响电量电费，特别一户一表会影响阶梯电量及计费的正确。

2. 业务人员需要提高责任心，认真核对并录入工作单当天客户的起止码与时间节点，避免工作流于形式，工单弄虚作假，系统业务工单流程与实际工作不符。

案例 3–7　换表工单输错电表位数，导致电量错误

一、案例介绍

某客户有换表工单，工单输入表码时，错输表码位数，导致电量异常。

二、存在问题

某客户有换表工单，工作人员在工单录入表码环节，录入表码错误，导致换表电量错误。

三、解决办法

对于电量突增波动异常客户，注意仔细核查；对于工单已经归档，需要联系系统管理人员维护好表码。

供电所：　　电费年月 201311　　当月次数：1

客户编号		客户名称				用电地址			
抄表区段		供电线路		台区名称				合同容量	4
收费方式	银行代扣	开户银行			账号			客户类型	公变客户
抄表员		抄表日期	2013/11/04	上次抄表日期	2013/10/07	用电天数	28	联系人	
核算员		核算日期	2013/11/04	发行员		发行日期		联系电话	
抄表周期	每月一次抄表	阶梯类型	一户一表	免费电标志	否	备注说明			

抄表信息

	计量点	抄表序号	表号	表序号	表类型	时段	上月行码	本月行码	度差	倍率	电表电量	增减电量	合计电量
抄表	1	24		1	有功	总	0	230	230	1	230	0	230
旧表						总	10032	102	990070	1	990070	0	990070

计费信息

计量点	变压器组	计量方式	电价代码	分时计费	力调标准	基本电费标志	最大需量	变损分摊方式	变损定比定量值	线损计算方法	分摊容量
1		低供低计	住宅用电	否	不执行	不计算		不分摊		不计线损	

电量

		有功									无功					电度电费	
计量点	时段	抄见电量	换表电量	免费电量	增减电量	扣表电量	分摊电量	变损电量	线损电量	实用电量	抄见电量	换表电量	增减电量	变损电量	实用电量	单价	金额
1	总	230	990070							990300							891800.21

阶梯信息

计量点	时段	计费类型	用电天数	阶梯类别	阶梯档次	电量上限	电量	单价	电费
1	总	阶梯计费	28	一户一表	第一档	260	260	0.6007	156.18
1	总	阶梯计费	28	一户一表	第二档	600	340	0.6507	221.24
1	总	阶梯计费	28	一户一表	第三档	999999999	989700	0.9007	891422.79
	总	汇总	28	合计			990300		891800.21

直购电电度电费信息

计量点	退补月份	总电量	平均价差	总电度电费	峰电量	峰电价	峰电费	平电量	平电价	平电费	谷电量	谷电价	谷电费	力调电费	总退补电费	已退补金额

各项附加费

计量	重大水利工程建设基金	城建附加费	国家水库移民	省内水库移民	可再生能源	高耗能差别电价	燃油附加

图 3-14

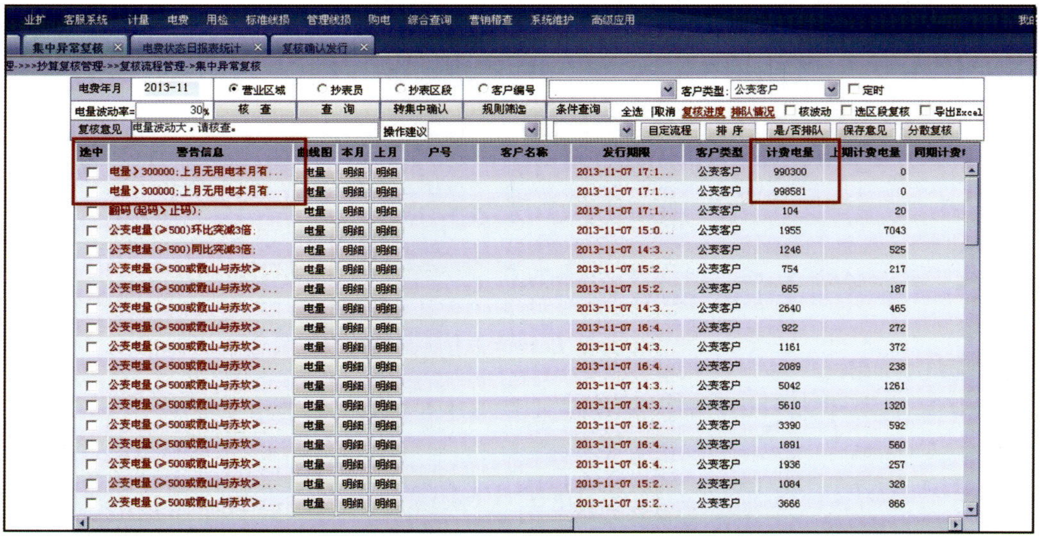

图 3-15

四、注意事项

1. 对于电量突增、波动异常客户，注意仔细核查。

2. 在工单录入起止码时需要注意电表实际起止码，同时加强相关工作人员的培训。

案例 3-8　批量换表工单引起免费电减免错误

一、案例介绍

某一户一表客户，抄表周期为每月抄表，当月有批量换表工单，免费电减免出错。

二、存在问题

一户一表客户每月抄表，免费电扣减应为 15kW·h，但某客户当月有批量换表工单，用电量 16kW·h，免费电全部扣减 16kW·h，免费电扣减出错。

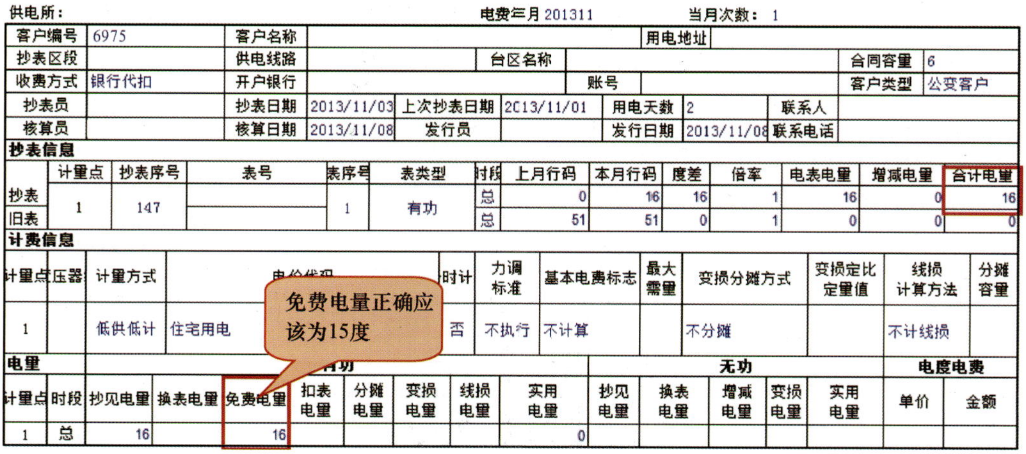

图 3-16

图 3-17

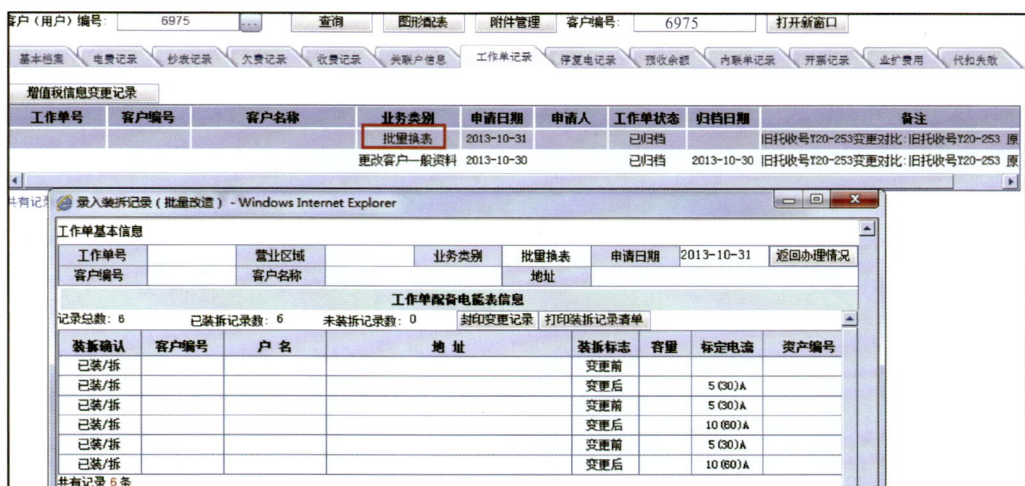

图 3-18

三、解决办法

重新对免费电减免错误的用户数据开放并重新计算。

四、注意事项

1. 有批量换表工单，免费电有时会减免错误，将换表电量全部减免，复核员留意复核规则为"免费电客户超过 15 度全免客户"。

2. 每月复核结束后，应注意核对一户一表客户的免费电量是否异常，每月抄表的客户免费电量应小于等于 15 度，双月抄表的客户应小于等于 30 度。

案例 3-9 两张工单重叠，导致电量重复计收

一、案例介绍

某客户当月有两张及以上工单生效，两张工单表码不衔接，导致电量重复收取。

二、存在问题

某客户当月有暂停恢复工单及更换故障计量装置两张工单同时生效，工作人员录入表码时，没有注意两张工单表码不衔接，导致电量重复收取。

53

基本档案 | 电费记录 | 抄表记录 | 欠费记录 | 收费记录 | 关联户信息 | 工作单记录 | 停复电记录 | 预收余额 | 内联单记录 | 开票记录 | 业扩费用 | 代扣失败

增值税信息变更记录

工作单号	客户编号	客户名称	业务类别	申请日期	申请人	工作单状态	归档日期	备注
2151406090005			修改电表起码	2014-06-09		已归档	2014-06-09	
2151406090004			修改电表起码	2014-06-09		已归档	2014-06-09	
2151406090003			修改电表起码	2014-06-09		已归档	2014-06-09	
2151406060004			修改电表起码	2014-06-06		已归档	2014-06-06	旧托收号Hh20-0017
2151406060002			修改电表起码	2014-06-06		已归档	2014-06-06	旧托收号Hh20-0017
2151406060001			修改电表起码	2014-06-06		已归档	2014-06-06	旧托收号Hh20-0017
2151405130007			高压暂停恢复	2014-05-13		已归档	2014-05-15	旧托收号Hh20-0017
2151405070013			更换计量装置	2014-05-07		已归档	2014-05-09	旧托收号Hh20-0017

共有记录 8 条 (1/1) 1

图 3-19

供电所： 电费年月 201406 当月次数： 1

客户编号		客户名称			用电地址		
抄表区段		供电线路		台区名称		合同容量	50
收费方式	坐收	开户银行		帐号		客户类型	公线专变客户
抄表员		抄表日期	2014/06/09	上次抄表日期	2014/05/08	用电天数	32
						联系人	
核算员		核算日期	2014/06/09	发行员		发行日期	2014/06/10
						联系电话	

抄表信息

	计量点	抄表序号	表号	表序号	表类型	时段	上月行码	本月行码	度差	倍率	电表电量	增减电量	合计电量
抄表	2	1	D11002252A	4	有功	总	0	453.14	453.14	15	6797	0	6797
抄表	1	27	h20-0017	3	A相	总	1086	1086	0	20	0	0	0
			4598865	1	B相	总	1130	1130	0	20	0	0	0
			45988651	2	C相	总	1205	1205	0	20	0	0	0
抄表前	2		D11002252A	4	正向有功	总	0	1130	1130	15	16950	0	16950

计费信息

计量点	压器	计量方式	电价代码	时计	力调标准	基本电费标志	最大需量	变损分摊方式	变损定比	线损计算方法	分摊容量
1	19	高供低计	农业生产	否	不执行	不计算		按电量比例分摊		不计线损	
2	19	高供低计	农业生产	否	不执行	不计算		按电量比例分摊		不计线损	50

变压器信息

变压器组	变压器号	变压器标志	开始时间	结束时间	运行天数	容量	状态	装拆标志	变损类型	计算方法	考核功率因	变压器户号
1		专变	2014/05/01	2014/05/13	0	50	停运	恢复	GB6451.1-86	查表	0.8	
		专变	2014/05/14	2014/05/31	17	50	运行	恢复	GB6451.1-86	查表	0.8	

电量

		有功								无功					电度电费	
计量点	时段	抄见电量	换表电量	增减电量	扣表电量	分摊电量	变损电量	线损电量	实用电量	抄见电量	换表电量	增减电量	变损电量	实用电量	单价	金额
1	总	0							0	0			693	693	0.6351	
2	总	6797	16950				588		24335	0			694	694	0.6351	15455.15

图 3-20

工作单号		营业区域		业务类别	更换计量装置	申请日期	2014-05-07	返回办理情况
客户编号		客户名称		地址				采集变更 封印变更 电能表与负控终端关联关系维护

充电设备录入

装拆表打单

工作单配备电能表信息 | 工作单配备互感器信息 | 工作单配其他设备信息

双击选择配备信息

计量点	序号	装拆标志	资产编号
1	1	拆除	
1	2	拆除	
1	3	拆除	
2	4	新装	

电能表配备信息--直接资产编号输入后回车

工作单号	2151405070013	装拆标志	新装	客户编号		计量点	2
综合倍率	15	用电类别	农业生产	功能方向	正向 有功	序号	4
计量点类别	Ⅳ类用户	计量方式	高供低计	计量类别	计费表	分时标志	否

变更原因	新装	计量点电压			
资产编号*		备表人		备表日期	2014-05-09
出厂编号		PT变比		CT变比	150/5
装拆人1*		装拆人2*		装拆人3*	
装拆日期*	2014-05-08	录入日期*	2014-05-09	装拆确认**	已装/拆
表箱号		表计行位置	0	表计列位置	0
产权归属	产权属于供电局				
总表码	0	二次总			
峰表码		平表码			
二次峰		二次平		二次谷	
安装地址*					

第一张换表工单：
新表起码是0度

图 3-21

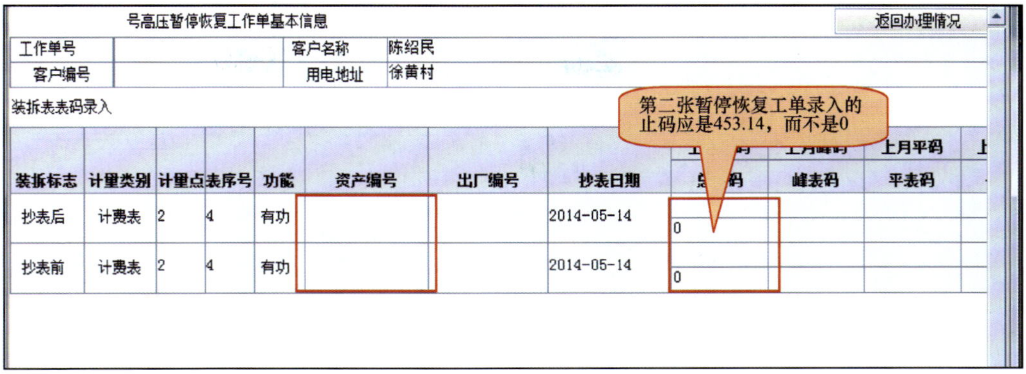

图 3-22

三、解决办法

写好情况说明并上传至"当月计费档案维护"处，修改旧表电量，重新计算核对。

四、注意事项

1．工单里的起止码一旦录入错误，需要修改的流程烦琐，请认真录入起止码。

2．客户当月有两张及以上工单生效，第二张工单的截取表码注意与第一张衔接，否则导致电量重复收取。

3．相关业务人员尽量避免当月发起两张截取表码的工单，加强对工作人员相关业务工单规范的在岗培训。

案例 3-10　高压暂停工单录入表码错误，导致漏计电量

一、案例介绍

某客户当月有高压暂停工单，暂停工单表码录入错误，导致电量少计。

二、存在问题

某客户当月有暂停工单，工作人员未注意表码录入，导致暂停工单录入表码错误，止码 336.43 与 347.01 之间电量漏计。

三、解决办法

如果工单已归档需要及时提交数据处理申请表，申请后台修改错误的起止码；或者写好情况说明并上传至"当月计费档案维护"处，修改旧表电量正确，重新计算核对。

四、注意事项

1．暂停工单，止码录入应注意前后衔接，同时需要与上月止码核对。

2．供电局应组织营销人员对业务工单的规范录入与容易引起差错环节进行在岗培训，要求各班长对此组织班员认真学习，吸取教训，引起大家的重视和警觉，杜绝类似现象再次发生。

供电所：				电费年月 201501		当月次数： 1			
客户编号		客户名称			用电地址				
抄表区段		供电线路		台区名称			合同容量	1030	
收费方式	坐收	开户银行		账号			客户类型	公线专变客户	
抄表员		抄表日期 2015/01/01	上次抄表日期 2014/12/03	用电天数 29			联系人		
核算员		核算日期 2015/01/04	发行员				系电话		
抄表周期	每月一次抄表	阶梯类型 非阶梯	免费电标志 否						

> 抄表前336.43与抄表后347.01不衔接

抄表信息

	计量点	抄表序号	表号	表序号	表类型	时段	上月行码	本月行码	度差	倍率	电表电量	增减电量	合计电量
抄表				3	正向有功	总	347.01	358.64	11.63	1500	17445	0	17445
						峰	96.19	100.21	4.02	1500	6030	0	6030
						平	150.6	154.94	4.34	1500	6510	0	6510
						谷	100.21	103.48	3.27	1500	4905	0	4905
	2			4	正向无功	总	150.61	156.35	5.74	1500	8610	0	8610
抄表前				3	正向有功	总	336.43	336.43	0	1500	0	0	0
						峰	93.09	93.09	0	1500	0	0	0
						平	146.24	146.24	0	1500	0	0	0
						谷	97.09	97.09	0	1500	0	0	0
				4	正向无功	总	145.46	145.46	0	1500	0	0	0

计费信息

计量点	变压器组	计量方式	电价代码	分时计价	力调标准	基本电费标志	最大需量	变损分摊方式	变损定比定量值	线损计算方法	分摊容量
2	1	高供高计	大工业1-10千伏	是	0.90	按容量计算		不分摊		不计线损	1030

变压器信息

变压器组	变压器号	变压器标志	开始时间	结束时间	运行天数	容量	计费容量	状态	装拆标志	变损类型	计算方法	考核功率因数	变压器户号
1		专变	2014/12/01	2014/12/31	30	630	231	运行	暂停	GB6451.1-95	不计算	0.90	0803780272
		专变	2014/12/01	2014/12/09	9	630	189	运行	暂停	GB6451.1-95	不计算	0.90	0803780272
		专变	2014/12/01	2014/12/31	30	400	400	运行		GB6451.1-95	不计算	0.90	0803780272

电量

计量点	时段	抄见电量	换表电量	免费电量	增减电量	扣表电量	分摊电量	变损电量	线损电量	实用电量	抄见电量	换表电量	增减电量	变损电量	实用电量	单价	金额	铁损单价	铁损金额
2	总	17445								17445	8610				8610		11001.32		
	峰	6030								6030	0				0	0.9598	5787.59		
	平	6510								6510	0				0	0.5817	3786.87		
	谷	4905								4905	0				0	0.2909	1426.86		

(有功) (无功) (电度电费)

阶梯信息

计量点	时段	计费类型	用电天数	阶梯类别	阶梯档次	电量上限	电量	单价	电费

各项附加费

计量点	重大水利工程建设基金 单价	金额	城建附加费 单价	金额	国家水库移民 单价	金额	省内水库移民 单价	金额	可再生能源 单价	金额	高耗能差别电价 单价	金额	燃油附加 单价	金额
2	0.0070	122.12	0.0140	244.23	0.0083	144.79	0.0005	8.73	0.0150	261.68				

总电费

计量点	考核电量	计费电量	电度电费	加价合计	功率因数	调整率%	力调	计费容（需）量	单价	基本电费	总电费	退补电费	应收电费
2	0	17445	11001.32	781.55	0.90			820.00	23.00	18860.00	30642.87		30642.87

号高压暂停工作单基本信息　　　　　　　　　　返回办理情况

工作单号		客户名称	
客户编号		用电地址	

装拆表表码录入

装拆标志	计量类别	计量点	表序号	功能	资产编号	出厂编号	抄表日期	上月总码 总表码	上月峰码 峰表码	上月平码 平表码	上
抄表后	计费表	2	3	有功			2014-12-10	336.43 347.01	93.09 96.19	146.24 150.60	97. 100
抄表前	计费表	2	3	有功			2014-12-10	336.43 347.01	93.09 96.19	146.24 150.60	97. 100
抄表后	计费表	2	4	无功			2014-12-10	145.46 150.61			
抄表前	计费表	2	4	无功			2014-12-10	145.46 150.61			

图 3-23

案例3-11 工单峰平谷错误，导致多收电量

一、案例介绍

某客户新装时普通工业不满1kV选择分时计费，当月手工维护计费档案并正确收费，次月在档案错误的情况下发起改类工单，导致系统无法识别，多收电量电费。

二、存在问题

某客户新装时普通工业不满1kV电价错选分时计费，供电分局在"当月计费档案维护"并正确计取电费。次月在档案错误的情况下发起改类工单，改类前普通工业不满1kV电价依然为分时计费并在平段录入电量，导致系统无法识别，多收电量30kW·h。

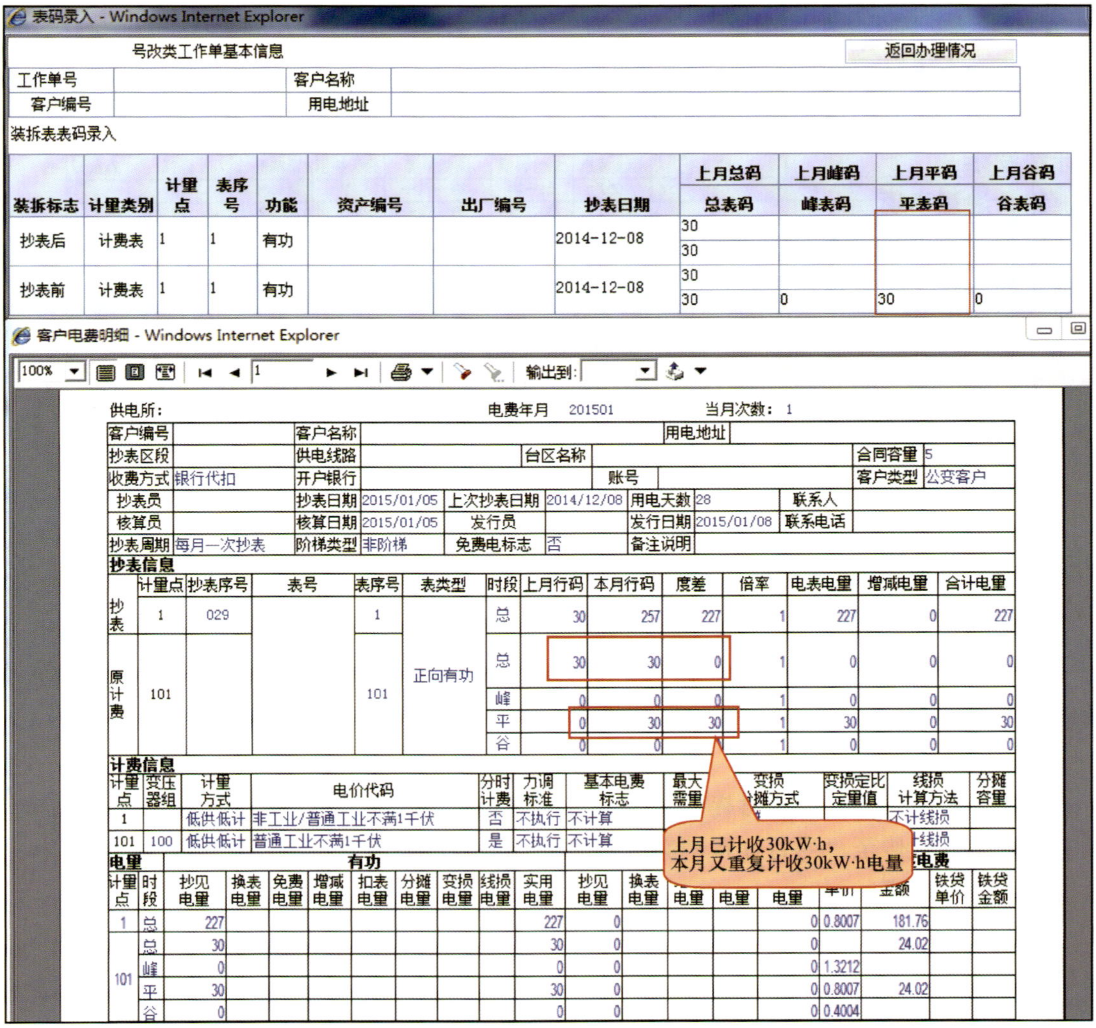

图 3-24

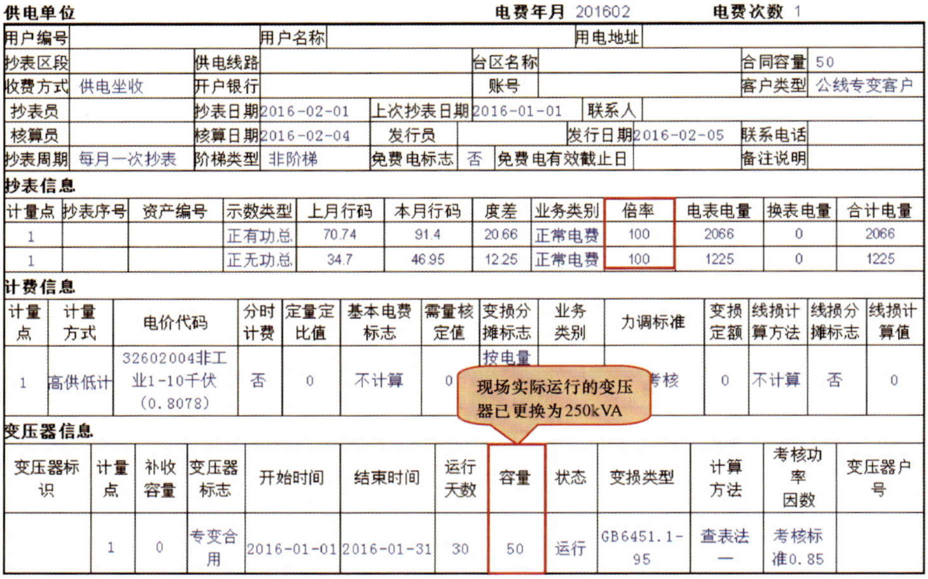

供电单位					电费年月 201602		电费次数 1	
用户编号			用户名称			用电地址		
抄表区段			供电线路		台区名称		合同容量	50
收费方式	供电坐收		开户银行		账号		客户类型	公线专变客户
抄表员		抄表日期 2016-02-01		上次抄表日期 2016-01-01		联系人		
核算员		核算日期 2016-02-04		发行员		发行日期 2016-02-05	联系电话	
抄表周期	每月一次抄表	阶梯类型	非阶梯	免费电标志	否	免费电有效截止日		备注说明

抄表信息

计量点	抄表序号	资产编号	示数类型	上月行码	本月行码	度差	业务类别	倍率	电表电量	换表电量	合计电量
1			正有功总	70.74	91.4	20.66	正常电费	100	2066	0	2066
1			正无功总	34.7	46.95	12.25	正常电费	100	1225	0	1225

计费信息

计量点	计量方式	电价代码	分时计费	定量定比值	基本电费标志	需量核定值	变损分摊标志	业务类别	力调标准	变损定额	线损计算方法	线损分摊标志	线损计算值
1	高供低计	32602004非工业1-10千伏(0.8078)	否	0	不计算	按电量		考核		0	不计算	否	0

现场实际运行的变压器已更换为250kVA

变压器信息

变压器标识	计量点	补收容量	变压器标志	开始时间	结束时间	运行天数	容量	状态	变损类型	计算方法	考核功率因数	变压器户号
	1	0	专变合用	2016-01-01	2016-01-31	30	50	运行	GB6451.1-95	查表法一	考核标准0.85	

图 3-27

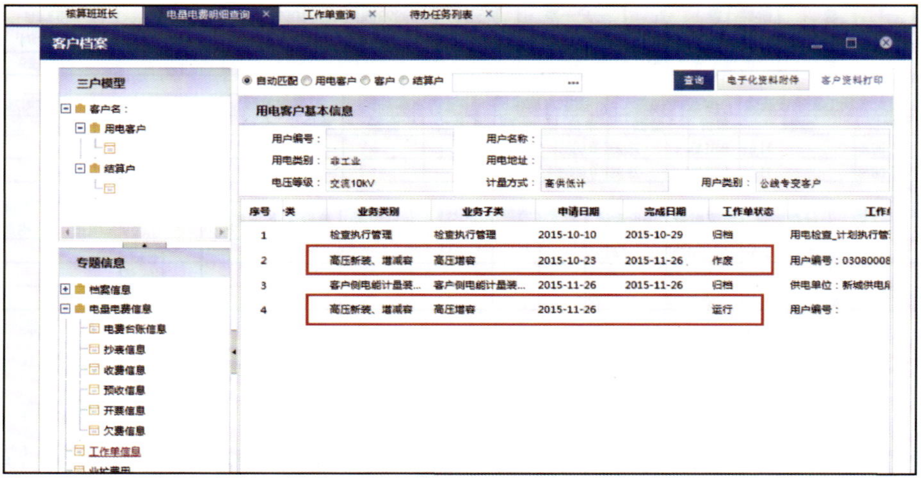

图 3-28

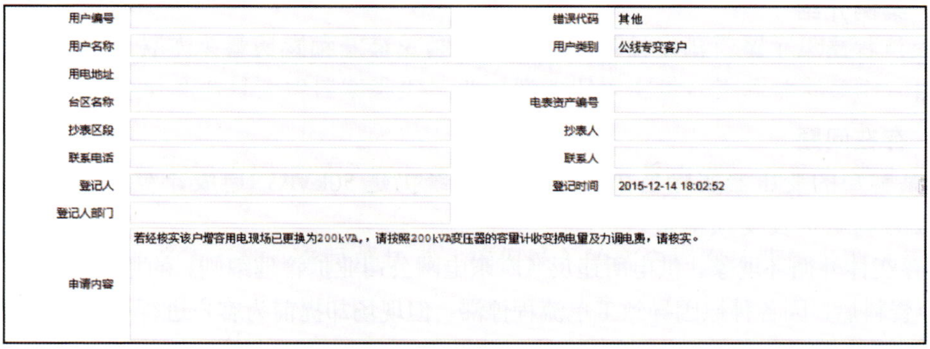

用户编号		错误代码	其他
用户名称		用户类别	公线专变客户
用电地址			
台区名称		电表资产编号	
抄表区段		抄表人	
联系电话		联系人	
登记人		登记时间	2015-12-14 18:02:52
登记人部门			
申请内容	若经核实该户增容用电现场已更换为200kVA，请按照200kVA变压器的容量计收变换电量及力调电费，请核实。		

图 3-29

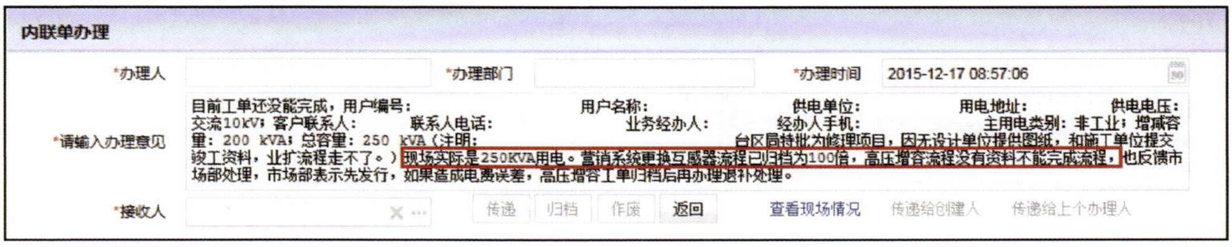

图 3-30

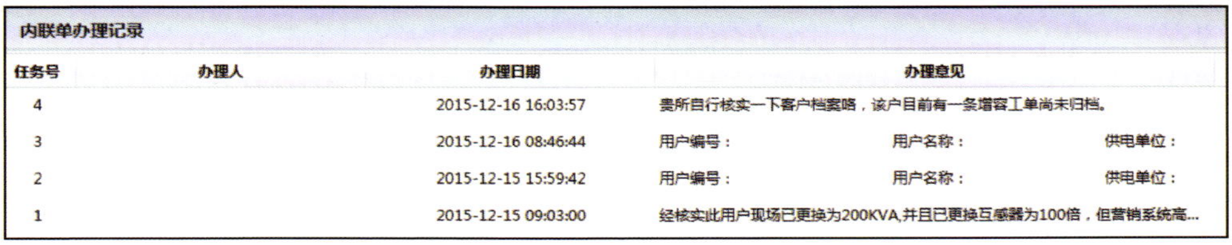

任务号	办理人	办理日期	办理意见
4		2015-12-16 16:03:57	贵所自行核实一下客户档案略，该户目前有一条增容工单尚未归档。
3		2015-12-16 08:46:44	用户编号：　用户名称：　供电单位：
2		2015-12-15 15:59:42	用户编号：　用户名称：　供电单位：
1		2015-12-15 09:03:00	经核实此用户现场已更换为200KVA,并且已更换互感器为100倍，但营销系统高...

图 3-31

三、解决办法

需要进行历史电费重算后发起电费退补工单。

四、注意事项

1．各分局及时跟踪各类业扩工单流程，避免流程滞后，启动工作单闭环管理，现场与系统同步。

2．加强相关人员的业务培训，提高业务水平，严格按照《广东电网公司业扩管理细则》相关流程办理业务，规避违章行为。

案例 3–14　故障换表工单录错表码，导致换表电量错误

一、案例介绍

某户有故障换表工单，错录表码，导致电量错误。

二、存在问题

某客户旧表照片表码是 2140，工单录错为 9140，导致换表电量错误。分局在当月计费档案维护处，将错误的换表电量 7071kW·h，手工修改为正确的电量 71kW·h。

三、解决办法

1．如果工单已归档需要及时提交数据处理申请表，申请后台修改错误的起止码。

2．分局在当月计费档案维护处，将错误的换表电量 7071kW·h，手工修改为正确的电量 71kW·h，并将修改说明上传。

四、注意事项

1．加强相关业务人员的业务技能培训，确保录入的客户档案计费信息准确无误。

2．电费核算人员应严格按照《广东电网公司抄表管理细则》中电量电费核算的要求进行复核工作，同时提高电费复核人员对电费异常信息的核查能力，及时发现计费错误，避免出现电量电费差错。

供电单位					电费年月 201511		电费次数 1	
用户编			用户名			用电地址		
抄表区		供电线			台区名		合同容	4
收费方	银行批扣	开户银			账号		客户类	公变客户
抄表员		抄表日 2015-11-03		上次抄表日期 2015-10-03		联系人		
核算员		核算日 2015-11-07		发行员		发行日 2015-11-06	联系电	
抄表周	每月一次抄表	阶梯类	一户一表	免费电标志	否	免费电有效截止日	备注说	

抄表信息

手工维护正确

计量点	抄表序	资产编号	示数类型	上月行码	本月行码	度差	业务类别	倍率	电表电量	换表电量	合计电量
1			正有功总	0	42	42	正常电费	1	42	71	42

抄表信息（旧表）

计量点	抄表序	资产编号	示数类型	上月行码	本月行码	度差	业务类别	倍率	上次抄表日期	本次抄表日期
1			正有功总	2069	9140	7071	正常电费	1	2015-10-03 09:37:40.0	2015-10-22
1			正有功总	2069	9140	7071	正常电费	1	2015-10-03 09:37:40.0	2015-10-22
1			正有功总	2069	9140	7071	正常电费	1	2015-10-03 09:37:40.0	2015-10-22

换表电量录入

计费信息

计量点	计量方式	电价代码	分时计费	定量定比值	基本电费标志	需量核定值	变损分摊标志	业务类别	力调标准	变损定额	线损计算方法	线损分摊标志	线损计算值
1	低供低计	居民电价	否	0	不计算	0	不分摊	正常电	不考核	0	不计算	否	0

变压器信息

变压器标识	计量点	补收容量	变压器标志	开始时间	结束时间	运行天数	容量	状态	变损类型	计算方法	考核功率因数	变压器户号

电量

计量点	时段	有功							无功						电度电费	
		抄见电量	换表电量	免费电量	退补电量	分摊电量	变损电量	线损电量	实用电量	抄见电量	换表电量	退补电量	变损电量	扣表电量	实用电量	单价	金额
1	总	42	71	0	0	0	0	0	113	0	0	0	0	0	0	0.6002	67.82

阶梯信息

计量点	时段	阶梯类别	用电时间			电量上限	电量	单价	电费
1	总	居民阶梯一	2015-10-03	至	2015-11-03	280	113	0.63	71.19

各项附加费

图 3-32

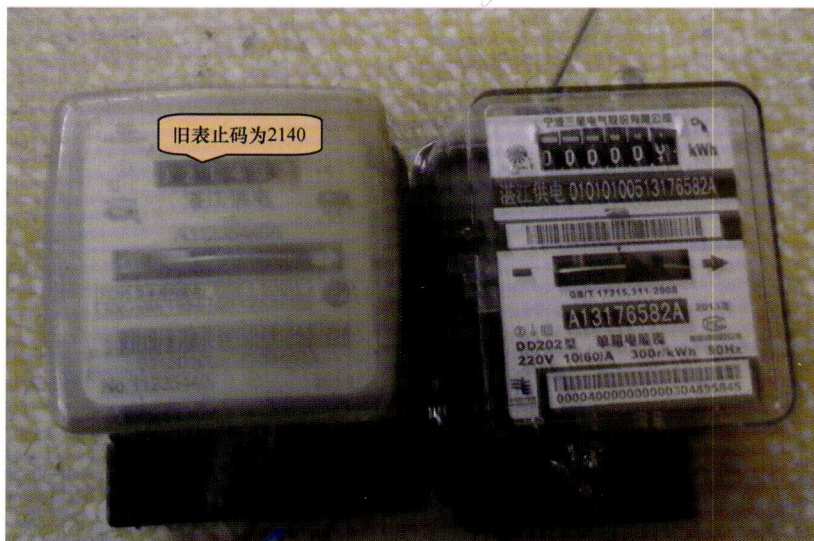

旧表止码为2140

图 3-33

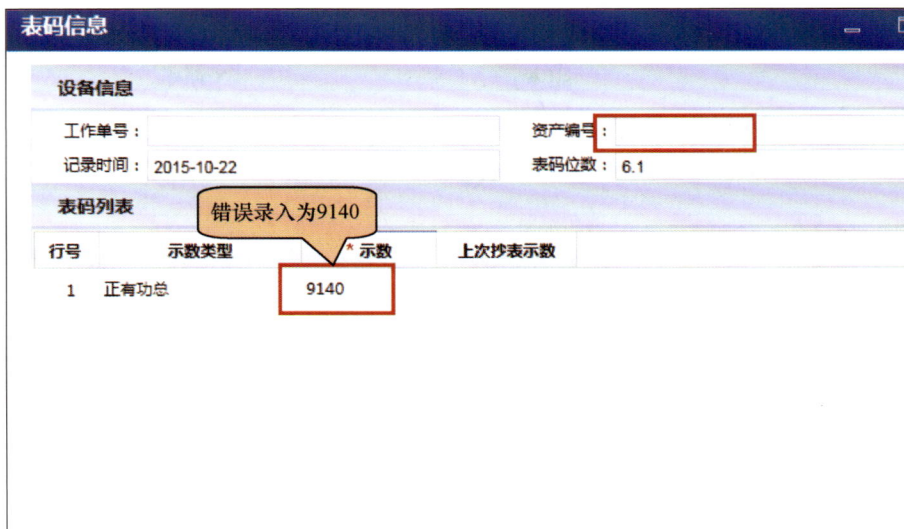

图 3-34

案例 3-15　改类工单本月抄表止码录入错误，影响次月电费

一、案例介绍

改类工单当月抄表止码录入错误，导致次月电量电费出错。

二、存在问题

某客户有改类工单，本月抄表止码应为 140，但却录入表码 0，虽本月电量电费没有影响，但次月从 0 开始算起，会导致计费重复收费。

三、解决办法

当月计费没有错收，但会影响次月电量电费，需要另外发起修改电表起码工单，维护好客户正确的表码。

四、注意事项

业扩人员在处理业扩工单时应注意表码的正确录入。

图 3-35

图 3-36

案例 3-16　有工单导致力调电费分段计算有误

一、案例介绍

某客户在计费当月有工单生效，计量点分段计算电量，导致有部分电费未参与力调电费的计算。

二、存在问题

该客户当月有工单生效，本月电费分段进行计费，变更前的变压器运行天数为 28 天：（2000/30×28=1867kVA），但此段的用电量为 0，导致这部分基本电费没有参与计算力调，漏计部分力调电费。

三、解决办法

维护变压器的运行天数，令分段的基本电费合计一起正确计算力调电费。

四、注意事项

1. 专变客户计费当月有工单生效时，应注意核查客户的力调、变损及基本电费计算是否正确。

2. 电费核算人员应严格按照《广东电网公司抄表管理细则》中电量电费核算的要求进行复核工作，同时提高电费复核人员对电费异常信息的核查能力，及时发现计费错误，避免出现电量电费差错。

更改前：

客户抄表结算复核单

供电所：　　　　　　　　　　　电费年月 201312　　　　当月次数：1

客户编号		客户名称			用电地址			
抄表区段		供电线路		台区名称			合同容量	2000
收费方式	坐收	开户银行		账号			客户类型	专线专变客户
抄表员		抄表日期 2013/12/01	上次抄表日期 2013/11/14	用电天数 17		联系人		
核算员		核算日期 2013/12/03	发行员		发行日期 2013/12/04	联系电话		
抄表周期		阶梯类型 非阶梯	免费电标志 否	备注说明				

抄表信息

	计量点	抄表序号	表号	表序号	表类型	时段	上月行码	本月行码	度差	倍率	电表电量	增减电量	合计电量
抄表	1	0027-108		1	有功	总	10067.69	10164.48	96.79	5250	508148	0	508148
		0028-108		2	无功	总	2840.92	2860.66	19.74	5250	103635	0	103635
原计费	101	0027-108		101	有功	总	10067.69	10067.69	0	5250	0	0	0
		0028-108		102	无功	总	2840.92	2840.92	0	5250	0	0	0

计费信息

计量点	变压器组	计量方式	电价代码	分时计费	力调标准	基本电费标志	最大需量	变损分摊方式	变损定比定量值	线损计算方法	分摊容量
1	19	高供高计	大工业--水泥限制类35-110千伏	否	0.90	按容量计算		不分摊		不计线损	2000
101	101	高供高计	大工业--水泥限制类35-110千伏	否	0.90	按容量计算		不分摊		不计线损	

变压器信息

变压器组	变压器号	变压器标志	开始时间	结束时间	运行天数	容量	状态	装拆标志	变损类型	计算方法	考核功率因数	变压器户号
1		专变	2013/11/29	2013/11/30	2	2000	运行	新计费信息	GB6451.1-95	不计算	0.90	
101		专变	2013/11/01	2013/11/28	28	2000	运行	原计费信息	GB6451.1-95	不计算	0.90	

电量

		有功								无功					电度电费	
计量点	时段	抄见电量	换表电量	免费电量	增减电量	扣表电量	分摊电量	变损电量	线损电量	实用电量	抄见电量	换表电量	增减电量	变损电量	实用电量	单价	金额
1	总	508148								508148	103635				103635	0.5567	282885.99
101	总	0								0	0				0	0.5567	

阶梯信息

计量点	时段	计费类型	用电天数	阶梯类别	阶梯档次	电量上限	电量	单价	电费

各项附加费

计量点	重大水利工程建设基金		城建附加费		国家水库移民		省内水库移民		可再生能源		高耗能差别电价		燃油附加	
	单价	金额	单价	金额	单价	金额	单价	金额	单价	金额	单价	金额	单价	金额
1	0.0070	3557.04	0.0140	7114.07	0.0083	4217.63	0.0005	254.07	0.0150	7622.22	0.3000	152444.40		
101	0.0070		0.0140		0.0083		0.0005		0.0150		0.3000			

总电费

计量点	考核电量	计费电量	电度电费	加价合计	功率因数	调整率%	力调电费	计费容(需)量	单价	基本电费	总电费	退补电费	应收电费
1	0	508148	282885.99	175209.43	0.98	-0.75	-2144.59	133.00	23.00	3059.00	459009.83		459009.83
101	0	0	0.00	0.00				1867.00	23.00	42941.00	42941.00		42941.00
合计	0	508148	282885.99	175209.43			-2144.59	2000.00		46000.00	501950.83		501950.83

= （282885.99+3059) × （-0.0075） =-2144.59

力调漏计这部分的基本电费

图 3-37

11月的有功电表止码43007.39，11.25换表止码是43208.87，还有10074度未计收。

用户编		用户名			用电地址		
抄表区	0302ZB04	供电线	10kV商检线F02	台区名	08901	合同容	160
收费方	银行批扣	开户银		账号		客户类	公线专变客户
抄表员		抄表日	2016-11-02	上次抄表日期	2016-10-08	联系人	
核算员		核算日	2016-11-04	发行员		发行日	联系电
抄表周	每月一次抄表	阶梯类	非阶梯	免费电标志	否	免费电有效截止日	备注说

抄表信息

计量点	抄表序	资产编号	示数类型	上月行码	本月行码	度差	业务类别	倍率	电表电量	换表电量	合计电量
1	87	D04001829A	正有功总	42728.09	43007.39	279.3	正常电费	50	13965	0	13965
1	87	D04001829A	正无功总	49909.84	49938.7	28.86	正常电费	50	1443	0	1443

计费信息

计量点	计量方式	电价代码	分时计费	定量定比值	基本电费标志	需量核定值	变损分摊标志	业务类别	力调标准	变损计费标准	变损定额	线损计算方法	线损分摊标志	线损计算值
1	高供低计	32602004非工业1-10千伏(0.791)	否	0	不计算	C	按电量比例分摊	正常电费	考核标准0.85	是	0	不计算	否	0

变压器信息

变压器标识	计量点	补收容量	变压器标志	开始时间	结束时间	运行天数	容量	状态	变损类型	计算方法	考核功率因数	变压器户号
08901	1	0	专变	2016-10-01	2016-10-31	30	160	运行	GB6451.1-95	查表法一	考核标准0.85	0308000800003516

电量		有功									无功						电度电费	
计量点	时段	抄见电量	换表电量	免费电量	退补电量	扣表电量	分摊电量	变损电量	线损电量	实用电量	抄见电量	换表电量	退补电量	变损电量	扣表电量	实用电量	单价	金额
1	总	13965	0	0	0	0	0	790	0	14755	1443	0	3352	0	4795		0.7422	10951.15

图 3-41

更改后：

用户属		供电线			用电地址		
抄表区		开户银		台区名		合同容	160
收费方	银行批扣			账号		客户类	公线专变客户
抄表员		抄表日	2016-12-01	上次抄表日期	2016-11-02	联系人	
核算员		核算日	2016-12-07	发行员		发行日	2016-12-09 联系系电
抄表周	每月一次抄表	阶梯类	非阶梯	免费电标志	否	免费电有效截止日	备注说

抄表信息

计量点	抄表序	资产编号	示数类型	上月行码	本月行码	度差	业务类别	倍率	电表电量	换表电量	合计电量
1	87	D14000557A	正有功总	1.86	80.92	79.06	正常电费	60	4744	10074	4744
1	87	D14000557A	正无功总	0.77	7.03	6.26	正常电费	60	376	802	376

抄表信息（旧表）

计量点	抄表序	资产编号	示数类型	上月行码	本月行码	度差	业务类别	倍率	上次抄表日期	本次抄表日期
1	87	D04001829A	正有功总	43007.39	43208.87	201.48	正常电费	50	2016-11-02 15:26:04.0	2016-11-25
1	87	D04001829A	正无功总	49938.7	49954.73	16.03	正常电费	50	2016-11-02 15:26:17.0	2016-11-25

计费信息

计量点	计量方式	电价代码	分时计费	定量定比值	基本电费标志	需量核定值	变损分摊标志	业务类别	力调标准	变损计费标准	变损定额	线损计算方法	线损分摊标志	线损计算值
1	高供低计	32602004非工业1-10千伏(0.791)	否	0	不计算		按电量比例分摊	正常电费	考核标准0.85		0	不计算	否	0

变压器信息

变压器标识	计量点	补收容量	变压器标志	开始时间	结束时间	运行天数	容量	状态	变损类型	计算方法	考核功率因数	变压器户号
08901	1	0	专变	2016-11-01	2016-11-30	30	160	运行	GB6451.1-95	查表法一	考核标准0.85	0308000800003516

电量		有功									无功						电度电费	
计量点	时段	抄见电量	换表电量	免费电量	退补电量	扣表电量	分摊电量	变损电量	线损电量	实用电量	抄见电量	换表电量	退补电量	变损电量	扣表电量	实用电量	单价	金额
1	总	4744	10074	0	0	0	0	790	0	15608	376	802	3352	0	4530		0.7422	11584.26

阶梯信息

计量点	时段	阶梯类别	用电时间 至		电量上限	电量	单价	电费

各项附加费

计量点	水利基金		铁路还贷		公共事业附加		国家水库移民		省内水库移民		可再生资源		差别电价		燃油附加		业务类别
	单价	金额	单价	金额	单价	金额	单价	金额	单价	金额	单价	金额	单价	金额	单价	金额	

经处理后的旧表电量正常显示，有功度差201.48，有功电量10074度，无功度差16.03，无功电量802度。

图 3-42

三、解决办法

工单已归档但数据未生效，需要及时提交数据处理申请表，申请后台生效旧表的起止码。

四、注意事项

1．受电装置变更工单中，复核员认真核查新旧表码是否正确。

2．发现本月电量波动异常户，注意核查是否存在工单归档但数据未生效的问题。

3．供电所的电费核算人员应严格按照《广东电网公司抄表管理细则》第5.2.4条 "对新装增容、用电变更、电能计量装置参数变化、执行或不执行特殊电价、表计故障等，在业务流程处理完毕后的首次计费月份，应逐户进行核对"的规定执行。

案例 3–18　换表工单空心匝数录入有误，导致倍率错误

一、案例介绍

某客户换表工单空心匝数录入有误，导致换表工单的倍率与计费明细倍率不一致。倍率错误直接影响电量电费的准确计收。

二、存在问题

该客户换表工单里的穿心匝数为空，工单的倍率是 30 倍，但是最后的计费明细单的倍率更改为 15 倍，两者不一致。供电所回复工单穿心匝数应该为 2 匝，15 倍计费是正确的（计费的倍率提交数据处理表申请修改为正确的 15 倍）。

三、解决办法

工单的计费参数，应做到工单与现场实际一致。

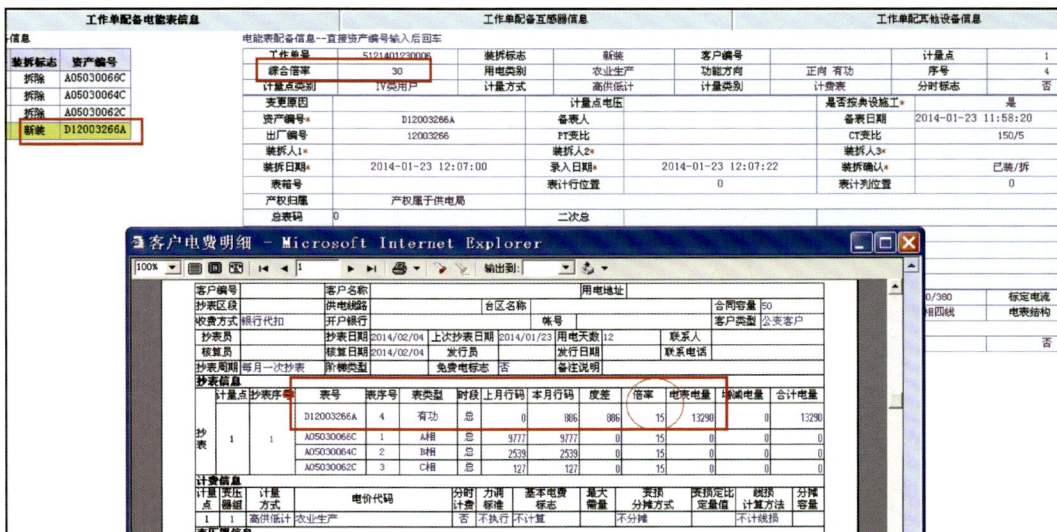

图 3-43

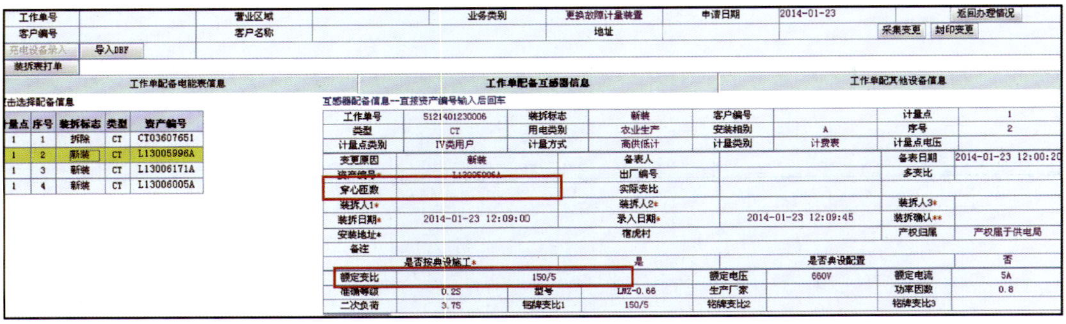

图 3-44

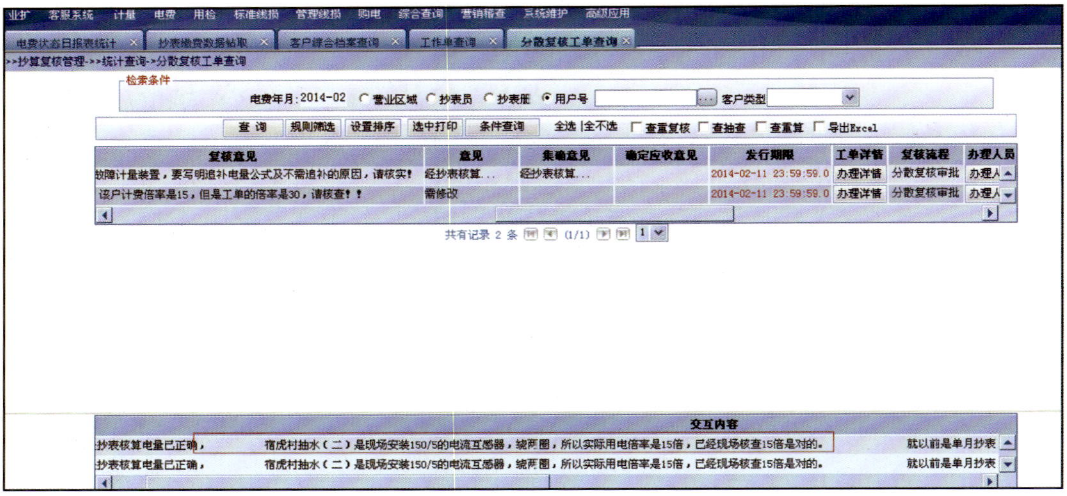

图 3-45

四、注意事项

1. 更换故障计量装置中的"穿心匝数"是影响计费的重要参数，需要清楚系统的计算取值要求，才能正确录入相关的参数。

2. 供电所的电费核算人员应严格按照《广东电网公司抄表管理细则》第 5.2.4 条"对新装增容、用电变更、电能计量装置参数变化、执行或不执行特殊电价、表计故障等，在业务流程处理完毕后的首次计费月份，应逐户进行核对"的规定执行。

案例3-19　换表工单倍率错误

一、案例介绍

某客户工单里的"实际变比"和"额定变比"两个数据不一致，额定变比与实际变比应为 100/5，但是这户实际变比处填写的是 50/5，计费倍率错误直接影响电量电费的正确计收，该户倍率错误导致漏收电量电费。

二、存在问题

该户 CT 变比是 100/5，有穿心匝数 2 匝，则倍率应为 100/5÷2=10 倍。工单里的"实际变比"和"额定变比"两个数据应一致，为 100/5，但该户实际变比处填写 50/5，系统计算倍率=50/5

÷2=5 倍，该户从新装开始一直收取的是 5 倍的电量，所以已经长时间漏收电量。

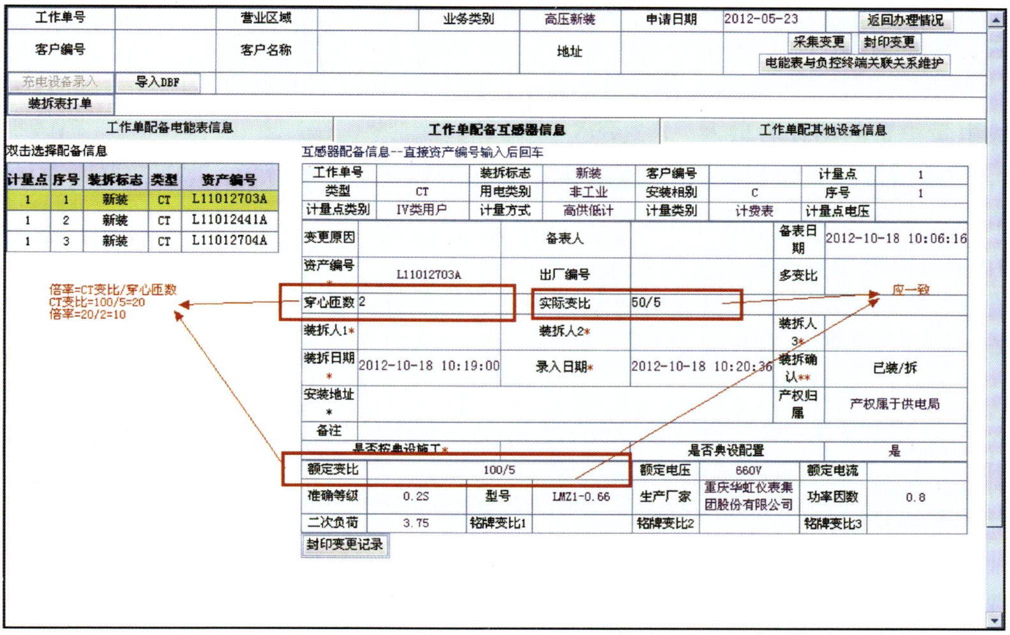

图 3-46

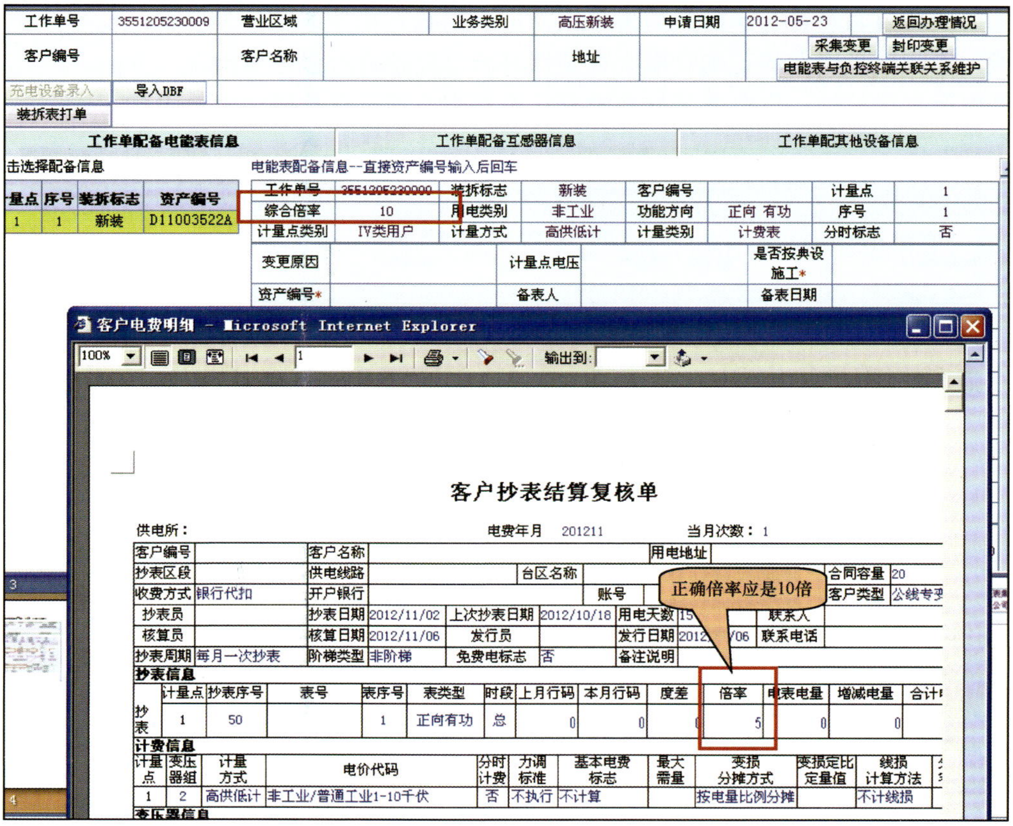

图 3-47

供电单位					电费年月 201608		电费次数 1	
用户编			用户名			用电地址		
抄表区		供电线			台区名		合同容	80
收费方		开户银			账号		客户类	公线专变客户
抄表员			抄表日 2016-08-01	上次抄表日期 2016-07-01	联系人			
核算员			核算日 2016-08-01	发行员	发行日		联系电	
抄表周	每月一次抄表		阶梯类	非阶梯	免费电标志 否	免费电有效截止日	备注说	

抄表信息

计量点	抄表序	资产编号	示数类型	上月行码	本月行码	度差	业务类别	倍率	电表电量	换表电量	合计电量
1	0	B13011545A	正有功总	1415.81	1471.25	55.44	正常电费	40	2217	0	2217
1	0	B13011545A	正有功峰	31.52	33.4	1.88	正常电费	40	75	0	75
1	0	B13011545A	正有功平	665.68	699.58	33.9	正常电费	40	1356	0	1356
1	0	B13011545A	正有功谷	718.61	738.26	19.65	正常电费	40	786	0	786
1	0	B13011545A	正有功总	1280.34	1415.81	135.47	变更前	10	1355	0	1355
1	0	B13011545A	正有功峰	28.42	31.52	3.1	变更前	10	31	0	31
1	0	B13011545A	正有功平	606.16	665.68	59.52	变更前	10	595	0	595
1	0	B13011545A	正有功谷	645.75	718.61	72.86	变更前	10	729	0	729

计费信息

计量点	计量方式	电价代码	分时计费	定量定比值	基本电费标志	需量核定值	变损分摊标志	业务类别	力调标准	变损定额	线损计算方法	线损分摊标志	线损计算值
1	高供低计	32002001普通工业1-10千伏 (0.791)	是	0	不计算		按电量比例分摊	变更前	不考核	0	不计算	否	0
1	高供低计	32002001普通工业1-10千伏 (0.791)	是	0	不计算		按电量比例分摊	正常电费	不考核	0	不计算	否	0

变压器信息

变压器标识	计量点	补收容量	变压器标志	开始时间	结束时间	运行天数	容量	状态	变损类型	计算方法	考核功率因数	变压器户号
	1	0	专变	2016-07-22	2016-07-31	9	80	运行	GB6451.1-86	查表法—	不考核	
	1	0	专变	2016-07-01	2016-07-22	21				查表法	考核标准 0.8	
	1	0	专变	2016-07-22	2016-07-31	9	80	运行	GB6451.1-88	查表法—	不考核	
	1	0	专变	2016-07-01	2016-07-22	21	30	运行	GB6451.1-86	查表法—	考核标准 0.8	
	1	0	专变	2016-07-22	2016-07-31	9	80	运行	GB6451.1-86	查表法—	不考核	
	1	0	专变	2016-07-01	2016-07-22	21	30	运行	GB6451.1-86	查表法—	考核标准 0.8	

（批注：变压器的参数没有选择正确）

电量

计量点	时段	有功									无功						电度电费	
		抄见电量	换表电量	免费电量	退补电量	扣表电量	分摊电量	变损电量	线损电量	实用电量	抄见电量	换表电量	退补电量	变损电量	扣表电量	实用电量	单价	金额
1	总	2217	0	0	0	0	0	0	0	2217	0	0	0	0	0	0		1389.98
1	峰	75	0	0	0	0	0	0		75	0	0	0	0	0		1.2246	91.84
1	平	1356	0	0	0	0	0	0		1356	0	0	0	0	0		0.7422	1006.44
1	谷	786	0	0	0	0	0	0		786	0	0	0	0	0		0.3711	291.70
1	总	1355	0	0	0	0	0	158	0	1513	0	0	0	546	0	546		837.72
1	峰	31	0	0	0	0	0	4		35	0	0	0	0	0		1.2246	42.85
1	平	595	0	0	0	0	0	69		664	0	0	0	0	0		0.7422	492.81
1	谷	729	0	0	0	0	0	85		814	0	0	0	0	0		0.3711	302.06

（批注：变损电量没有正确计收）

阶梯信息

计量点	时段	阶梯类别	用电时间		电量上限	电量	单价	电费
				至				

图 3-57

78

不执行，直接导致无法正确计收变损电量。应加强业务人员业务培训，提高业务水平，增强责任心。

2．电费核算人员在审核工单时，应留意计费参数的正确选择。

3．供电所电费核算人员应严格按照《广东电网公司抄表管理细则》第 5.2.4 条“对新装增容、用电变更、电能计量装置参数变化、执行或不执行特殊电价，表计故障等，在业务流程处理完毕后的首次计费月份，应逐户进行核对”的规定执行，发现错误及时更正。

案例 3–24　工单表码录入错误，导致行码翻转，电量电费错误

一、案例介绍

某板厂 2014 年 2 月 27 日办理高压暂停恢复工单，但工单业务人员在截取表码环节中，录入表码错误，导致行码翻转，电量电费错误。

二、存在问题

1．该客户 2 月 27 日办理高压暂停恢复工单，由于工单流转环节较多，致使工单归档迟（3 月电费已发行）。查看截取表码环节，发现工单里的上月总码为 5396.01，小于 3 月《客户抄表结算复核单》的本月行码 5405.12。

2．高压暂停恢复工单在更新档案、归档这个环节中的相关业务人员，没有认真查看档案及《客户抄表结算复核单》，直接归档导致行码翻转。

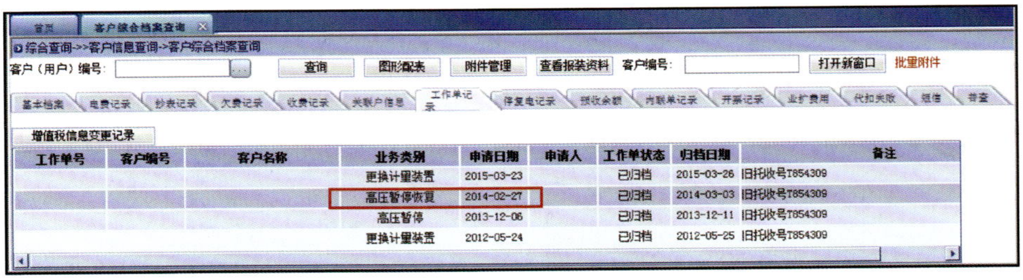
首页　客户综合档案查询
综合查询->>客户信息查询->客户综合档案查询
客户（用户）编号：　查询　图形配表　附件管理　查看报装资料　客户编号：　打开新窗口　批量附件
基本档案　电费记录　抄表记录　欠费记录　收费记录　关联户信息　工作单记录　停复电记录　预收余额　内联单记录　开票记录　业扩费用　代扣失败　短信　普查
增值税信息变更记录

工作单号	客户编号	客户名称	业务类别	申请日期	申请人	工作单状态	归档日期	备注
			更换计量装置	2015-03-23		已归档	2015-03-26	旧托收号T854309
			高压暂停恢复	2014-02-27		已归档	2014-03-03	旧托收号T854309
			高压暂停	2013-12-06		已归档	2013-12-11	旧托收号T854309
			更换计量装置	2012-05-24		已归档	2012-05-25	旧托收号T854309

图 3-58

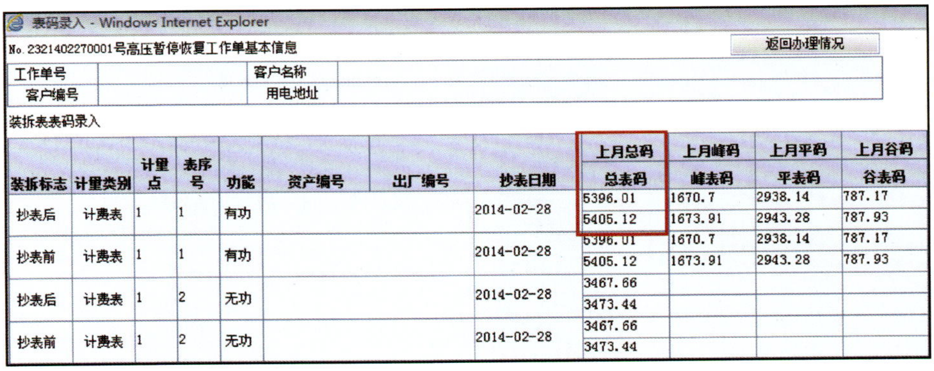
表码录入 - Windows Internet Explorer
No.2321402270001号高压暂停恢复工作单基本信息　返回办理情况

工作单号		客户名称	
客户编号		用电地址	

装拆表表码录入

装拆标志	计量类别	计量点	表序号	功能	资产编号	出厂编号	抄表日期	上月总码 总表码	上月峰码 峰表码	上月平码 平表码	上月谷码 谷表码
抄表后	计费表	1	1	有功			2014-02-28	5396.01 5405.12	1670.7 1673.91	2938.14 2943.28	787.17 787.93
抄表前	计费表	1	1	有功			2014-02-28	5396.01 5405.12	1670.7 1673.91	2938.14 2943.28	787.17 787.93
抄表后	计费表	1	2	无功			2014-02-28	3467.66 3473.44			
抄表前	计费表	1	2	无功			2014-02-28	3467.66 3473.44			

图 3-59

客户抄表结算复核单

供电所						电费年月	201403		当月次数：	1				
客户编号			客户名称					用电地址						
抄表区段			供电线路			台区名称					合同容量	100		
收费方式			开户银行				帐号				客户类型	公线专变客户		
抄表员			抄表日期	2014/03/01	上次抄表日期	2014/01/29	用电天数	31		联系人				
核算员			核算日期	2014/03/03	发行员		发行日期	2014/03/04		联系电话				

抄表信息

	计量点	抄表序号	表号	表序号	表类型	时段	上月行码	本月行码	度差	倍率	电表电量	增减电量	合计电量
抄表	1	16		1	有功	总	5396.01	5405.12	9.11	30	273	0	273
						峰	1670.7	1673.91	3.21	30	96	0	96
						平	2938.14	2943.28	5.14	30	154	0	154
						谷	787.17	787.93	0.76	30	23	0	23
				2	无功	总	3467.66	3473.44	5.78	30	173	0	173

计费信息

计量点	变压器组	计量方式	电价代码	分时计费	力调标准	基本电费标志	最大需量	变损分摊方式	变损定比定量值	线损计算方法	分摊容量
1	19	高供低计	普通工业1-10千伏	是	0.85	不计算		按电量比例分摊		不计线损	100

变压器信息

变压器组	变压器号	变压器标志	开始时间	结束时间	运行天数	容量	状态	装拆标志	变损类型	计算方法	考核功率因数	变压器户号

图 3-60

三、解决办法

1. 由于工单已归档，无法再对工单里的行码进行修改，通过当月计费档案维护这个功能，维护好抄表前的电量以便正确计收电费。需要上传具体的情况说明，说明工单止码录入错误导致旧表电量错误。

供电所：						电费年月	201404		当月次数：	1				
客户编号			客户名称					用电地址						
抄表区段			供电线路			台区名称					合同容量	100		
收费方式	坐收		开户银行				帐号				客户类型			
抄表员			抄表日期	2014/03/31	上次抄表日期	2014/03/01	用电天数	30		联系人				
核算员			核算日期	2014/04/10	发行员		发行日期	2014/04/10		联系电话				

抄表信息

	计量点	抄表序号	表号	表序号	表类型	时段	上月行码	本月行码	度差	倍率	电表电量	增减电量	合计电量
抄表				1	有功	总	5405.12	5504.45	99.33	30	2980	0	2980
						峰	1673.91	1702.29	28.38	30	851	0	851
						平	2943.28	3001.29	58.01	30	1740		1740
						谷	787.93	800.87	12.94	30	388		388
				2	无功	总	3473.44	3516.48	43.04	30	1291		1291
抄表前	1	16		1	有功	总	5405.12	5396.01	9999990.89	30	0	0	0
						峰	1673.91	1670.25	9999996.79	30	0	0	0
						平	2943.28	2938.14	9999999.86	30	0	0	0
						谷	787.93	787.12	999999.24	30	0	0	0
				2	无功	总	3473.44	3467.62	9999994.22	30	0	0	0

> 止码录入异常，导致度差电量不正确

计费信息

计量点	变压器组	计量方式	电价代码	时计	力调标志	大需量	基本电费标志	变损分摊方式	损比定量	变损计算方法	分摊容量
1	19	高供低计	普通工业1-10千伏	是	0.85		不计算	按电量比例分摊		不计线损	100

变压器信息

变压器组	变压器号	变压器标志	开始时间	结束时间	运行天数	容量	状态	装拆标志	变损类型	计算方法	核功率因数	变压器户号
1		专变	2014/03/0	2014/03/31	30	100	运行	恢复	GB6451.1-95	查表	0.85	
		专变	2014/03/0	2014/02/28	0	100	停运	恢复	GB6451.1-95	查表	0.85	

电量

		有功						无功				电度电费	
计量点	时段	抄见电量	换表电量	增减电量	损电量	分摊变损电量	实用电量	少见电量	换表电量	增减电量	损电量	实用电量	单价	金额
1	总	2980			551		3531	1291			2239	3530		3068.84
	峰	851			157		1008	0				0	1.2799	1290.14
	平	1741			322		2063	0				0	0.7757	1600.27

图 3-61

2．如果工单已归档需要及时提交数据处理申请表，申请后台修改错误的起止码。

四、注意事项

1．业务人员应认真核对高压暂停恢复工单中截取表码的行码录入，特别要留意本月的行码不能小于上月。

2．工单归档前，相关的业务人员应对客户档案、电价设置、计量及计费参数等与电量电费计算有关的资料一一进行核对，避免在工单归档后发现错误。

3．工单流转时间长，归档迟也是直接导致这一错误发生的原因之一，相关业务人员应及时处理工单，尽早归档。

4．电费核算人员对这一类异常警告信息应逐户核对。

5．加强相关业务人员的业务技能培训，提高业务水平，确保录入的客户档案计费信息准确无误。

案例 3-25　同一个月办理多项变更业务，导致电量电费差错

一、案例介绍

某养殖场客户在 2016 年 8 月分别办理了高压增容和换表工单业务，由于营销系统无法对同一个月办理多项业务流程的客户正确计费，导致电费错误。

二、存在问题

1．该客户增容前变压器容量为 50kVA，2016 年 8 月 11 日增容为 160kVA，并更换倍率（由 30 倍变更为 40 倍）。

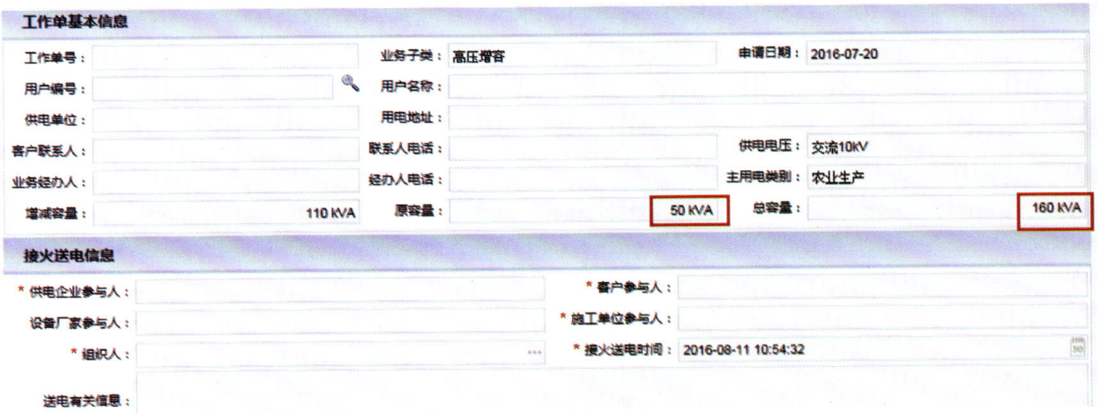
工作单基本信息
工作单号：
业务子类：高压增容
申请日期：2016-07-20
用户编号：
用户名称：
供电单位：
用电地址：
客户联系人：
联系人电话：
供电电压：交流10KV
业务经办人：
经办人电话：
主用电类别：农业生产
增减容量：110 KVA
原容量：50 KVA
总容量：160 KVA
接火送电信息
* 供电企业参与人：
* 客户参与人：
设备厂家参与人：
* 施工单位参与人：
* 组织人：
* 接火送电时间：2016-08-11 10:54:32
送电有关信息：

图 3-62

2．由于倍率偏小，在 8 月 16 日客户又办理侧电能计量装置故障处理业务，再次更换倍率（由 40 倍变更为 60 倍）。

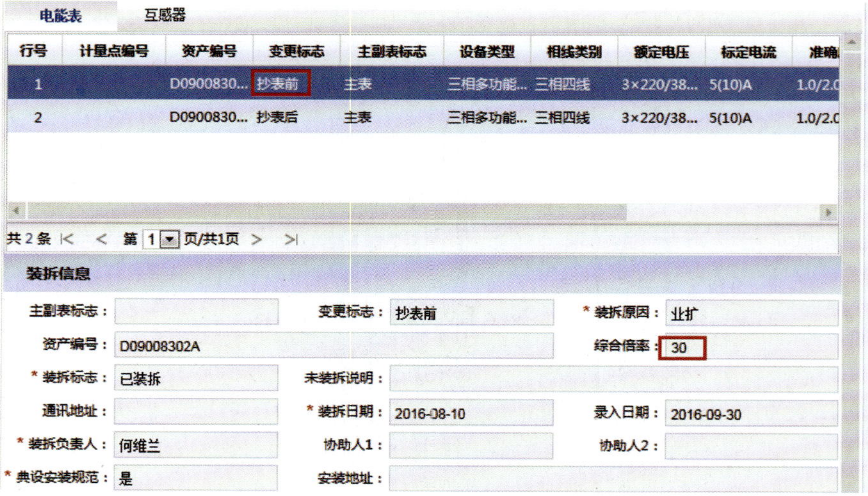

图 3-63

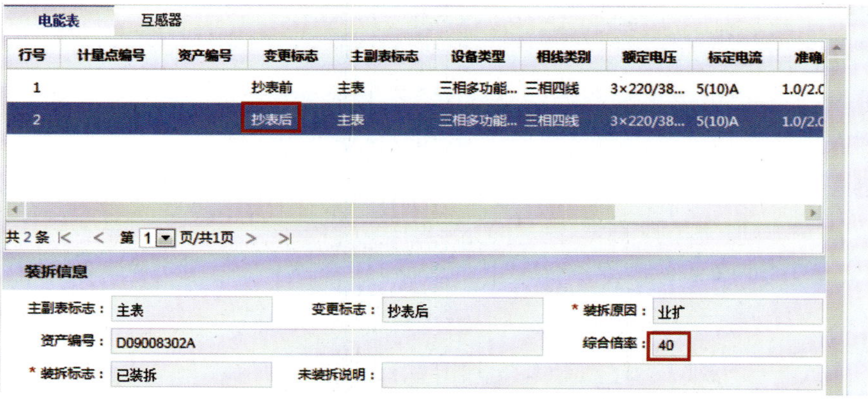

图 3-64

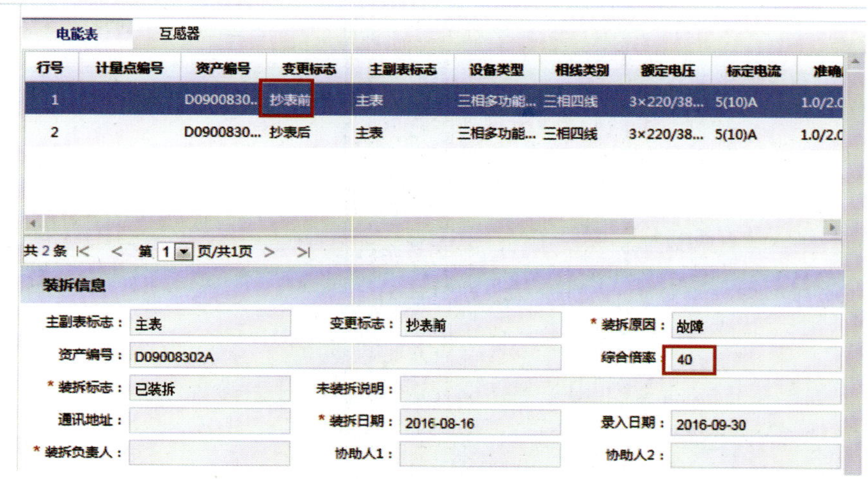

图 3-65

行号	计量点编号	资产编号	变更标志	主副表标志	设备类型	相线类别	额定电压	标定电流	准确
1		D0900830...	抄表前	主表	三相多功能	三相四线	3×220/38...	5(10)A	1.0/2.0
2		D0900830...	抄表后	主表	三相多功能	三相四线	3×220/38...	5(10)A	1.0/2.0

共2条 |< < 第 1 页/共1页 > >|

装拆信息

主副表标志：主表		变更标志：抄表后	* 装拆原因：故障
资产编号：D09008302A			综合倍率：60
* 装拆标志：		未装拆说明：	
通讯地址：		* 装拆日期：2016-08-16	录入日期：2016-09-30

图 3-66

3．由于营销系统无法对同一个月办理多项业务流程的客户自动正确计费，导致电费错收，漏计变压器增容前 50kVA 的 8 月 1 日至 8 月 10 日共 10 天的变损电量。

增容前：

供电单位					电费年月 201608			电费次数 1					
用户编			用户名			用电地址							
抄表区		供电线	10kV和乙线F10		台区名					合同容	160		
收费方	银行批扣	开户银			账号					客户类	公线专变客户		
抄表员		抄表日 2016-08-04		上次抄表日期 2016-07-01		联系人							
核算员		核算日 2016-08-04		发行员			发行日 2016-08-05		联系电				
抄表周	每月一次抄表	阶梯类	非阶梯	免费电标志	否	免费电有效截止日			备注说				

抄表信息

计量点	抄表序	资产编号	示数类型	上月行码	本月行码	度差	业务类别	倍率	电表电量	换表电量	合计电量
1	0	D09008302A	正有功总	32089.78	33233.1	1143.32	正常电费	30	34300	0	34300
1	0	D09008302A	正无功总	24406.82	25356.33	949.51	正常电费	30	28485	0	28485

计费信息

计量点	计量方式	电价代码	分时计费	定量定比值	基本电费标志	需量核定值	变损分摊标志	业务类别	力调标准	变损定额	线损计算方法	线损分摊标志	线损计算值
1	高供低计	37001001农业生产(0.6561)	否	0	不计算	0	按电量比例分摊	正常电费	不考核	0	不计算	否	0

变压器信息

变压器标识	计量点	补收容量	变压器标志	开始时间	结束时间	运行天数	容量	状态	变损类型	计算方法	考核功率因数	变压器户号
	1	0	专变	2016-07-01	2016-07-31	30	50	运行	GB6451.1-95	查表法一	考核标准 0.8	

电量

计量点	时段	有功								无功						电度电费	
		抄见电量	换表电量	免费电量	退补电量	扣表电量	分摊电量	变损电量	线损电量	实用电量	抄见电量	换表电量	退补电量	变损电量	扣表电量	实用电量	单价	金额
1	总	34300	0	0	0	0	0	1037	0	35337	28485	0	0	2412	0	30897	0.6351	22442.53

阶梯信息

计量点	时段	阶梯类别	用电时间		电量上限	电量	单价	电费
				至				

图 3-67

增容前：

用户编			用户名			用电地址				
抄表区		供电线			台区名			合同容	160	
收费方	银行批扣	开户银			账号			客户类	公线专变客户	
抄表员		抄表日 2016-09-01		上次抄表日期 2016-08-04		联系人				
核算员		核算日 2016-09-03		发行员			发行日		联系电	
抄表周	每月一次抄表	阶梯类	非阶梯	免费电标志	否	免费电有效截止日			备注说	

抄表信息

计量点	抄表序	资产编号	示数类型	上月行码	本月行码	度差	业务类别	倍率	电表电量	换表电量	合计电量
1	0	D0900S302A	正有功总	33483.35	33971.91	488.56	正常电费	60	29314	0	29314
1	0	D0900S302A	正无功总	25570.81	25627.01	56.2	正常电费	60	3372	0	3372
1	0	D0900S302A	正有功总	33233.1	33483.35	250.25	变更前	40	10010	0	10010
1	0	D0900S302A	正无功总	25356.33	25570.81	214.48	变更前	40	8579	0	8579

计费信息

计量点	计量方式	电价代码	分时计费	定量定比值	基本电费标志	需量核定值	变损分摊标志	业务类别	力调标准	变损定额	线损计算方法	线损分摊标志	线损计算值
1	高供低计	37001001农业生产(0.6561)	否	0	不计算	0	按电量比例分摊	变更前	考核标准0.8	0	不计算	否	0
1	高供低计	37001001农业生产(0.6561)	否	0	不计算	0	按电量比例分摊	正常电费	考核标准0.8	0	不计算	否	0

图 3-68

变压器信息

变压器标识	计量点	补收容量				运行天数	容量	状态	变损类型	计算方法	考核功率因数	变压器户号
	1	0	专变	2016-08-16	2016-08-31	15	160	运行	GB6451.1-95	查表法一	考核标准0.8	
	1	0	专变	2016-08-11	2016-08-16	5	160	运行	GB6451.1-95	查表法一	考核标准0.8	
	1	0	专变	2016-08-16	2016-08-31	15	160	运行	GB6451.1-95	查表法一	考核标准0.8	
	1	0	专变	2016-08-11	2016-08-16	160		运行	GB6451.1-95	查表法一	考核标准0.8	

（漏计算8月1日—8月10日共10天的变损电量）

电量

计量点	时段	有功								无功					电度电费	
		抄见电量	换表电量	免费电量	退补电量	扣表电量	分摊电量	变损电量	线损电量	实用电量	抄见电量	换表电量	退补电量	变损电量	扣表电量	实用电量	单价	金额
1	总	29314	0	0	0	0	0	796	0	30110	3372	0	0	2502	0	5874	0.6351	19122.86
1	总	10010	0	0	0	0	0	265	0	10275	8579	0	0	834	0	9413	0.6351	6525.65

图 3-69

三、解决办法

该户已发起内联单说明详细情况，并在 2016 年 9 月 22 日发起电量电费退补工单。

四、注意事项

1. 电费核算人员应对同一个月办理多项业务流程的客户重点复核，避免因人为疏忽，致使电量电费计收错误。

2．对于错收的电量电费，供电所业务人员要及时通过营销系统工作流程单进行电量电费退补。

3．电费核算人员应严格按照《广东电网公司抄表管理细则》第 5.2.4 条，"对新装增容、用电变更、电能计量装置参数变化、执行或不执行特殊电价，表计故障等，在业务流程处理完毕后的首次计费月份，应逐户进行核对"的规定执行，发现错误及时更正。

案例 3-26　换表工单的行码不生效，导致电费错误

一、案例介绍

某公变用户由于电表故障，于 2015 年 12 月 4 日发起客户侧电能计量装置故障处理工单，但由于工单异常，导致新表的起码不生效。《客户抄表结算复核单》已为新表的资产编号，但起码仍为旧表的行码，致使计费出错。

二、存在问题

1．该用户于 2015 年 12 月 4 日发起客户侧电能计量装置故障处理工单，工单里显示新表的资产编号为：A15110140A，起码为：0.32。

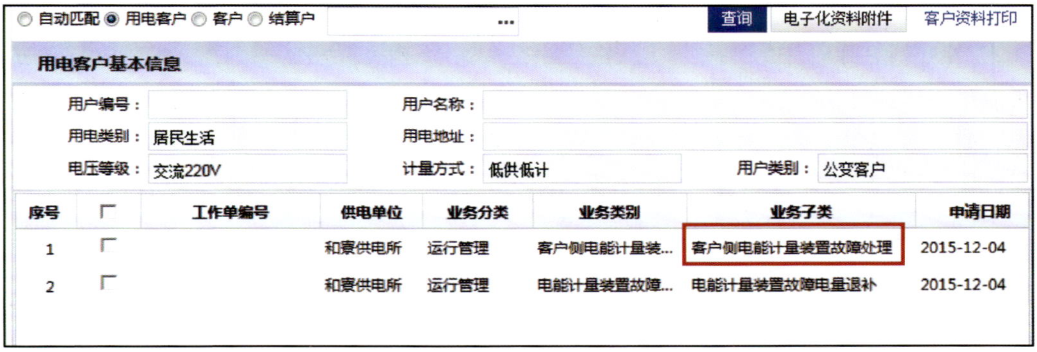

图 3-70

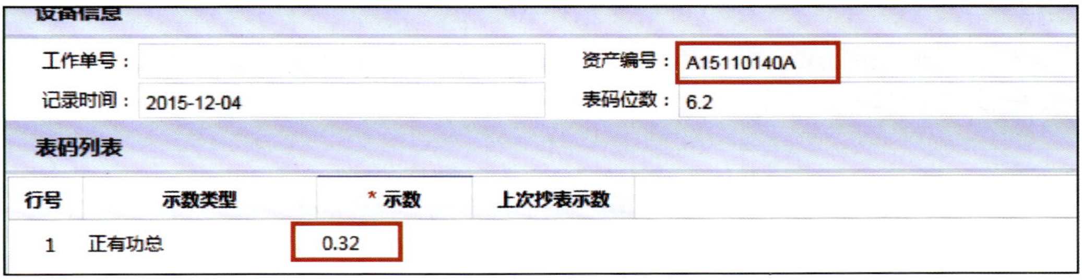

图 3-71

2．2016 年 1 月的《客户抄表结算复核单》显示新表的起码为：8728，经查看，该行码实为旧表的止码。

供电单位						电费年月 201601			电费次数 1	
用户编			用户名			用电地址				
抄表区		供电线			台区名			合同容	4	
收费方	银行批扣	开户银			账号			客户类	公变客户	
抄表员		抄表日 2016-01-04		上次抄表日期 2015-12-04		联系人				
核算员		核算日 2016-01-04		发行员		发行日		联系电		
抄表周	每月一次抄表	阶梯类	一户一表	免费电标志	否	免费电有效截止日		备注说		

抄表信息

计量点	抄表序	资产编号	示数类型	上月行码		倍率	电表电量	换表电量	合计电量
1	116	A15110140A	正有功总	8728	157	1429	正常电费	1	1429	0	1429

> 新表资产编号，但起码却为归表止码

计费信息

计量点	计量方式	电价代码	分时计费标志	定量定比值	基本电费标志	需重核定值	变损分摊标志	业务类别	力调标准	变损定额	线损计算方法	线损分摊标志	线损计算值
1	低供低	居民电价	否	0	不计算	0	不分摊	正常电	不考核	0	不计算	否	0

变压器信息

变压器标识	计量点	补收容量	变压器标志	开始时间	结束时间	运行天数	容量	状态	变损类型	计算方法	考核功率因数	变压器户号

电量

计量点	时段	有功								无功						电度电费	
		抄见电量	换表电量	免费电量	退补电量	扣表电量	分摊电量	变损电量	线损电量	实用电量	抄见电量	换表电量	退补电量	变损电量	扣表电量	实用电量	单价	金额
1	总	1429	0	0	470	0	0	0	0	1899	0	0	0	0	0	0	0.9002	1458.48

图 3-72

抄表员	表计资产号	示数类型	时段类型	上次表示数	本次表示数	表示数差额	综合倍率	表计电量
	A15110140A	正有功总	总	1820	2089	269	1	269
	A15110140A	正有功总	总	1553	1820	267	1	267
	A15110140A	正有功总	总	1287	1553	266	1	266
	A15110140A	正有功总	总	1049	1287	238	1	238
	A15110140A	正有功总	总	911	1049	138	1	138
	A15110140A	正有功总	总	729	911	182	1	182
	A15110140A	正有功总	总	428	729	301	1	301
	A15110140A	正有功总	总	157	428	271	1	271
	A15110140A	正有功总	总	0.32	157	156.68	1	157
	A10331096A	正有功总	总	8728	8728	0	1	0
	A10331096A	正有功总	总	8681	8728	47	1	47

图 3-73

三、解决方法

1. 由于新表的起码不对，发起电能表起码修改工单，修改为正确的新表起码，需要上传新旧表相片作为附件。

用户编号：		用户名称：			
用电类别：	居民生活	用电地址：	广朗塘村		
电压等级：	交流220V	计量方式：		用户类别：	公变客户

序号	业务分类	业务类别	业务子类	申请日期	完成日期	工作单状态	
1	运行管理	客户侧电能计量装...	客户侧电能计量装...	2015-12-04	2015-12-04	归档	供电单位：和蔼供
2	运行管理	电能计量装置故障...	电能计量装置故障...	2015-12-04	2015-12-07	归档	关联故障工作单编
3	电价电费管理	抄表数据获取和验证	电能表起码修改	2016-01-06	2016-01-11	归档	电表起码调整

图 3-74

三、解决办法

经沟通，供电所的负责人重新安排其他抄表人员去现场抄录表计的行码。

四、注意事项

1．供电所应组织营销人员进行《广东电网公司抄表管理细则》在岗培训，要求各班长组织班员认真学习，引起重视，吸取教训，杜绝类似问题再次发生。

2．加强抄表轮换制度和监抄制度，减少人为差错，确保抄表数据质量。

3．如果个别客户因特殊原因确实不能去现场抄表，建议走抄表算费作废工单，不要直接录入 0。

案例 4-9　变更电价没有发起改类工单

一、案例介绍

某公变客户 2015 年 12 月的《客户抄表结算复核单》显示电价已变更，但查看营销系统没有发起改类工单，供电所的业务人员只是发起了客户档案信息维护工单。

二、存在问题

1．某公变客户抄表周期为双月抄表，2015 年 12 月的《客户抄表结算复核单》显示电价已变更。

图 4-28

2．营销系统没有发起相应的改类工单，供电所的业务人员只是发起了客户档案信息维护工单。

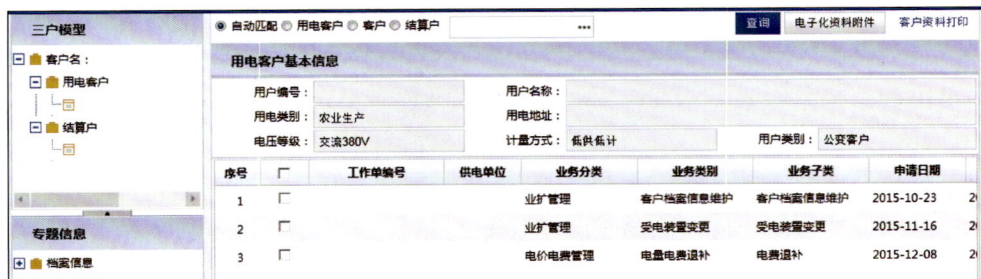

图 4-29

3．客户档案信息维护工单没有改类工单中的现场勘查环节，缺少勘查人员核实是否变更电价？变更后的电价是否属实正确，且没有重新签订新的《供用电合同》，存在法律风险。

三、解决办法

建议重新发起电价变更流程，增加电价勘查环节并重新签订《供用电合同》。

四、注意事项

1．更改电价需发起改类工单，并到现场勘查该客户的用电性质。不建议发起其他类工单（如客户档案信息维护）修改电价，没有现场勘查意见及重新签订《供用电合同》，核算人员无法确认电价执行是否正确。

2．相关的业务人员没有严格执行岗位职责，工单马虎应付，应加强在岗技能水平培训。

案例 4-10　新装表计示数类型选择错误，导致电费错收

一、案例介绍

某公变客户 2016 年 2 月 2 日发起零散居民新装工单，由于装拆信息录入这一环节中的表计示数类型选择错误，导致电费错收。

二、存在问题

1．某公变客户 2016 年 2 月 2 日发起零散居民新装工单，由于装拆信息录入这一环节中的表计示数类型错选为"双向无功"，导致电费计费错误。

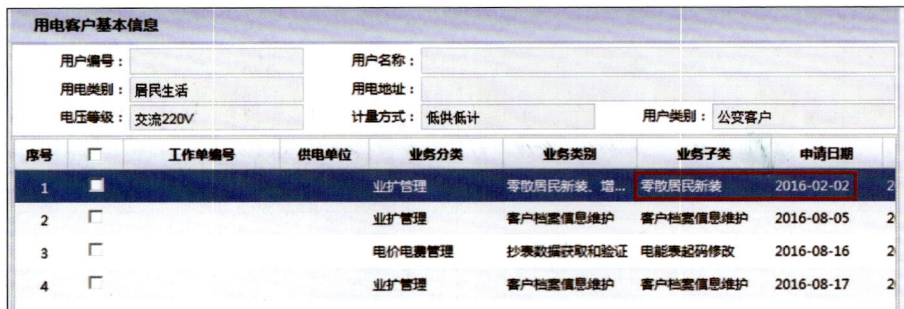

图 4-30

设备信息

工作单号：		资产编号：	B13014397A
记录时间：	2016-02-18	表码位数：	6.2

表码列表

行号	示数类型	* 示数	上次抄表示数
1	双向无功	0	

图 4-31

2．该客户 3 月《客户抄表结算复核单》显示，本月的度差为 127kW·h，但合计电量却为 0，致使电费漏收。客户档案里的表计示数类型选择错误，营销系统暂时没有相关复核警告规则拦截，并且 3 月到 7 月连续多月都只是到分散受理环节就直接发行了。

三、解决办法

供电所发起客户档案信息维护工单，修改正确的表计示数类型即可。

供电单位　　**电费年月** 201603　　**电费次数** 1

用户编		用户名		用电地址					
抄表区		供电线		台区名				合同容	6
收费方	供电坐收	开户银		账号				客户类	公变客户
抄表员		抄表日	2016-03-05	上次抄表日期	2016-02-18	联系人			
核算员		核算日	2016-03-10	发行员		发行日	2016-03-11	联系电	
抄表周	每月一次抄表	阶梯类	一户一表	免费电标志	否	免费电有效截止日		备注说	

抄表信息

计量点	抄表序	资产编号	示数类型	上月行码	本月行码	度差	业务类别	倍率	电表电量	换表电量	合计电量
1		B13014397A	双向无功	0	127	127	正常电费	1	0	0	0

计费信息

计量点	计量方式	电价代码	分时计费	定量定比值	基本电费标志	需量核定值	变损分摊标志	业务类别	力调标准	变损定额	线损计算方法	线损分摊标志	线损计算值
1	低供低计	35001001居民电价(0.63)	否	0	不计算	0	不分摊	正常电费	不考核	0	不计算	否	0

变压器信息

变压器标识	计量点	补收容量	变压器标志	开始时间	结束时间	运行天数	容量	状态	变损类型	计算方法	考核功率因数	变压器户号

电量		有功									无功						电度电费	
计量点	时段	抄见电量	换表电量	免费电量	退补电量	扣表电量	分摊电量	变损电量	线损电量	实用电量	抄见电量	换表电量	退补电量	变损电量	扣表电量	实用电量	单价	金额
1	总	0	0	0	0	0	0	0	0	0	0	0	0	0	0	0		0.00

阶梯信息

计量点	时段	阶梯类别	用电时间	电量上限	电量	单价	电费
			至				

图 4-32

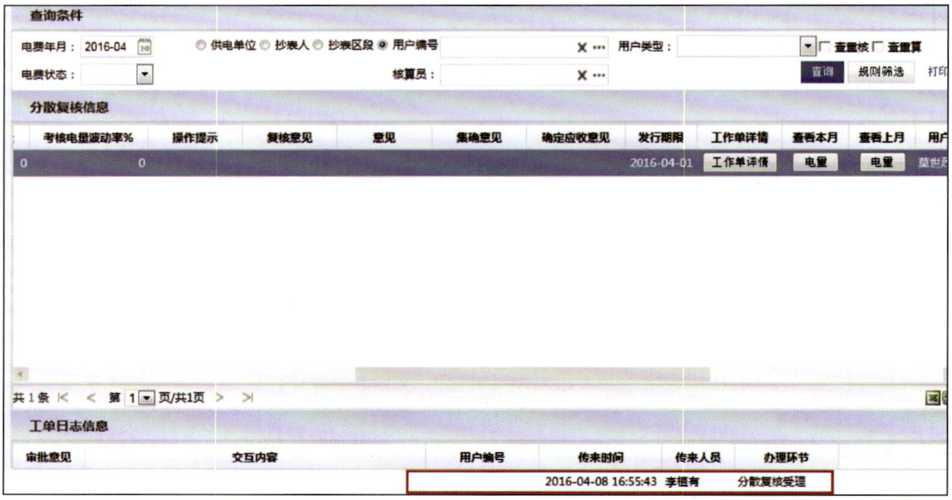

图 4-33

图 4-34

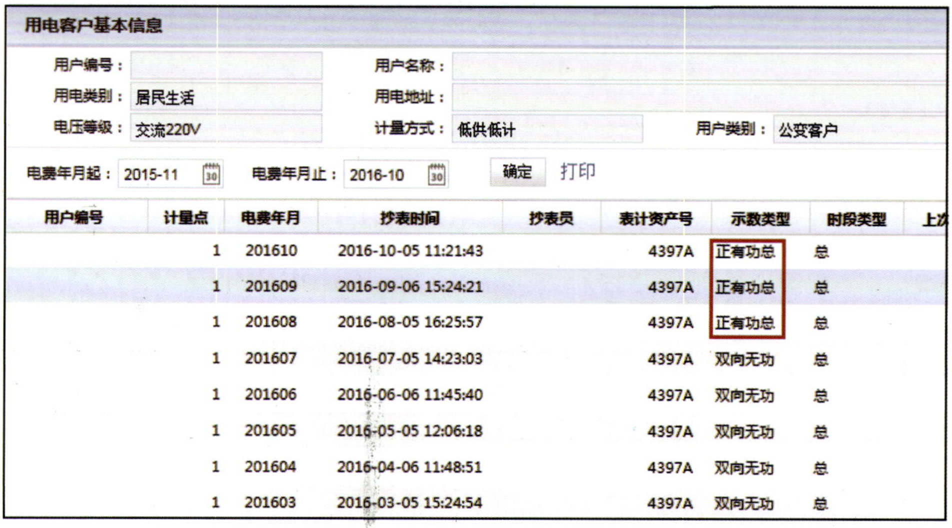

图 4-35

四、注意事项

1．应完善营销系统的复核规则，针对这类异常应有警告信息拦截。

2．工单归档前，相关的业务人员应对客户档案、电价设置、计量及计费参数与电量电费计算有关的资料仔细核对正确。

案例4-11　营销系统与计量自动化系统的表计资产编号不符

一、案例介绍

某专变客户执行大工业电价2016年6月复核时发现，该户4月已暂停恢复用电，但抄见电量仍为0。登录计量自动化系统查看，发现营销系统的表计资产编号与计量自动化系统的表计资产编号完全不符，导致每月负控接收不成功，抄见电量为0，电量漏收。

二、存在问题

1．某专变客户，2016年4月26日已有暂停恢复工单归档，但客户5月的抄见电量为0，6月复核时发现6月的抄见电量仍为0。

2．登录计量自动化系统，查询表计的资产编号、行码与《客户抄表结算复核单》显示的完全不一致。

三、解决办法

经核实该客户在5月已在现场更换表计和负控，但一直没有在营销系统中发起换表工单，导致营销系统与计量自动化系统不一致。2016年6月12日发起客户侧电能计量装置故障处理工单，电量电费可以正确计收。

用户编号：		用户名称：			
用电类别：	大工业用电	用电地址：			
电压等级：	交流10KV	计量方式：	高供高计	用户类别：	公线专变客户

序号	工作单编号	供电单位	业务分类	业务类别	业务子类	申请日期	完成日期
1			用电检查	检查执行管理	检查执行管理	2015-09-11	2015-09-12
2			业扩管理	暂停	暂停	2015-10-07	2015-10-07
3			业扩管理	暂停	暂停	2015-10-10	2015-10-30
4			业扩管理	暂停恢复	暂停恢复	2015-12-11	2015-12-11
5			业扩管理	暂停	暂停	2015-12-11	2015-12-28
6			业扩管理	暂停恢复	暂停恢复	2016-02-14	2016-02-14
7			业扩管理	暂停	暂停	2016-02-14	2016-02-15
8			业扩管理	暂停恢复	暂停恢复	2016-04-26	2016-04-26
9			运行管理	客户侧电能计量装...	客户侧电能计量装...	2016-06-12	2016-06-12
10			用电检查	检查执行管理	检查执行管理	2016-09-27	2016-09-28
11			业扩管理	高压新装、增减容	高压减容	2016-10-11	

图4-36

供电单位						电费年月 201605			电费次数 1		
用户编			用户名					用电地址			
抄表区		供电线				台区名			合同容	400	
收费方	银行批扣	开户银				账号			客户类	公线专变客户	
抄表员		抄表日 2016-05-03		上次抄表日期 2016-04-01			联系人				
核算员		核算日 2016-05-04		发行员			发行日 2016-05-10		联系电		
抄表周	每月一次抄表	阶梯类	非阶梯		免费电标志	否	免费电有效截止日		备注说		

抄表信息

计量点	抄表序	资产编号	示数类型	上月行码	本月行码	度差	业务类别	倍率	电表电量	换表电量	合计电量
1	0	D11000455A	正有功总	2015.95	2015.95	0	正常电费	600	0	0	0
1	0	D11000455A	正有功峰	548.52	548.52	0	正常电费	600	0	0	0
1	0	D11000455A	正有功平	1166.6	1166.6	0	正常电费	600	0	0	0
1	0	D11000455A	正有功谷	300.83	300.83	0	正常电费	600	0	0	0
1	0	D11000455A	正无功总	462.1	462.1	0	正常电费	600	0	0	0

计费信息

计量点	计量方式	电价代码	分时计费	定量定比值	基本电费标志	需量核定值	变损分摊标志	业务类别	力调标准	变损定额	线损计算方法	线损分摊标志	线损计算值
1	高供高计	31002001大工业1-10千伏(0)	是	0	按变压器容量	0	不分摊	正常电费	考核标准0.9	0	不计算	否	0

变压器信息

变压器标识	计量点	补收容量	变压器标志	开始时间	结束时间	运行天数	容量	状态	变损类型	计算方法	考核功率因数	变压器户号
	1	0	专变	2016-04-12	2016-04-30	19	400	运行	GB6451.1-95	不计算	考核标准0.9	
	1	0	专变	2016-04-01	2016-04-12	0	400	停用	GB6451.1-95	不计算	考核标准0.9	

电量	有功		无功	电度电费

图 4-37

供电单位						电费年月 201606			电费次数 1		
用户编			用户名					用电地址			
抄表区		供电线				台区名			合同容	400	
收费方	银行批扣	开户银				账号			客户类	公线专变客户	
抄表员		抄表日 2016-06-03		上次抄表日期 2016-05-03			联系人				
核算员		核算日 2016-06-06		发行员			发行日		联系电		
抄表周	每月一次抄表	阶梯类	非阶梯		免费电标志	否	免费电有效截止日		备注说		

抄表信息

计量点	抄表序	资产编号	示数类型	上月行码	本月行码	度差	业务类别	倍率	电表电量	换表电量	合计电量
1	0	D11000455A	正有功总	2015.95	2015.95	0	正常电费	600	0	0	0
1	0	D11000455A	正有功峰	548.52	548.52	0	正常电费	600	0	0	0
1	0	D11000455A	正有功平	1166.6	1166.6	0	正常电费	600	0	0	0
1	0	D11000455A	正有功谷	300.83	300.83	0	正常电费	600	0	0	0
1	0	D11000455A	正无功总	462.1	462.1	0	正常电费	600	0	0	0

计费信息

计量点	计量方式	电价代码	分时计费	定量定比值	基本电费标志	需量核定值	变损分摊标志	业务类别	力调标准	变损定额	线损计算方法	线损分摊标志	线损计算值
1	高供高计	大工业1-10千伏	是	0	按变压器容量	0	不分摊	正常电费	考核标准0.9	0	不计算	否	0

变压器信息

变压器标识	计量点	补收容量	变压器标志	开始时间	结束时间	运行天数	容量	状态	变损类型	计算方法	考核功率因数	变压器户号
	1	0	专变	2016-05-01	2016-05-31	30	400	运行	GB6451.1-95	不计算	考核标准0.9	

图 4-38

计量点	时段	抄见电量	换表电量	免费电量	退补电量	扣表电量	分摊电量	变损电量	线损电量	实用电量	抄见电量	换表电量	退补电量	变损电量	扣表电量	实用电量	单价	金额
1	总	0	0	0	0	0	0	0	0	0	0	0	0	0	0	0		0.00

阶梯信息

计量点	时段	阶梯类别	用电时间	电量上限	电量	单价	电费
			至				

各项附加费

计量	重大水利工程建设基金	城建附加费	国家水库移民	省内水库移民	可再生资源	差别电价	燃油附加	业务

图 4-39

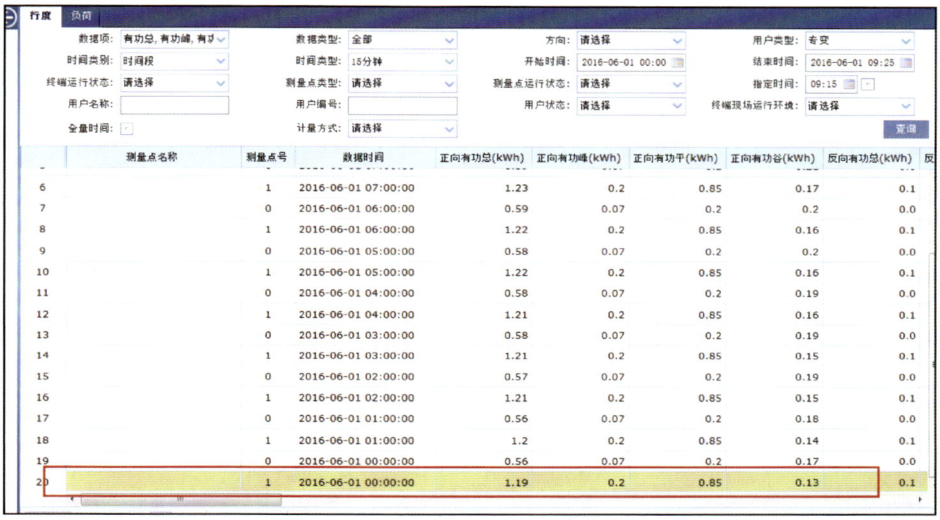

	测量点名称	测量点号	数据时间	正向有功总(kWh)	正向有功峰(kWh)	正向有功平(kWh)	正向有功谷(kWh)	反向有功总(kWh)
6		1	2016-06-01 07:00:00	1.23	0.2	0.85	0.17	0.1
7		0	2016-06-01 06:00:00	0.59	0.07	0.2	0.2	0.0
8		1	2016-06-01 06:00:00	1.22	0.2	0.85	0.16	0.1
9		0	2016-06-01 05:00:00	0.58	0.07	0.2	0.2	0.0
10		1	2016-06-01 05:00:00	1.22	0.2	0.85	0.16	0.1
11		0	2016-06-01 04:00:00	0.58	0.07	0.2	0.19	0.0
12		1	2016-06-01 04:00:00	1.21	0.2	0.85	0.16	0.1
13		0	2016-06-01 03:00:00	0.58	0.07	0.2	0.19	0.0
14		1	2016-06-01 03:00:00	1.21	0.2	0.85	0.15	0.1
15		0	2016-06-01 02:00:00	0.57	0.07	0.2	0.19	0.0
16		1	2016-06-01 02:00:00	1.21	0.2	0.85	0.15	0.1
17		0	2016-06-01 01:00:00	0.56	0.07	0.2	0.18	0.0
18		1	2016-06-01 01:00:00	1.2	0.2	0.85	0.14	0.1
19		0	2016-06-01 00:00:00	0.56	0.07	0.2	0.17	0.0
20		1	2016-06-01 00:00:00	1.19	0.2	0.85	0.13	0.1

图 4-40

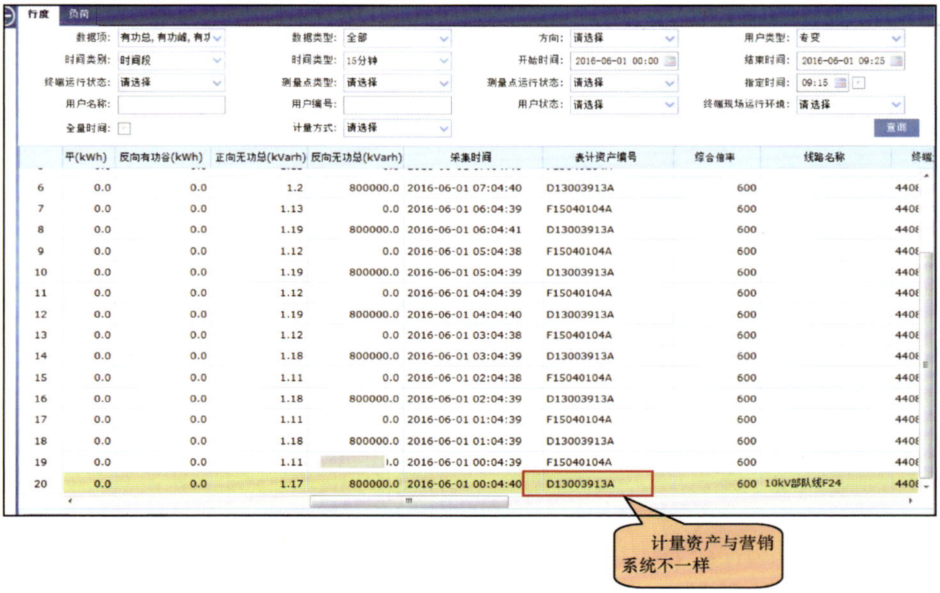

	平(kWh)	反向有功谷(kWh)	正向无功总(kVarh)	反向无功总(kVarh)	采集时间	表计资产编号	综合倍率	线路名称	终端
6	0.0	0.0	1.2	800000.0	2016-06-01 07:04:40	D13003913A	600		440ε
7	0.0	0.0	1.13	0.0	2016-06-01 06:04:39	F15040104A	600		440ε
8	0.0	0.0	1.19	800000.0	2016-06-01 06:04:41	D13003913A	600		440ε
9	0.0	0.0	1.12	0.0	2016-06-01 05:04:38	F15040104A	600		440ε
10	0.0	0.0	1.19	800000.0	2016-06-01 05:04:39	D13003913A	600		440ε
11	0.0	0.0	1.12	0.0	2016-06-01 04:04:39	F15040104A	600		440ε
12	0.0	0.0	1.19	800000.0	2016-06-01 04:04:40	D13003913A	600		440ε
13	0.0	0.0	1.12	0.0	2016-06-01 03:04:38	F15040104A	600		440ε
14	0.0	0.0	1.18	800000.0	2016-06-01 03:04:39	D13003913A	600		440ε
15	0.0	0.0	1.11	0.0	2016-06-01 02:04:38	F15040104A	600		440ε
16	0.0	0.0	1.18	800000.0	2016-06-01 02:04:39	D13003913A	600		440ε
17	0.0	0.0	1.11	0.0	2016-06-01 01:04:39	F15040104A	600		440ε
18	0.0	0.0	1.18	800000.0	2016-06-01 01:04:39	D13003913A	600		440ε
19	0.0	0.0	1.11	[illegible].0	2016-06-01 00:04:39	F15040104A	600		440ε
20	0.0	0.0	1.17	800000.0	2016-06-01 00:04:40	D13003913A	600	10kV部队线F24	440ε

图 4-41

四、注意事项

1. 电费核算人员对于大工业客户已暂停恢复用电但一直没有抄见电量，应提高业务敏感度，综合考虑抄表、计量、接线、天气等因数影响，及时发现错误。

用电客户基本信息

用户编号：			用户名称：			
用电类别：			用电地址：			
电压等级：	交流10kV		计量方式：	高供高计		用户类别： 公线专变客户

序号	□	工作单编号	供电单位	业务分类	业务类别	业务子类	申请日期	
1	□			用电检查	检查执行管理	检查执行管理	2015-09-11	2
2	□			业扩管理	暂停	暂停	2015-10-07	2
3	□			业扩管理	暂停	暂停	2015-10-10	2
4	□			业扩管理	暂停恢复	暂停恢复	2015-12-11	2
5	□			业扩管理	暂停	暂停	2015-12-11	2
6	□			业扩管理	暂停恢复	暂停恢复	2016-02-14	2
7	□			业扩管理	暂停	暂停	2016-02-14	2
8	□			业扩管理	暂停恢复	暂停恢复	2016-04-26	2
9	□			运行管理	客户侧电能计量装…	客户侧电能计量装…	2016-06-12	2
10	□			用电检查	检查执行管理	检查执行管理	2016-09-27	2
11	□			业扩管理	高压新装、增减容	高压减容	2016-10-11	2

图 4-42

供电单位　　　　　　　　　　**电费年月** 201606　　　**电费次数** 1

用户编			用户名				用电地址			
抄表区		供电线			台区名				合同容	400
收费方	银行批扣	开户银			账号				客户类	公线专变客户
抄表员		抄表日 2016-06-13		上次抄表日期 2016-05-03			联系人			
核算员		核算日 2016-06-13		发行员		发行日 2016-06-16			联系电	
抄表周	每月一次抄表	阶梯类	非阶梯	免费电标志 否		免费电有效截止日			备注说	

抄表信息

计量点	抄表序	资产编号	示数类型	上月行码	本月行码	度差	业务类别	倍率	电表电量	换表电量	合计电量
1	0	D13003913A	正有功总	0.72	1.19	0.47	正常电费	600	282	0	282
1	0	D13003913A	正有功峰	0.07	0.2	0.13	正常电费	600	78	0	78
1	0	D13003913A	正有功平	0.64	0.86	0.22	正常电费	600	132	0	132
1	0	D13003913A	正有功谷	0.01	0.13	0.12	正常电费	600	72	0	72
1	0	D13003913A	正无功总	0.15	1.16	1.01	正常电费	600	606	0	606

计费信息

计量点	计量方式	电价代码	分时计费	定量定比值	基本电费标志	需量核定值	变损分摊标志	业务类别	力调标准	变损定额	线损计算方法	线损分摊标志	线损计算值
1	高供高计	31002001大工业 1-10千伏 (0.6096)	是	0	按变压器容量	0	不分摊	正常电费	考核标准0.9	0	不计算	否	0

变压器信息

变压器标识	计量点	补收容量	变压器标志	开始时间	结束时间	运行天数	容量	状态	变损类型	计算方法	考核功率因数	变压器户号
0890000282 87	1	0	专变	2016-05-01	2016-05-31	30	400	运行	GB6451.1-95	不计算	考核标准 0.9	

电量	有功		无功		电度电费

图 4-43

2. 业扩人员应及时在营销系统发起工单，保证营销系统的档案与现场一致。

案例 4-12 计费报错时的故障处理

一、案例介绍

某专变客户 1 月 18 日发起客户侧电能计量装置故障处理，工单时间正常但计费报错。经过厂家后台查看反馈，可能是工单时间选择错误导致，但是上面这户查询没有工单也导致上次的抄表时间显示为"3016-01-01"，正常应该是"2016-01-01"。出现此类异常报错，只要在当月计费档案维护处修改抄表日期，即可以直接计算了。

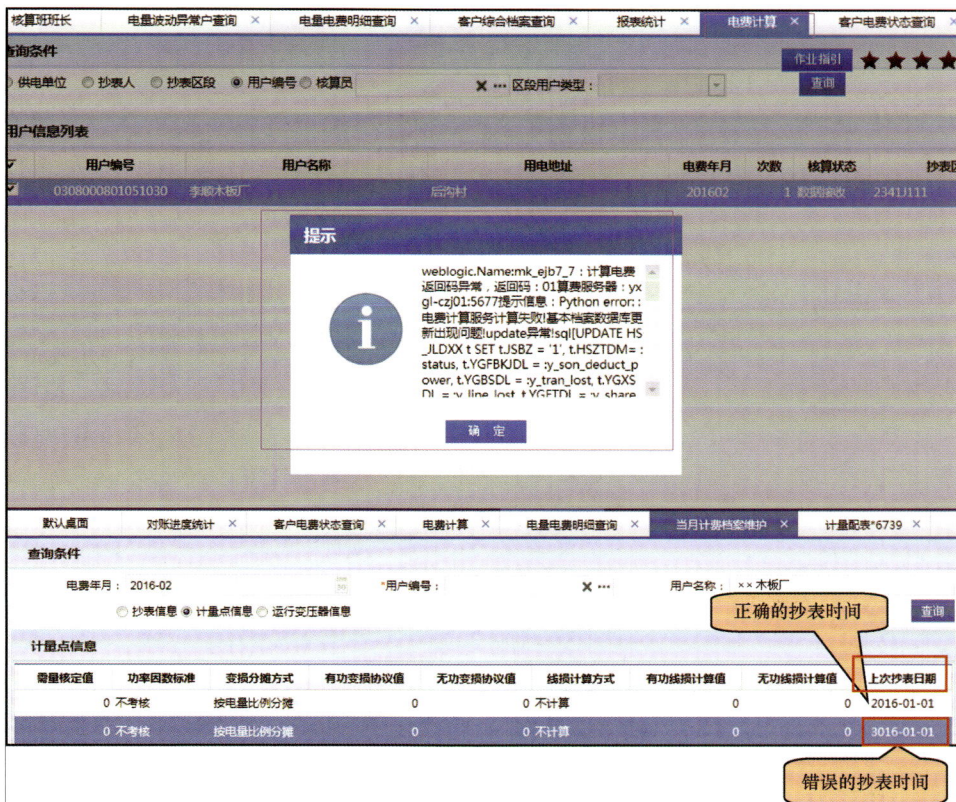

图 4-44

二、存在问题

业务人员检查、录入工单日期要细心，否则容量导致抄表日期错误。如果选择错误的抄表日期，营销系统计算电费时，计费服务器无法识别差错日期，计算器匹配不到合适的电价，导致计费报错。

三、解决办法

1. 工单的日期等影响计费参数的环节要注意谨慎录入，工单的错误最终体现在计费和报表上，需要认真核查异常问题，及时处理。

2. 当计费报错时，请及时转抄表员异常处理，将该户的抄表日期在当月计费档案维护处修改，维护正确后方能继续计算电费。

四、注意事项

1. 加强相关业务人员的业务技能培训，确保录入的客户档案计费信息准确无误。

2. 提高电费复核人员对电费异常信息的核查能力，及时发现计费错误，避免出现电量电费差错。

案例4-13　子表的力调电费为空

一、案例介绍

某购物广场是子母表用电关系，但是功率因数计算方法选择了"按计量点"计算，计量点3没有无功表，无法记录无功电量，所以计算不了力调电费。（"按计量点"执行力调考核方法是指各计量点的有功电量与无功电量的比值查表得出调整率；"按变压器组"执行力调考核方法是指所有的计量点总的有功电量与无功电量的比值查表得出调整率。）

图4-45

图 4-46

供电所：　　　　　　　　　电费年月　201404　　　当月次数：1

客户编号		客户名称			用电地址			
抄表区段		供电线路		台区名称			合同容量	400
收费方式	银行代扣	开户银行		账号			客户类型	公线专变客户
抄表员		抄表日期	2014/04/01	上次抄表日期	2014/03/01	用电天数31	联系人	
核算员		核算日期	2014/04/03	发行员		发行日期 2014/04/03	联系电话	
抄表周期	每月一次抄表	阶梯类型	非阶梯	免费电标志	否	备注说明		

抄表信息

计量点	抄表序号	表号	表序号	表类型	时段	上月行码	本月行码	度差	倍率	电表电量	增减电量	合计电量
抄表 2	09		3	正向有功	总	11857.38	12067.05	209.67	120	25160	0	25160
			4	正向无功	总	2090.36	2146.49	56.13	120	6736	0	6736
3			5	定比16%	总	0	0	0	120	0	0	0

计费信息

计费点	变压器组	计量方式	电价代码	分时计费	力调标准	基本电费标志	最大需量	变损分摊方式	变损定比定值	线损计算方法	分摊容量
2	2	高供低计	商业1-10千伏	否	0.85	不计算		按电量比例分摊		不计线损	400
3	2	高供低计	商业(平价商店)1-10千伏	否	0.85	不计算		按电量比例分摊		不计线损	400

变压器信息

变压器组	变压器号	变压器标志	开始时间	结束时间	运行天数	容量	状态	装拆标志	变损类型	计算方法	考核功率因数	变压器户号
1		专变	2014/03/01	2014/03/31	30	400	运行		GB6451.1-95	查表	0.85	9901347376

套扣关系

父表户号	父表计量点	父表户名	子表户号	子表计量点	子表户名	关系类型
	2			3		定比关系

电量

计量点	时段	有功							无功					电度电费	
		抄见电量	换表电量	免费电量	增减电量	扣表电量	分摊电量	变损电量	线损电量	实用电量	抄见电量	换表电量	增减电量	变损电量	实用电量	单价	金额

计量点	时段	抄见电量	换表电量	免费电量	增减电量	扣表电量	分摊电量	变损电量	线损电量	实用电量	抄见电量	换表电量	增减电量	变损电量	实用电量	单价	金额
2	总	25160				4274		1552		22438	6736			7229	13965	0.8657	19424.57
3	总	4274					4274	0						0	0.7757	3315.34

阶梯信息

计量点	时段	计费类型	用电天数	阶梯类别	阶梯档次	电量上限	电量	单价	电费

各项附加费

计量点	重大水利工程建设基金		城建附加费		国家水库移民		省内水库移民		可再生能源		高耗能差别电价		燃油附加	
	单价	金额	单价	金额	单价	金额	单价	金额	单价	金额	单价	金额	单价	金额
2	0.0070	157.07	0.0140	314.13	0.0083	186.24	0.0005	11.22	0.0150	336.57				
3	0.0070	29.92	0.0140	59.84	0.0083	35.47	0.0005	2.14	0.0150	64.11				

总电费

计量点	考核电量	计费电量	电度电费	加价合计	功率因数	调整率%	力调	计费容(需)量	单价	基本电费	总电费	退补电费	应收电费
2	0	22438	19424.57	1005.23	0.89	-0.40	-77.70				20352.10		20352.10
3	0	4274	3315.34	191.48	0.89	-0.40	-13.26				3493.56		3493.56
合计	0	26712	22739.91	1196.71			-90.96				23845.66		23845.66

图 4-47

二、存在问题

业务人员业务不熟，在录入现场勘查图形配表环节关键计费信息时，没有认真严谨地按照计费点计费信息中的力率标志及功率因数计算方法进行填写，导致该客户漏计功率因数调整电费。

三、解决办法

把功率因数计算方法改为按"变压器组"计算后，力调电费就能正确计算。

四、注意事项

1. 针对这类父子表的客户，建议选择功率因数计算方法时应选按"变压器组"计算。

2. 父子表、定比表及定量表等特殊总分或扣减关系的客户，有业务工单的当期电费，当复核规则不完善的情况下，需要人工仔细对所有的计费参数计算核查是否正确。

案例 4-14　专变有功表类型选择错误，导致计费出错

一、案例介绍

某客户用电类别为农业生产，2014 年 3 月更换计量装置时，在计量配表环节中表类型选择"需量"，导致计费的抄见电量为 0，计费出错。"需量表"仅为该客户是大工业电价且客户的基本电费选择了按"最大需量"计算，才需要配置需量表。

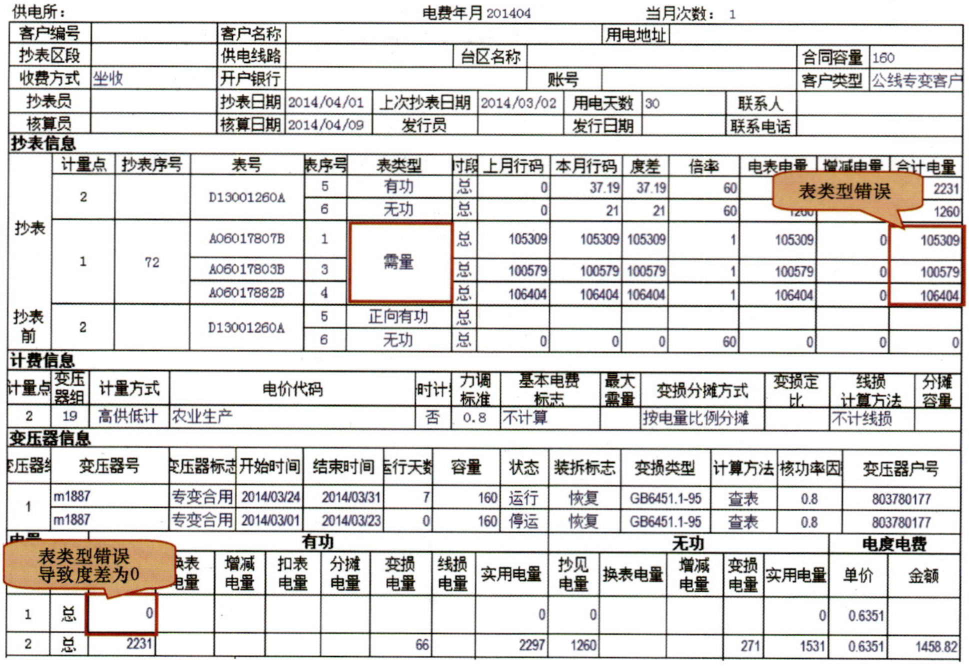

图 4-48

注：由于表计类型选为"需量表"，而需量表的起码都是 0，所以度差=止码−0；且需量表不是有功电量表，所以没有抄见电量。

112

正确：

	计量点	抄表序号	表号	表序号	表类型	时段	上月行码	本月行码	度差	倍率	电表电量	增减电量	合计电量
抄表	1	31	1	正向有功	总	3403.27			000	17556000	0	17556000
						峰	855.03			000	4389440	0	4389440
						平	1416.78			000	7323360	0	7323360
						谷	1131.46	1164.66		176000	5843200	0	5843200
			2	正向无功	总	956.23	986.56	30.33	176000	5338080	0	5338080
			5	需量	总	0	0.152	0.152	176000	26752	0	26752
	2	32	3	正向有功	总	3400.36	3500.03	99.67	176000	17541920	0	17541920
			4	正向无功	总	954.42	984.7	30.28	176000	5329280	0	5329280
			7	需量	总		0.152	0.152	176000	26752	0	26752

最大需量表起码始终为0，且是大工业按最大需量计费的客户

计费信息

计量点	变压器组	计量方式	电价代码	分时计费	力调标准	基本电费标志	最大需量	变损分摊方式	变损定比定量值	线损计算方法	分摊容量
1	1	高供高计	大工业35-110千伏	是	0.90	按最大需量计费	26752	不分摊		不计线损	63000
2	1	高供高计	无电价	否	不执行	不计算		不分摊			

变压器信息

变压器组	变压器号	变压器标志	开始时间	结束时间	运行天数	容量	状态	装拆标志	变损类型	计算方法	考核功率因数	变压器户号
1	9000011896	专变	2014/03/01	2014/03/31	30	31500	运行		GB6451.1-95	不计算	0.90	
	1477	专变	2014/03/01	2014/03/31	30	31500	运行		GB6451.1-95	不计算	0.90	

套扣关系

父表户号	父表计量点	父表户名	子表户号	子表计量点	子表户名	关系类型
	1		9901256378	1		总分关系

电量

计量点	时段	有功								无功					电度电费	
		抄见电量	换表电量	免费电量	增减电量	扣表电量	分摊电量	变损电量	线损电量	实用电量	抄见电量	换表电量	增减电量	变损电量	实用电量	单价	金额
1	总	17556000				351480				17204520	5338080				5264760		9539385.85
	峰	4389440				89070				4300370					0	0.9186	3950319.88
	平	7323360				149265				7174095					0	0.5567	3993818.67
	谷	5843200				113145				5730055					0	0.2784	1595247.30
2	总	17541920								17541920	5329280				5329280		

阶梯信息

图 4-49

二、存在问题

相关业务人员及电费复核员工作责任心不强，没有及时发现问题，造成计费错误。

三、解决办法

发现档案错误的客户，请及时发起档案相关的修改流程工单，不能直接确认正确转发行。

四、注意事项

1. 加强现场勘查及计量人员的业务技能培训，确保录入的计费信息准确无误。

2. 提高电费复核人员对电费异常信息的核查能力，及时发现计费错误，避免出现电量电费差错。

案例4-15 分时计费标志选择为"否"，导致计费错误

一、案例介绍

某普通工业专用变压器客户在计算电费时未执行分峰谷平电价。由于业务人员在现场勘查环节图形配表录入信息时，分时计费标志错误设置为非分时计费，致使该户未按峰谷平时段计收电费。

二、存在问题

1. 业务人员在录入现场勘查图形配表环节关键计费信息，没有认真按照客户用电分类进行分时计费标志信息录入，致使该户未按峰谷平时段计收电费。

2. 电费核算员也没有严格按照《广东电网公司抄表管理细则》第 5.2.4 条的规定执行，在更新档案、归档环节没有进行认真的审核，导致没有及时发现电价计收错误。

图 4-50

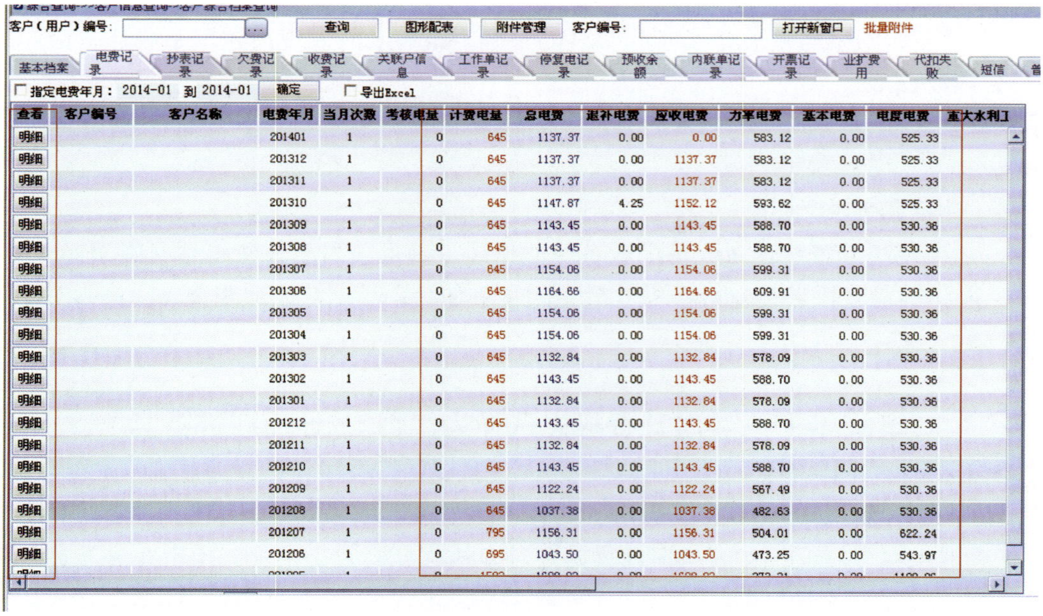

图 4-51

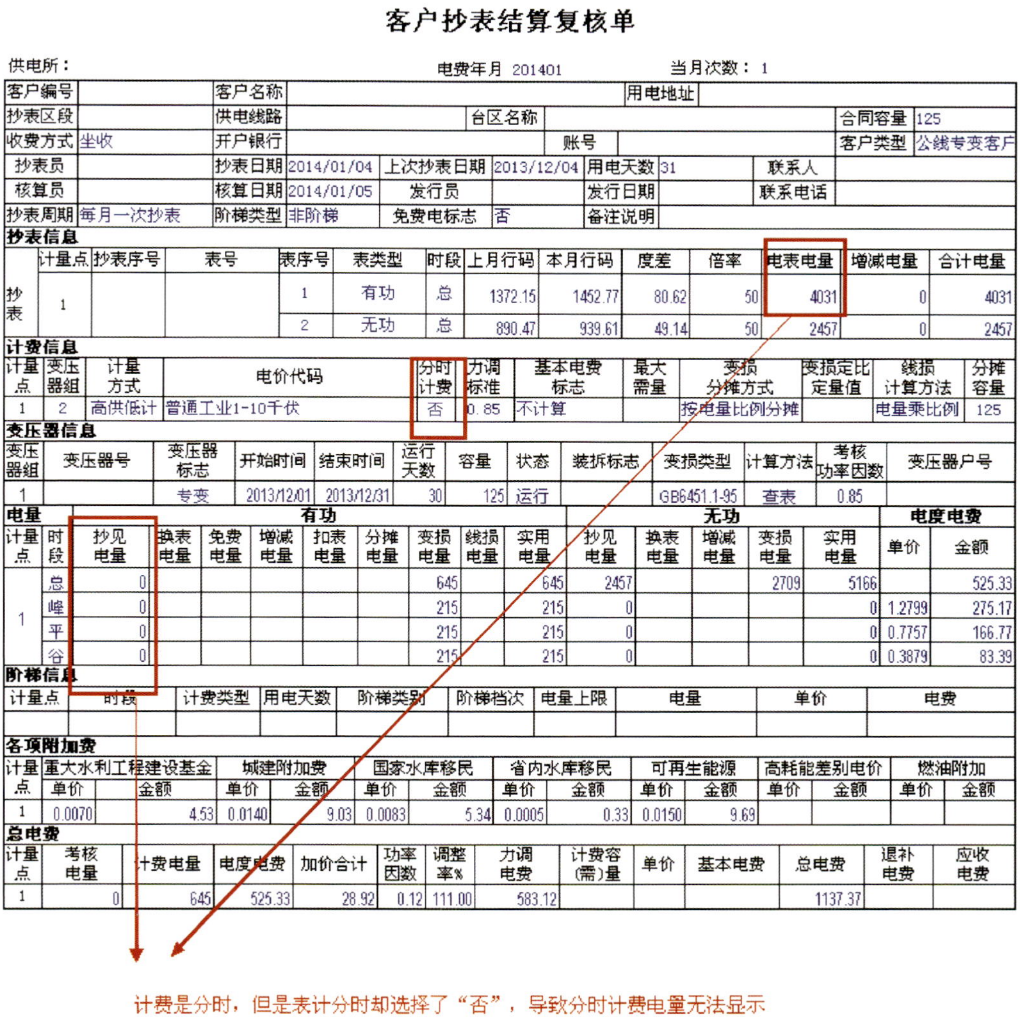

客户抄表结算复核单

供电所：			电费年月 201401			当月次数：1	
客户编号		客户名称			用电地址		
抄表区段		供电线路		台区名称		合同容量	125
收费方式	坐收	开户银行		账号		客户类型	公线专变客户
抄表员		抄表日期 2014/01/04	上次抄表日期 2013/12/04	用电天数 31		联系人	
核算员		核算日期 2014/01/05	发行员		发行日期	联系电话	
抄表周期	每月一次抄表	阶梯类型 非阶梯	免费电标志 否		备注说明		

抄表信息

计量点	抄表序号	表号	表序号	表类型	时段	上月行码	本月行码	度差	倍率	电表电量	增减电量	合计电量
1			1	有功	总	1372.15	1452.77	80.62	50	4031	0	4031
			2	无功	总	890.47	939.61	49.14	50	2457		2457

计费信息

计量点	变压器组	计量方式	电价代码	分时计费	力调标准	基本电费标志	最大需量	变损分摊方式	变损定量值	线损计算方法	分摊容量
1	2	高供低计	普通工业1-10千伏	否	0.85	不计算		按电量比例分摊		电量乘比例	125

变压器信息

变压器组	变压器号	变压器标志	开始时间	结束时间	运行天数	容量	状态	装拆标志	变损类型	计算方法	考核功率因数	变压器户号
1		专变	2013/12/01	2013/12/31	30	125	运行			GB6451.1-95	查表	0.85	

电量

计量点	时段	有功 抄见电量	换表电量	免费电量	增减电量	扣表电量	分摊电量	变损电量	线损电量	实用电量	无功 抄见电量	换表电量	增减电量	变损电量	实用电量	电度电费 单价	金额
1	总	0						645		645	2457			2709	5166		525.33
	峰	0						215		215	0				0	1.2799	275.17
	平	0						215		215	0				0	0.7757	166.77
	谷	0						215		215	0				0	0.3879	83.39

阶梯信息

计量点	时段	计费类型	用电天数	阶梯类别	阶梯档次	电量上限	电量	单价	电费

各项附加费

计量点	重大水利工程建设基金 单价	金额	城建附加费 单价	金额	国家水库移民 单价	金额	省内水库移民 单价	金额	可再生能源 单价	金额	高耗能差别电价 单价	金额	燃油附加 单价	金额
1	0.0070	4.53	0.0140	9.03	0.0083	5.34	0.0005	0.33	0.0150	9.69				

总电费

计量点	考核电量	计费电量	电度电费	加价合计	功率因数	调整率%	力调电费	计费容(需)量	单价	基本电费	总电费	退补电费	应收电费
1	0	645	525.33	28.92	0.12	111.00	583.12				1137.37		

计费是分时，但是表计分时却选择了"否"，导致分时计费电量无法显示

图 4-52

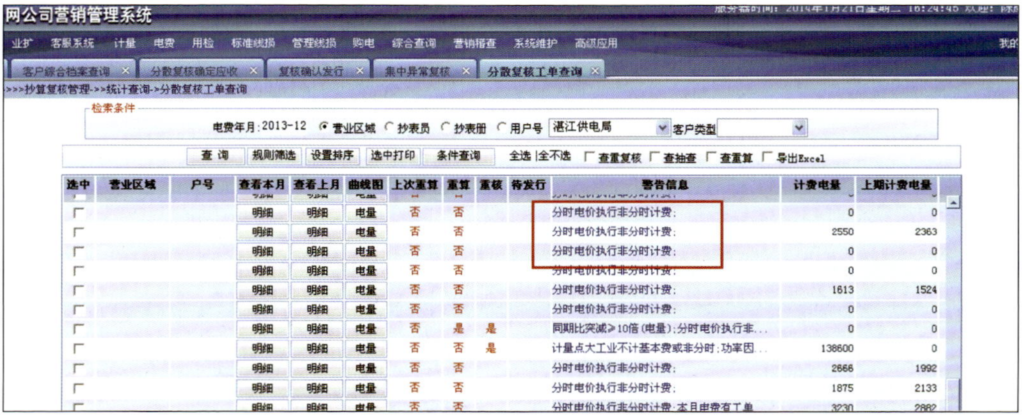

图 4-53

注：2014 年 1 月已经针对这种情况增加了新的复核规则：分时电价执行非分时计费。有该警告信息的需要修改一致后再重算。

三、解决办法

1．加强相关人员的业务技能培训，严格执行《广东省物价关于调整峰谷平电价的通知》（粤价〔2005〕41号）文件要求，确保录入的客户档案计费信息准确无误。

2．电费核算人员应严格按照《广东电网公司抄表管理细则》进行电费异常复核，及时发现计费错误，避免营销差错。

四、注意事项

分时计费，分时表标志应为"是"。建议按照电价选择正确对应的分时计费标志。针对这种电价代码与分时标志不匹配的，新旧系统都有复核规则进行筛选，复核员在受理环节看到该警告信息时应注意核查档案是否正确，如不正确，应当修改正确后再重新计费。

案例4-16 抄表机时间设置错误，导致居民阶梯电量计算异常

一、案例介绍

连续两个供电分局两个月出现振中TP50抄表机抄表时间错误，显示的抄表时间是上月时间，导致阶梯电量无法正确计算，核查后发现抄表机的时间设置错误。

客户抄表结算复核单

供电单位					电费年月	201510		电费次数	1	
用户编			用户名				用电地址			
抄表区		供电线			台区名			合同容	4	
收费方	银行批扣	开户银			账号			客户类	公变客户	
抄表员		抄表日	2015-09-04	上次抄表日期	2015-09-03		联系人			
核算员		核算日	2015-10-04	发行员			发行日		联系电	
抄表周	每月一次抄表	阶梯类	一户一表	免费电标志	否	免费电有效截止日		备注说		

抄表信息

计量点	抄表序	资产编号	示数类型	上月行码	本月行码	度差	业务类别	倍率	电表电量	换表电量	合计电量
1			正有功总	470	560	90	正常电费	1	90	0	90

计费信息

计量点	计量方式	电价代码	分时计费	定量定比值	基本电费标志	需量核定值	变损分摊标志	业务类别	力调标准	变损定额	线损计算方法	线损分摊标志	线损计算值
1	低供低	居民电价	否	0	不计算	0	不分摊	正常电	不考核	0	不计算	否	0

变压器信息

变压器标识	计量点	补收容量	变压器标志	开始时间	结束时间	运行天数	容量	状态	变损类型	计算方法	考核功率因数	变压器户号

电量					有功					无功						电度电费	
计量点	时段	抄见电量	换表电量	免费电量	退补电量	扣表电量	分摊电量	变损电量	线损电量	实用电量	抄见电量	换表电量	退补电量	变损电量	扣表电量	实用电量	单价	金额
1	总	90	0	0	0	0	0	0	0	90	0	0	0	0	0	0	0.6002	54.01

阶梯信息

计量点	时段	阶梯类别	用电时间			电量上限	电量	单价	电费
1	总	居民阶梯一	2015-09-03	至	2015-09-04	260	90	0.63	56.7

图 4-54

二、存在问题

个别抄表人员的业务技能水平有待提高，使用抄表机抄表时操作不当或没有首先检查抄表机时间是否正确，造成上装抄表数据后才发现抄表机显示的时间是上月时间，导致居民阶梯电量无法正确计算。

三、解决办法

当发现抄表时间提示异常时，应及时检查抄表机的时间是否有误，另外对已经上装抄表数据的客户，需要在当月计费档案维护处逐户进行抄表时间手工修改正确。

四、注意事项

1. 检查抄表机的时间是否设置正常，及抄表机上装时的时间是否正确。每一台抄表机上传时，需抽检其中一册检查抄表时间是否正确，以免影响居民阶梯电量、电费计算。

2. 抄表机时间异常现象比较普遍，提前检查，防患于未然。提前检查的时间要远远小于后期发现错误需要修改的时间。

案例 4-17　负控接收日期错误，导致阶梯电量及电费错误

一、案例介绍

抄表期有分局反映该局的数册远程抄表的负控接收时间有误，应该是显示抄表日期为 2014 年 1 月 10 日，但是负控接收后的日期显示为 2014 年 11 月，错误的抄表时间会影响居民本月的阶梯电量上限及电费。

二、存在问题

1. 远程负控接收的时间有误，造成抄表时间错误，导致居民阶梯电量上限、计算电费不正确。

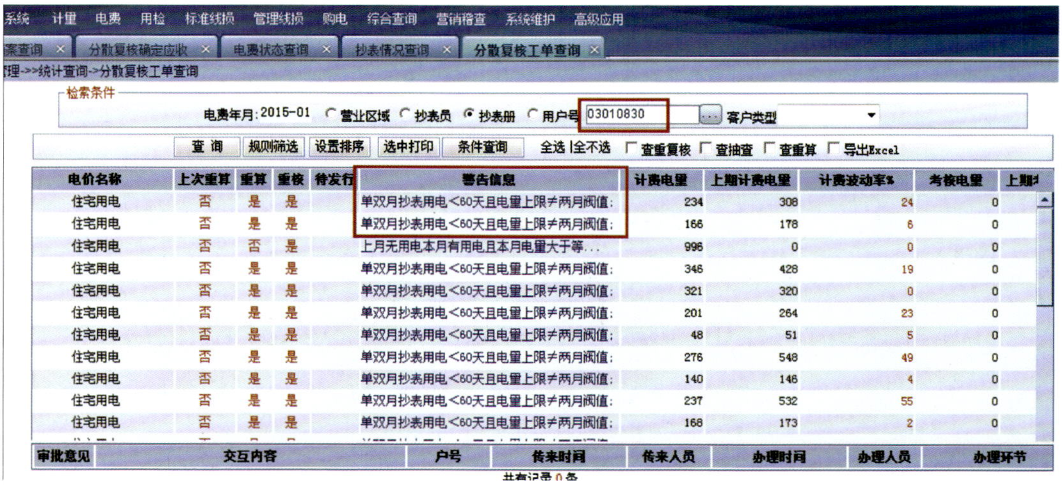

图 4-55

供电所:				电费年月　201501		当月次数：1	
客户编号		客户名称			用电地址		
抄表区段		供电线路		台区名称		合同容量 4	
收费方式 银行代扣		开户银行 中国工商银行		账号		客户类型 公变客户	
抄表员		抄表日期 2014/11/09	次抄表日期 2014/11/10	用电天数 -1		联系人	
核算员		核算日期 2015/01/10		发行员	发行日期 2015/01/11	联系电话	
抄表周期 单月抄表		阶梯类型 一户一表		免费电标志 否		备注说明	

抄表信息

	计量点	抄表序号	表号	表序号	表类型	时段	上月行码	本月行码	度差	倍率	电表电量	增减电量	合计电量
抄表	1	330		1	正向有功	总	2546	2546	0	1	0	0	0

计费信息

计量点	变压器组	计量方式	电价代码	分时计费	力调标准	基本电费标志	最大需量	变损分摊方式	变损定比定量值	线损计算方法	分摊容量
1		低供低计	住宅用电	否	不执行	不计算		不分摊		不计线损	

电量

计量点	时段			有功							无功					电度电费			
		抄见电量	换表电量	免费电量	增减电量	扣表电量	分摊电量	变损电量	线损电量	实用电量	抄见电量	换表电量	增减电量	变损电量	实用电量	单价	金额	铁损单价	铁损金额
1	总	0								0									

阶梯信息

计量点	时段	计费类型	用电天数	阶梯类别	阶梯档次	电量上限	电量	单价	电费

各项附加费

计量点	重大水利工程建设基金		城建附加费		国家水库移民		省内水库移民		可再生能源		高耗能差别电价		燃油附加	
	单价	金额	单价	金额	单价	金额	单价	金额	单价	金额	单价	金额	单价	金额
1	0.0070		0.0140		0.0083									

总电费

计量点	考核电量	计费电量	电度电费	加价合计	功率因数	调整率%	力调电费	计费容（需）量	单价	基本电费	总电费	退补电费	应收电费
1	0	0	0.00	0.00							0.00		0.00

图 4-56

2. 居民阶梯电量与抄表时间直接相关。实际用电天数是指本次的抄表时间与上次的抄表时间的天数差，32 天内的用电天数，夏季的阶梯电量第一档为 260kW·h，非夏季的阶梯电量第一档为 200kW·h，超过 32 天后，阶梯电量各档有折算。如：实用天数为 34 天，阶梯第一档的折算公式为 260/30×34=295kW·h。

3. 对于本月用电量大的客户导致居民阶梯电量不正确。

三、解决办法

1. 远程负控接收的时间有误，首先排除人为误抄因素，排除是否误选错误的抄表时间导致。

2. 排除非人为误抄因素，需要联系远程集抄的厂家查实是否接收服务器时间设置异常。

四、注意事项

1. 抄表期间注意检查负控接收的时间是否正确。每一册接收数据后注意检查抄表时间是否正确，以免影响居民阶梯电量不正确。

2. 严格学习《广东电网公司抄表管理细则》，加强抄表管理，减少人为差错，确保抄表数据质量。

案例 4-18　修改抄表日期，导致居民阶梯电量上限错误

一、案例介绍

某一户一表客户在 2014 年 8 月抄表时，供电所复核员发现系统显示 3 册抄表日期为 2014 年 8 月 1 日，这 3 册按抄表计划应是 8 月 7 日抄表，供电所复核员擅自修改抄表日期为 8 月 8 日，没有重新计费，系统按 7 月 7 日至 8 月 1 日算出 25 天。9 月计费时有异

常提示阶梯电量有折算，发现阶梯计费天数不正确，阶梯信息用电天数仍为 8 月 1 日至 9 月 7 日共 37 天，导致电量上限折算出 312kW·h，但该户实际用电天数 30 天，电量上限应是 260kW·h。

图 4-57

图 4-58

二、存在问题

相关人员没有严格按照《广东电网公司抄表管理细则》进行计划抄表，擅自修改抄表日期，造成居民阶梯电量有折算，电量上限升档，计费不准确。

三、解决办法

加强抄表监抄制度，组织营销相关人员进行《广东电网公司抄表管理细则》在岗培训，认真学习，加强抄表管理，减少人为差错，确保抄表数据质量正确。

四、注意事项

抄表显示时间异常，不能私自更改抄表时间，排查是系统原因还是其他人为因素。确实需要修改抄表时间的，注意核查用电天数及阶梯电量是否正确，并且需要重新进行电费计算。

案例 4–19　无功表不按实际止码录入，导致力调电费错误

一、案例介绍

某客户的一台变压器容量为 160kVA，每月抄见的无功电量与计量自动化系统的数据都不一致，由于错抄造成无功电量滞留在本月计费，本月计费旧表的有功电量为（11291–11265.67）×80=2065kW・h，无功电量为（5872.10–5641）×80=18488kW・h，但只是录入无功止码 5642，导致无功电量不正确，力调计算不正确。

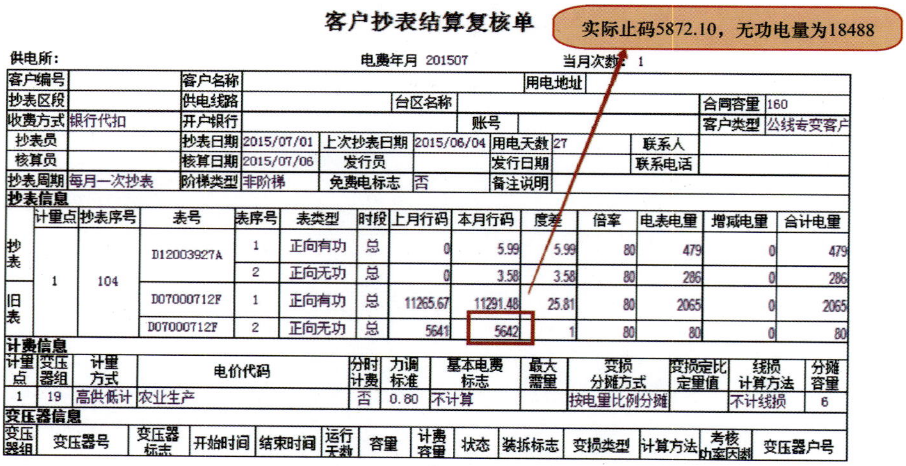

客户抄表结算复核单

实际止码5872.10，无功电量为18488

供电所：　　电费年月 201507　　当月次数：1

客户编号		客户名称		用电地址					
抄表区段		供电线路		台区名称				合同容量	160
收费方式	银行代扣	开户银行		账号				客户类型	公线专变客户
抄表员		抄表日期	2015/07/01	上次抄表日期	2015/06/04	用电天数	27	联系人	
核算员		核算日期	2015/07/06	发行员		发行日期		联系电话	
抄表周期	每月一次抄表	阶梯类型	非阶梯	免费电标志	否	备注说明			

抄表信息

	计量点	抄表序号	表号	表序号	表类型	时段	上月行码	本月行码	度差	倍率	电表电量	增减电量	合计电量
抄表	1	104	D12003927A	1	正向有功	总	0	5.99	5.99	80	479	0	479
				2	正向无功	总	0	3.58	3.58	80	286	0	286
旧表			D07000712F	1	正向有功	总	11265.67	11291.48	25.81	80	2065	0	2065
			D07000712F	2	正向无功	总	5641	5642	1	80	80	0	80

计费信息

计量点	变压器组	计量方式	电价代码	分时计费	力调标准	基本电费标志	最大需量	变损分摊方式	变损定比定量值	线损计算方法	分摊容量
1	19	高供低计	农业生产	否	0.80	不计算		按电量比例分摊		不计线损	6

变压器信息

变压器组	变压器号	变压器标志	开始时间	结束时间	运行天数	容量	计费容量	状态	装拆标志	变损类型	计算方法	考核功率因数	变压器户号

图 4-59

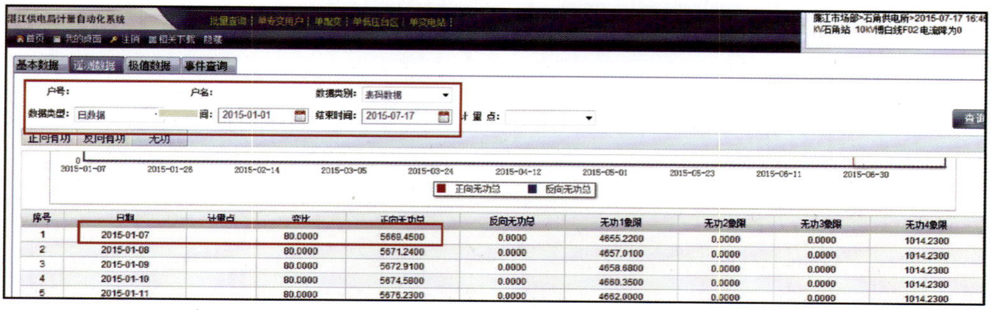

序号	日期	计量点	变比	正向无功总	反向无功总	无功1象限	无功2象限	无功3象限	无功4象限
1	2015-01-07		80.0000	5669.4500	0.0000	4655.2200	0.0000	0.0000	1014.2300
2	2015-01-08		80.0000	5671.2400	0.0000	4657.0100	0.0000	0.0000	1014.2300
3	2015-01-09		80.0000	5672.9100	0.0000	4658.6800	0.0000	0.0000	1014.2300
4	2015-01-10		80.0000	5674.5800	0.0000	4660.3500	0.0000	0.0000	1014.2300
5	2015-01-11		80.0000	5676.2300	0.0000	4662.0000	0.0000	0.0000	1014.2300

图 4-60

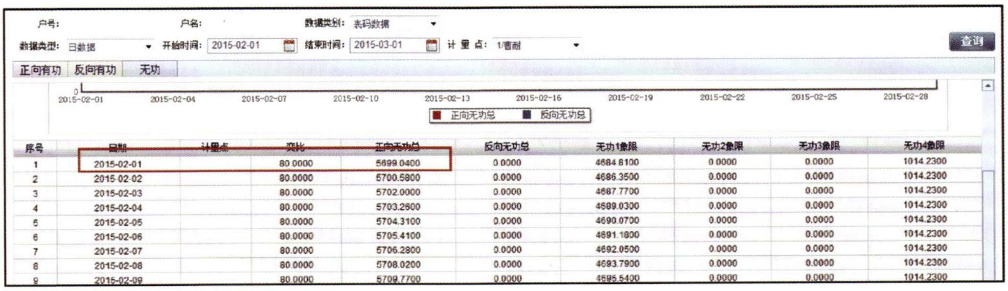

图 4-61

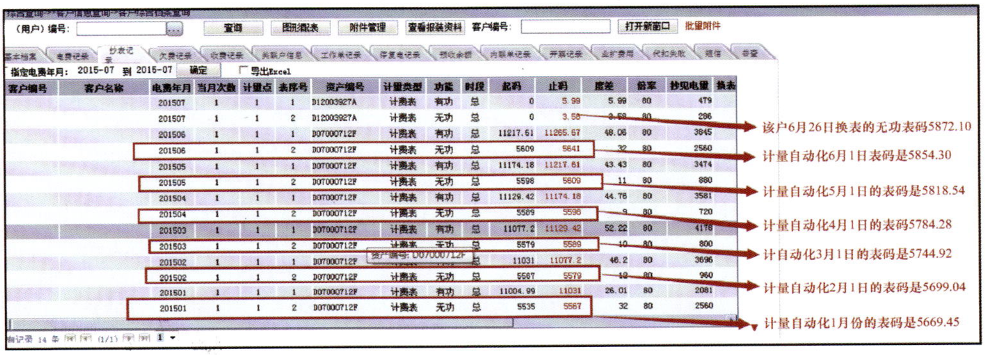

图 4-62

二、存在问题

个别抄表人员工作不负责，责任心不强。随意录入异常的抄表数据，不按实际表码录入，造成无功电量滞留，导致无功电量不正确，力调计算不正确。

三、解决办法

供电局应组织营销相关人员进行《广东电网公司抄表管理细则》在岗培训，认真学习，加强抄表管理，减少人为差错，确保抄表数据质量。

四、注意事项

注意抄表的准确性，不但有功电表要认真抄录，无功电表也要注意表码正确。一旦发现无功表抄错，要及时发起相关的处理工单，不能任由无功电量错误置之不理。

案例 4-20　新电价发布后，非周期计费仍是启用旧电价

一、案例介绍

工商调价部署新电价后，1 月 27 日非周期计费发现，电价仍然是旧电价没有更新，在工单里转表码录入，退回上一环节，重新进行数据开放。2016 年 1 月 1 日起实用电量执行新电价（即 2016 年 2 月执行新电价），2016 年 1 月 26 日应收封账，并发布新的电价，2016 年 1 月 27 日起应执行新的电价，但该户非周期计费仍然是按旧的电价计算。

二、存在问题

业务人员没有做好电价政策执行工作，使新旧电价交替期间的电价不正确。

供电单位					电费年月 201602		电费次数 1	
用户编		用户名			用电地址			
抄表区		供电线		台区名			合同容	10
收费方	银行批扣	开户银		账号			客户类	公变客户
抄表员		抄表日	2016-01-13	上次抄表日期	2015-12-06	联系人		
核算员		核算日	2016-01-27	发行员		发行日	联系电	
抄表周	双月抄表	阶梯类	非阶梯	免费电标志	否	免费电有效截止日	备注说	

抄表信息

计量点	抄表序	资产编号	示数类型	上月行码	本月行码	度差	业务类别	倍率	电表电量	换表电量	合计电量
1			正有功总	13.9	558.45	544.55	正常电费	1	545	0	545

计费信息

计量点	计量方式	电价代码	分时计费	定量定比值	基本电费标志	需量核定值	变损分摊标志	业务类别	力调标准	变损定额	线损计算方法	线损分摊标志	线损计算值
1	低供低	商业不满1千伏	否	0	不计算	0	不分摊	正常电	不考核	0	不计算	否	0

变压器信息

变压器标识	计量点	补收容量	变压器标志	开始时间	结束时间	运行天数	容量	状态	变损类型	计算方法	考核功率因数	变压器户号

> 26号封账后应是新的电度电价0.7840

电量	有功								无功						电度电费	
计量点	时段	抄见电量	换表电量	免费电量	退补电量	扣表电量	分摊电量	变损电量	线损电量	实用电量	抄见电量	换表电量	退补电量	变损电量	扣表电量	实用电量	单价	金额
1	总	545	0	0	0	0	0	0	0	545	0	0	0	0	0	0	0.7938	430.92

图 4-63

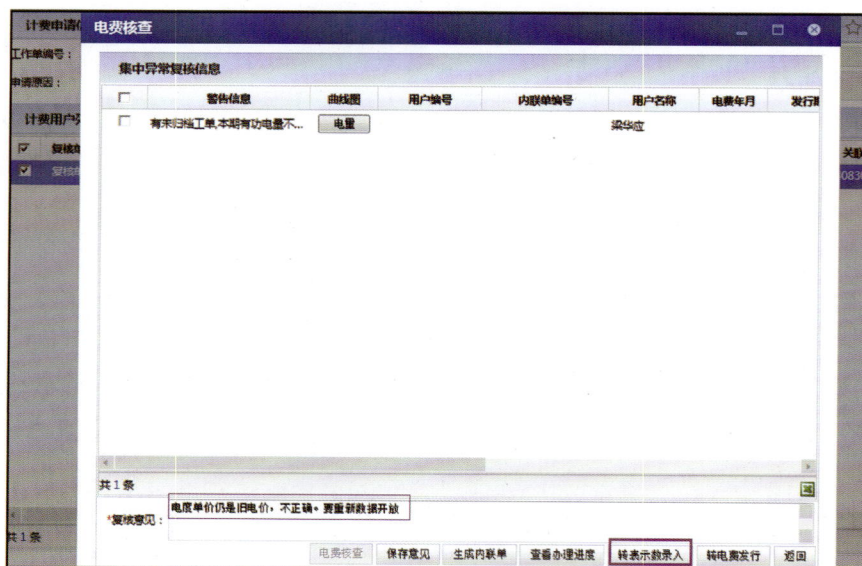

图 4-64

三、解决办法

回退重新数据开放并留意电价是否更新成功。

四、注意事项

新旧电价交替期间，注意核查计费电价明细等是否正确。

案例 4-21　新表资产编号，但是表码却是旧表上月起止码

一、案例介绍

换表工单归档后，新电表的起止码却仍然为旧电表的起止码，且在复核时没有任何相关的警告提示信息，容易造成计费差错。

用电客户基本信息

A13180550A新表的起码正确应为1

用户编号：		用户名称：		
用电类别：	居民生活	用电地址：		
电压等级：	交流220V	计量方式：	低供低计	用户类别：公交客户

电费年月起：2015-02　电费年月止：2016-01　确定　打印

电费年月	表计资产号	示数类型	时段类型	上次表示数	本次表示数	表示数差额	综合倍率
201601	A13180550A	正有功总	总	1455	1455	0	1
201512	A11131223A	正有功总	总	1455	1455	0	1
201511	A11131223A	正有功总	总	1455	1455	0	1
201510	A11131223A	正有功总	总	1455	1455	0	1

图 4-65

供电单位					电费年月 201601		电费次数 1	
用户编		用户名			用电地址			
抄表区		供电线		台区名			合同容	4
收费方	银行批扣	开户银		账号			客户类	公交客户
抄表员		抄表日 2016-01-04		上次抄表日期 2015-12-04	联系人		联系电	
核算员		核算日 2016-01-07		发行员		发行日	备注说	
抄表周	每月一次抄表	阶梯类	一户一表	免费电标志 否	免费电有效截止日			

抄表信息

计量点	抄表序	资产编号	示数类型	上月行码	本月行码	度差	业务类别	倍率	电表电量	换表电量	合计电量
1		A13180550A	正有功总	1455	1455	0	正常电费	1	0	0	0

计费信息

计量点	计量方式	电价代码	分时计费	定量定比值	基本电费标志	需量核定值	变损分摊标志	业务类别	力调标准	变损定额	线损计算方法	线损分摊标志	线损计算值
1	低供低	居民电价	否	0	不计算	0	不分摊	正常电	不考核	0	不计算	否	0

变压器信息

变压器标识	计量点	补收容量	变压器标志	开始时间	结束时间	运行天数	容量	状态	变损类型	计算方法	考核功率因数	变压器户号

电量	有功		无功	电度电费

图 4-66

工作单号：		资产编号	A13180550A
记录时间：	2015-12-01	表码位数：	6.0

表码列表

行号	示数类型	*示数	上次抄表示数
1	正有功总	1	

图 4-67

二、存在问题

"客户侧电能计量装置故障处理"工单在 2015 年 12 月 1 日现场已更换表计，2015 年 12 月 4 日现场抄表，现场已是新表，但抄表员没有及时发现厂号及止码已变更。

三、解决办法

总结多户此类问题，都是换表工单的装拆日期等于或是小于抄表日期所导致。建议业务员发起工单时留意此时间节点，并注意核查本月生效的换表工单，发现仍存在以上问题，可以通过发起电表起码修改申请工单，对出错的新表起码进行修改。

四、注意事项

1. 电表起码修改工单申请后，直接计算，不需再数据开放，否则无效，需要重新发起。

2. 在抄表翻月后归档的工单，需要单独进行数据开放，否则导致工单异常，计费异常。

3. 抄表员现场抄表，注意查看现场资产编号及起止码与抄表机是否一致。

案例 4-22　多抄导致母表没有电量，但子表有电量

一、案例介绍

查询计量自动化系统，母表 1 月 1 日的冻结表码为 4527.21，小于起码 4682.55。2015 年 12 月表码可能抄错，影响母表没有电量，导致 1 月子表的电量无法在母表扣减，且抄错表已多收。复核分散工单多次确认正确。

二、存在问题

抄表人员工作责任心不强，没有严格履行岗位职责，随意录入抄表异常的数据，是造成这次电费出错的根本原因。

图 4-68

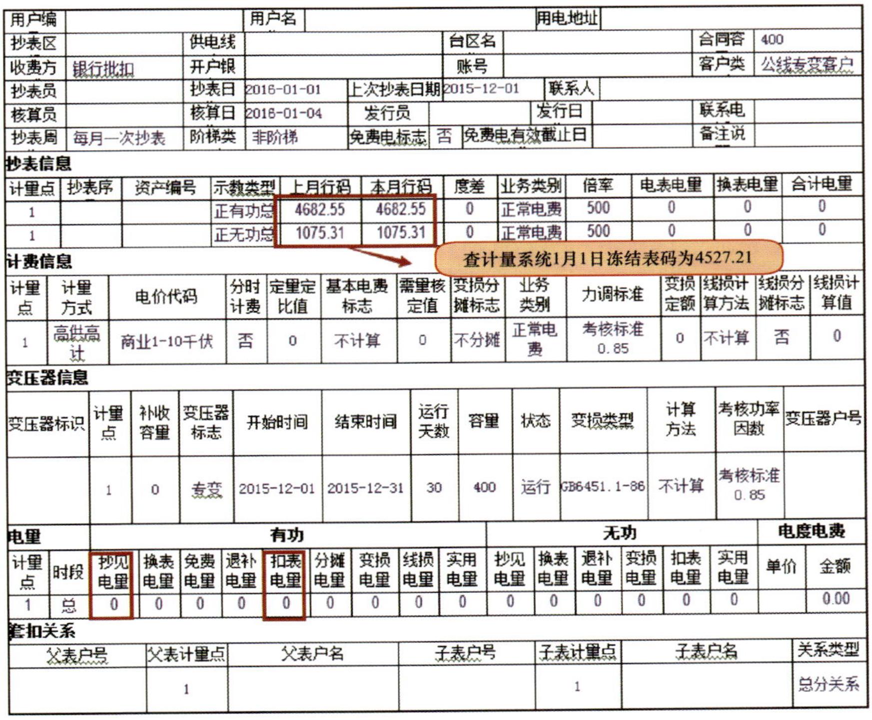

用户编　用户名　用电地址
抄表区　供电线　台区名　合同容　400
收费方　银行批扣　开户银　账号　客户类　公线专变客户
抄表员　抄表日　2016-01-01　上次抄表日期　2015-12-01　联系人
核算员　核算日　2016-01-04　发行员　发行日　联系电
抄表周　每月一次抄表　阶梯类　非阶梯　免费电标志　否　免费电有效截止日　备注说
抄表信息
计量点　抄表序　资产编号　示数类型　上月行码　本月行码　度差　业务类别　倍率　电表电量　换表电量　合计电量
1　正有功总　4682.55　4682.55　0　正常电费　500　0　0　0
1　正无功总　1075.31　1075.31　0　正常电费　500　0　0　0
查计量系统1月1日冻结表码为4527.21
计费信息
计量点　计量方式　电价代码　分时计费　定量定比值　基本电费标志　需量核定值　变损分摊标志　业务类别　力调标准　变损定额　线损计算方法　线损分摊标志　线损计算值
1　高供高计　商业1-10千伏　否　0　不计算　0　不分摊　正常电费　考核标准0.85　0　不计算　否　0
变压器信息
变压器标识　计量点　补收容量　变压器标志　开始时间　结束时间　运行天数　容量　状态　变损类型　计算方法　考核功率因数　变压器户号
1　0　专变　2015-12-01　2015-12-31　30　400　运行　GB6451.1-86　不计算　考核标准0.85
电量　有功　无功　电度电费
计量点　时段　抄见电量　换表电量　免费电量　退补电量　扣表电量　分摊电量　变损电量　线损电量　实用电量　抄见电量　换表电量　退补电量　变损电量　扣表电量　实用电量　单价　金额
1　总　0　0　0　0　0　0　0　0　0　0　0　0　0　0　0　0.00
套扣关系
父表户号　父表计量点　父表户名　子表户号　子表计量点　子表户名　关系类型
1　1　总分关系

图 4-69

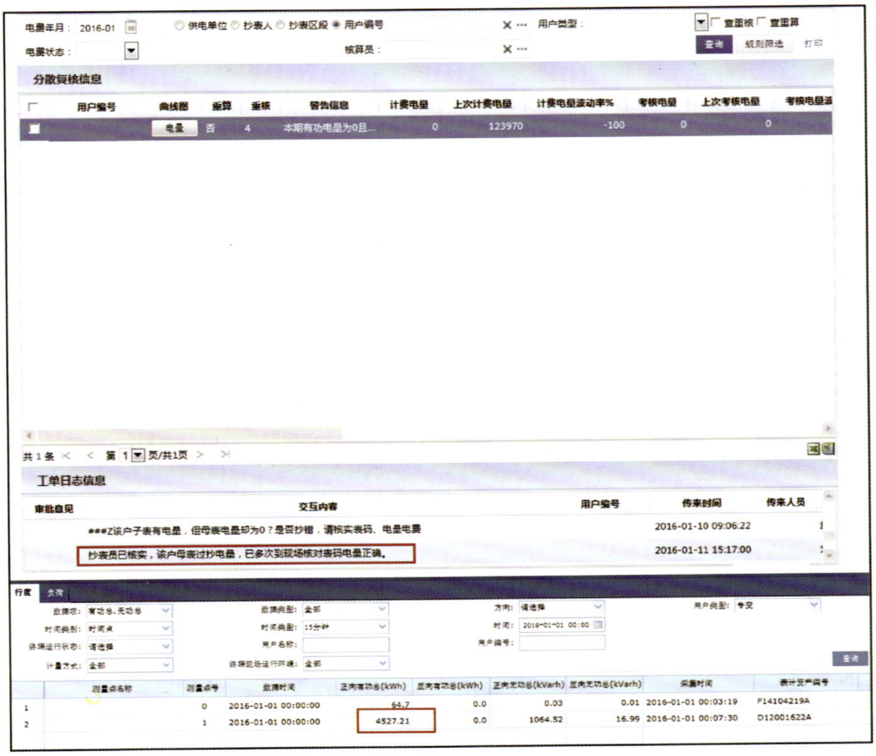

电费年月：2016-01
供电单位　抄表人　抄表区段　用户编号
用户类型：
查重核　查重算
电费状态：
核算员：
查询　规则筛选　打印
分散复核信息
用户编号　曲线图　重算　重核　警告信息　计费电量　上次计费电量　计费电量波动率%　考核电量　上次考核电量
电量　否　4　本期有功电量为0且…　0　123970　-100　0　0
共1条　第1页/共1页
工单日志信息
审批意见　交互内容　用户编号　传来时间　传来人员
###Z该户子表有电量，但母表电量却为0？是否抄错，请核实表码、电量电费　2016-01-10 09:06:22
抄表员已核实，该户母表过抄电量，已多次到现场核对表码电量正确。　2016-01-11 15:17:00
测量点名称　测量点号　数据时间　正向有功总(kWh)　反向有功总(kWh)　正向无功总(kVarh)　反向无功总(kVarh)　采集时间　表计资产编号
1　0　2016-01-01 00:00:00　64.7　0.0　0.03　0.01　2016-01-01 00:03:19　F14104219A
2　1　2016-01-01 00:00:00　4527.21　0.0　1064.52　16.99　2016-01-01 00:07:30　D12001622A

图 4-70

三、解决办法

供电局应组织营销相关人员进行《广东电网公司抄表管理细则》在岗培训，认真学习，加强抄表管理，减少人为差错，确保抄表数据质量。

四、注意事项

子表有电量，母表没有电量，此情况一般为异常。需核实现场接线及电表表码、计量系统表码、录入的表码等。

案例 4-23　电表回行，电量错误

一、案例介绍

某用户警告信息提示电表回行，电表位数仅到一位数便显示回行，电量错误。

客户抄表结算复核单

供电单位						电费年月 201511		电费次数 1	
用户编			用户名			用电地址			
抄表区		供电线			台区名		合同容	4	
收费方	银行批扣	开户银		账号			客户类	公安客户	
抄表员		抄表日	2015-11-05	上次抄表日期 2015-10-06		联系人			
核算员		核算日	2015-11-05	发行员		发行日		联系电	
抄表周	每月一次抄表	阶梯类	一户一表	免费电标志	否	免费电有效截止日		备注说	

抄表信息

计量点	抄表序	资产编号	示数类型	上月行码	本月行码	度差	业务类别	倍率	电表电量	换表电量	合计电量
1	51	A13022174A	正有功总	1	0	9	正常电费	1	9	0	9

计费信息

计量点	计量方式	电价代码	分时计费	定量定比值	基本电费标志	需量核定值	变损分摊标志	业务类别	力调标准	变损定额	线损计算方法	线损分摊标志	线损计算值
1	低供低	居民电价	否	0	不计算	0	不分摊	正常电	不考核	0	不计算	否	0

变压器信息

变压器标识	计量点	补收容量	变压器标志	开始时间	结束时间	运行天数	容量	状态	变损类型	计算方法	考核功率因数	变压器户号

电量

计量点	时段	有功							无功							电度电费	
		抄见电量	换表电量	免费电量	退补电量	扣表电量	分摊电量	变损电量	线损电量	实用电量	抄见电量	换表电量	退补电量	变损电量	扣表电量	实用电量	单价	金额
1	总	9	0	0	0	0	0	0	0	9	0	0	0	0	0	0	0.6002	5.41

阶梯信息

计量点	时段	阶梯类别	用电时间		电量上限	电量	单价	电费
1	总	居民阶梯一	2015-10-06	至 2015-11-05	260	9	0.6295	5.67

图 4-71

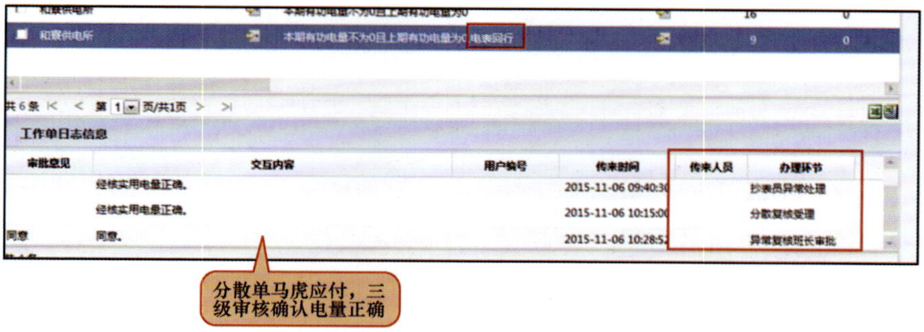

分散单马虎应付，三级审核确认电量正确

图 4-72

二、存在问题

某用户警告信息提示电表回行，其实是该户录入止码小于起码，无电量异常提示，只有抄表状态为翻转或回行等，电量错误。复核员需要认真核对复核规则异常"回行"以及"翻码"。

三、解决办法

转抄表异常，录入正确表码再重新计算。

四、注意事项

1. 注意核查电量波动大及有异常提示的用户，不能批量转发行确认。对"回行"以及"翻码"的复核异常，需要一一打开复核单认真复核。

2. 复核分散工单三级审核不能形同虚设，要起到真正的把关作用。

案例4-24 上装数据错误选择抄表状态为"翻转"，导致计费电量不正确

一、案例介绍

某用户上装数据时选择错误抄表状态"翻转"，导致抄见电量回行，计费电量不正确。

二、存在问题

某用户上装数据时选择错误抄表状态"翻转"，三位数表码翻码，导致抄见电量回行，计费电量不正确。

用户编				用户名				用电地址			
抄表区		供电线				台区名			合同容	50	
收费方	供电坐收	开户银				账号			客户类	公线专变客户	
抄表员		抄表日	2015-12-01	上次抄表日期	2015-11-01		联系人	戴轩			
核算员		核算日	2015-12-07	发行员		发行日			联系电		
抄表周	每月一次抄表	阶梯类	非阶梯	免费电标志	否	免费电有效截止日			备注说		

抄表信息

计量点	抄表序	资产编号	示数类型	上月行码	本月行码	度差	业务类别	倍率	电表电量	换表电量	合计电量
1	0	D12008889A	正有功总	946.48	0.59	54.11	正常电费	20	1082	0	1082
1	0	D12008889A	正无功总	0.13	0.13	0	正常电费	20	0	0	0

计费信息

计量点	计量方式	电价代码	分时计费	定量定比值	基本电费标志	需量核定值	变损分摊标志	业务类别	力调标准	变损定额	线损计算方法	线损分摊标志	线损计算值
1	高供高计	农业生产	否	0	不计算	0	按电量比例分摊	正常电费	不考核	0	不计算	否	0

变压器信息

变压器标识	计量点	补收容量	变压器标志	开始时间	结束时间	运行天数	容量	状态	变损类型	计算方法	考核功率因数	变压器户号
08D32136	1	0	专变	2015-11-01	2015-11-30	30	50	运行	GB6451.1-86	查表法一	考核标准0.8	

电量

计量点	时段	有功							无功						电度电费	
		抄见电量	换表电量	免费电量	退补电量	扣表电量	分摊电量	变损电量	线损电量	实用电量	抄见电量	换表电量	退补电量	变损电量	扣表电量	实用电量	单价	金额
1	总	1082	0	0	0	0	319	0	1401	0	0	0	1300	0	1300	0.6351	889.78

图4-73

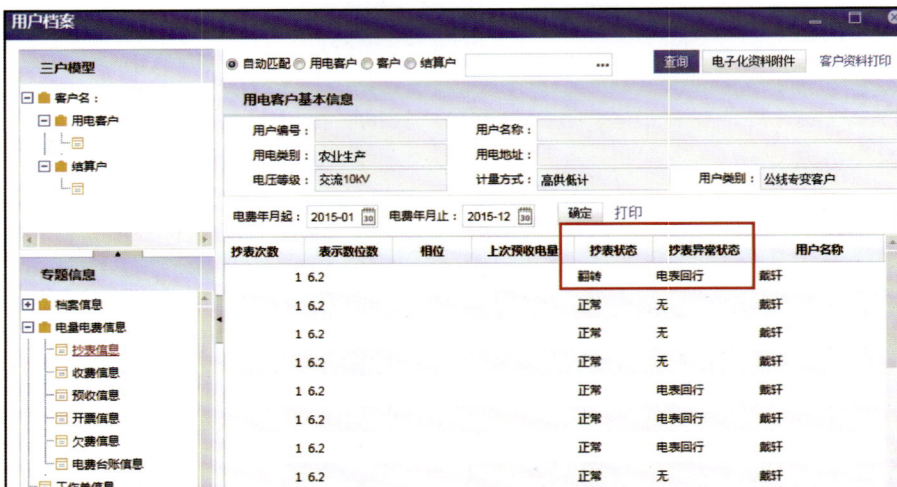

图 4-74

三、解决办法

转抄表异常，正确输入数据并且重新计算。

四、注意事项

上装数据时应正确选择抄表状态，对于"回行"以及"翻码"的复核异常，认真进行核对。

案例 4-25　抄表状态翻转错误，导致起止码一致但有电量

一、案例介绍

某客户抄表状态错误选择为翻转，导致起止码一致且有度差，且电量大。

二、存在问题

某客户抄表状态为翻转错误，导致起止码一致且有度差，造成电量电费计算错误。

图 4-75

用户编			用户名					用电地址				
抄表区		供电线					台区名				合同容	4
收费方	银行批扣	开户银				账号					客户类	公变客户
抄表员		抄表日	2015-11-03	上次抄表日期	2015-10-03	联系人					
核算员		核算日	2015-11-03	发行员		发行日					联系电	
抄表周	每月一次抄表	阶梯类	一户一表	免费电标志	否	免费电有效截止日					备注说	

抄表信息

起止码一样，有度差

计量点	抄表序	资产编号	示数类型	上月行码	本月行码	度差	业务类别	倍率	电表电量	换表电量	合计电量
1		A06013187B	正有功总	4662	4662	10000	正常电费	1	10000	0	10000

计费信息

计量点	计量方式	电价代码	分时计费	定量定比值	基本电费标志	需量核定值	变损分摊标志	业务类别	力调标准	变损定额	线损计算方法	线损分摊标志	线损计算值
1	低供低	居民电价	否	0	不计算	0	不分摊	正常电	不考核	0	不计算	否	0

变压器信息

变压器标识	计量点	补收容量	变压器标志	开始时间	结束时间	运行天数	容量	状态	变损类型	计算方法	考核功率因数	变压器户号

电量

计量点	时段	有功								无功						电度电费	
		抄见电量	换表电量	免费电量	退补电量	扣表电量	分摊电量	变损电量	线损电量	实用电量	抄见电量	换表电量	退补电量	变损电量	扣表电量	实用电量	单价	金额
1	总	10000	0	0	0	0	0	0	0	10000	0	0	0	0	0	0	0.9002	8839.00

阶梯信息

计量点	时段	阶梯类别	用电时间			电量上限	电量	单价	电费
1	总	居民阶梯一	2015-10-03	至	2015-11-03	260	260	0.63	163.8
1	总	居民阶梯二	2015-10-03	至	2015-11-03	600	340	0.68	231.2
1	总	居民阶梯三	2015-10-03	至	2015-11-03	99999999	9400	0.93	8742

图 4-76

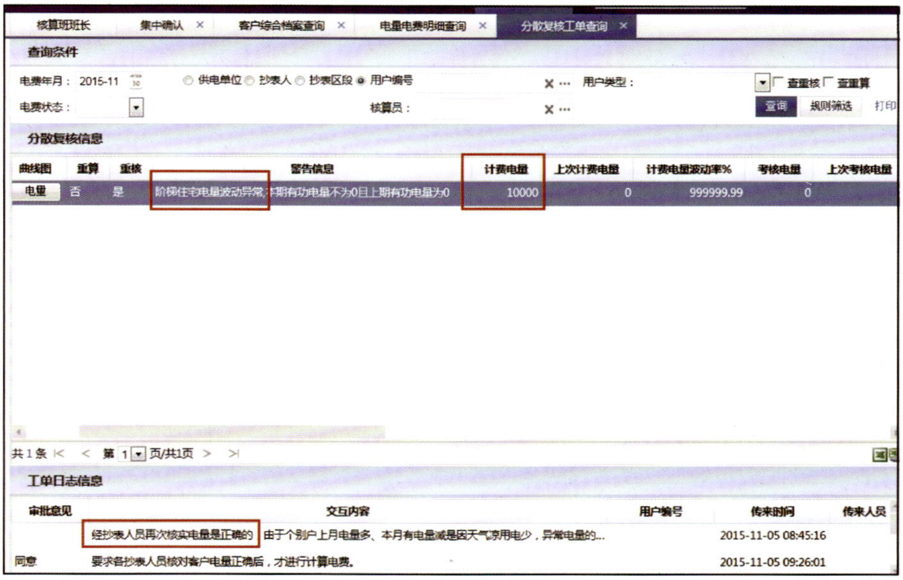

图 4-77

三、解决办法

转抄表异常，处理好数据并重算。

四、注意事项

注意核查抄表机、上装数据时提示的异常，因为这些抄表状态异常，导致电量波动，目前没有任务规则可以拦截。

案例 4-26　定比关系且有免费电量，导致计费电量出现负数

一、案例介绍

某用户存在定比关系并且有免费电量，计费的电费正常，但是正常电量查询与应收报表有差额，报表电量比正常电量查询大。

二、存在问题

某用户存在定比关系且有免费电量，但在本月计量点 2 的计费电量出现负数，虽然不影响电费正确，但会导致应收报表与正常电费查询处（系统实时数据）不相等。

图 4-78

图 4-79

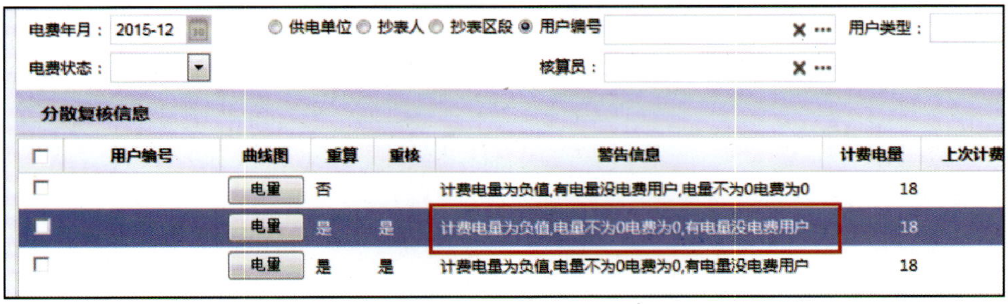

图 4-80

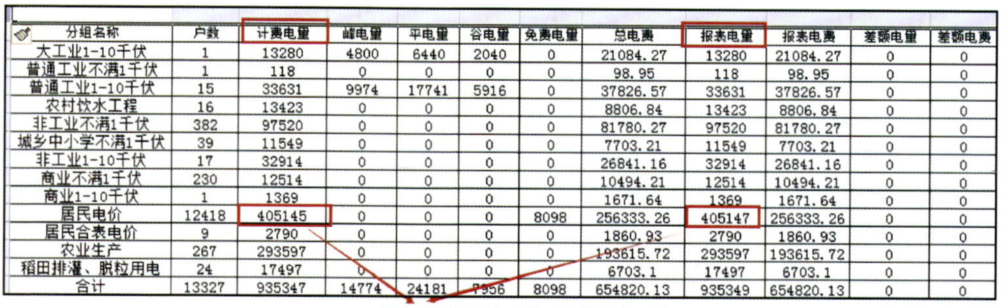

分组名称	户数	计费电量	峰电量	平电量	谷电量	免费电量	总电费	报表电量	报表电费	差额电量	差额电费
大工业1-10千伏	1	13280	4800	6440	2040	0	21084.27	13280	21084.27	0	0
普通工业不满1千伏	1	118	0	0	0	0	98.95	118	98.95	0	0
普通工业1-10千伏	15	33631	9974	17741	5916	0	37826.57	33631	37826.57	0	0
农村饮水工程	16	13423	0	0	0	0	8806.84	13423	8806.84	0	0
非工业不满1千伏	382	97520	0	0	0	0	81780.27	97520	81780.27	0	0
城乡中小学不满1千伏	39	11549	0	0	0	0	7703.21	11549	7703.21	0	0
非工业1-10千伏	17	32914	0	0	0	0	26841.16	32914	26841.16	0	0
商业不满1千伏	230	12514	0	0	0	0	10494.21	12514	10494.21	0	0
商业1-10千伏	1	1369	0	0	0	0	1671.64	1369	1671.64	0	0
居民电价	12418	405145	0	0	0	8098	256333.26	405147	256333.26	0	0
居民合表电价	9	2790	0	0	0	0	1860.93	2790	1860.93	0	0
农业生产	267	293597	0	0	0	0	193615.72	293597	193615.72	0	0
稻田排灌、脱粒用电	24	17497	0	0	0	0	6703.1	17497	6703.1	0	0
合计	13327	935347	14774	24181	7956	8098	654820.13	935349	654820.13	0	0

405147-405145=2度，电费两者一致

图 4-81

三、解决办法

出现此类情况，一般情况下只需重新数据开放再计算就可以计算正确，不再出现负数。如已发行，需要进行冲正退补处理，否则导致应收报表不正确。

四、注意事项

复核员在复核时如出现“计费电量为负值”这条警告信息时，一定要提高警惕，具体情况具体分析，不能强行发行电费。

案例 4–27　档案错误，导致用电分类报表错误

一、案例介绍

旧营销系统中，某用户行业用电分类选择趸售用户，导致用电分类报表出错。

二、存在问题

某用户行业用电分类错误选择为“趸售”，导致用电分类报表出错。实际的行业分类应是“农副食品加工业”。

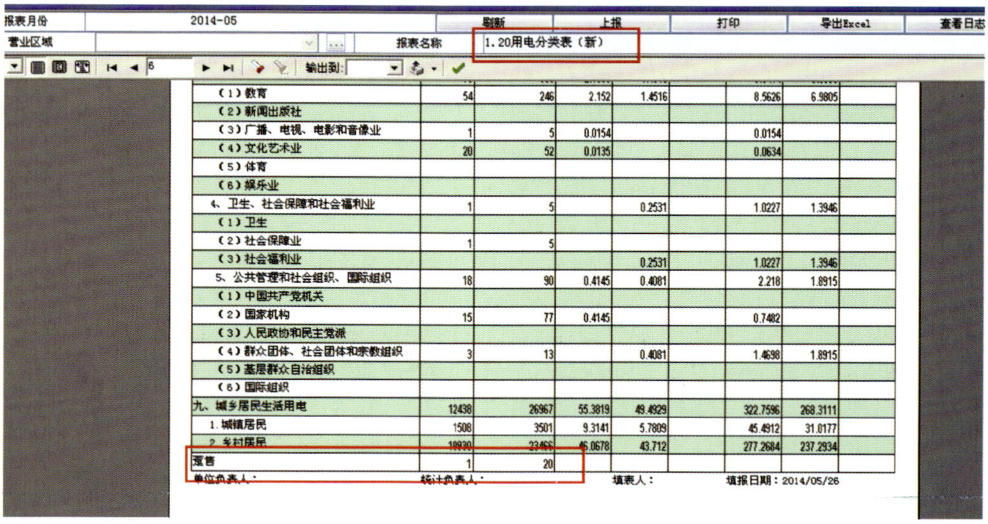

（1）教育	54	246	2.152	1.4516		8.5626	6.9805	
（2）新闻出版社								
（3）广播、电视、电影和音像业	1	5	0.0154			0.0154		
（4）文化艺术业	20	52	0.0135			0.0634		
（5）体育								
（6）娱乐业								
4、卫生、社会保障和社会福利业	1	5		0.2531		1.0227	1.3946	
（1）卫生								
（2）社会保障业	1	5						
（3）社会福利业				0.2531		1.0227	1.3946	
5、公共管理和社会组织、国际组织	18	90	0.4145	0.4081		2.218	1.8915	
（1）中国共产党机关								
（2）国家机构	15	77	0.4145			0.7482		
（3）人民政协和民主党派								
（4）群众团体、社会团体和宗教组织	3	13		0.4081		1.4698	1.8915	
（5）基层群众自治组织								
（6）国际组织								
九、城乡居民生活用电	12438	26967	55.3819	49.4929		322.7596	268.3111	
1.城镇居民	1508	3501	9.3141	5.7809		45.4912	31.0177	
2.乡村居民	10930	23466	46.0678	43.712		277.2684	237.2934	
趸售	1	20						

单位负责人：　统计负责人：　填表人：　填报日期：2014/05/26

图 4-82

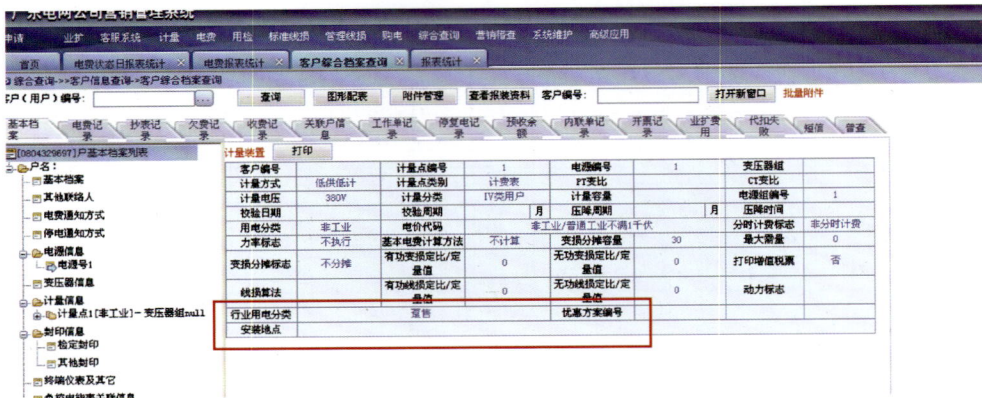

图 4-83

三、解决办法

发起维护客户档案工单，维护好客户档案。

四、注意事项

旧营销系统中，"综合查询—报表管理—报表统计—用电分类表（新）"出现趸售用户，是档案错误导致，要注意维护档案用电分类正确，否则会导致报表错误。业务人员在发起工单里应注意各项参数的正确录入，避免出现人为差错。

第五章 新系统应用

案例 5-1 应收封账日的注意事项

一、案例介绍

应收封账日是指本月所有应收数据截止日，应收封账日是本月电费与次月电费的分水岭。例：我局设定的应收封账日是每月的 25 日，此日前要统计处理完所有未发行的用户。

二、存在问题

25 日有分散复核工单没有及时处理，封账后将无法传递。

图 5-1

三、解决办法

1. 封账次日仍未发行的数据，如果电费状态是待发行或集中确认，可以直接发行，发行后的电费年月仍属于当月的电费；如果电费状态是分散或是其他非待发行或集中确认状态的用户，只能申请作废本月抄表数据。

2. 封账日，客户服务中心电费核算班需要检查应收封账日的日期是否与计划一致。各分局相关人员需要检查是否存在已开放但未发行的数据。

四、注意事项

1. 新营销系统增加应收封账功能，启用此功能后，对于在封账日之后发行的电费，会

133

纳入次月应收报表。

2．每月 25 日暂定为应收封账日，在此之前要将所有已数据开放的数据全部发行，包括非周期计费的数据，否则过了封账日将无法正常传递分散复核工单及发行。

案例 5-2　翻月不成功

一、案例介绍

新装的客户应及时编制抄表周期且编入抄表册，否则会导致翻月不成功。

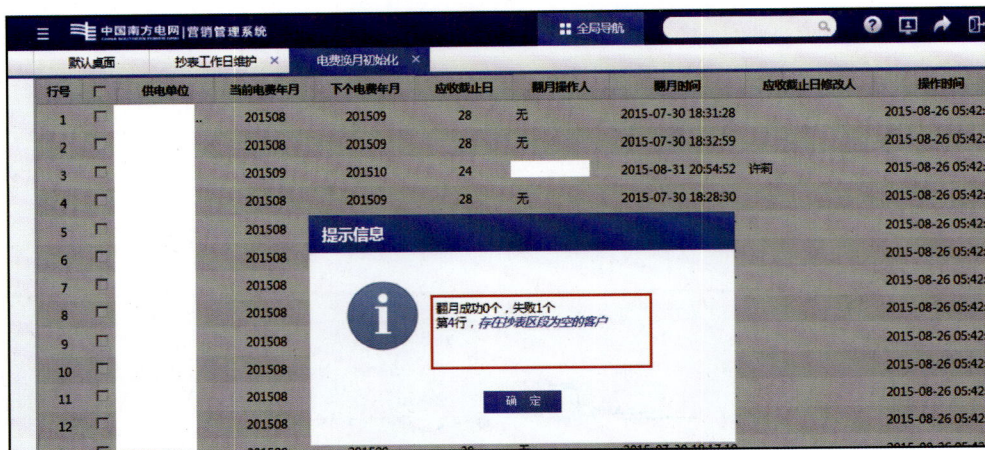

图 5-2

二、存在问题

存在计量点未发行的客户，会影响无法翻月。应收封账后，在封账前产生的数据，需要发起"抄表算费作废工单"，取消计量点的数据，才能正常翻月。

三、解决办法

新装的客户，需要及时编制抄表周期且编入抄表册。

四、注意事项

1．抄表区段为空的客户提示，表示有新装客户未编入抄表册，无法翻月成功。即使只有一户没有入册都会影响整个供电所的翻月。

2．如果翻月不成功可以查看是否存在没有发行的计费工作单，是否存在没有维护抄表区段的用户。翻月日期一般定在次月抄表日之前。

案例 5-3　抄表数据无法开放

一、案例介绍

新装客户抄表周期为空，无法数据开放抄表；新装用户抄表开放成功，但核算状态仍然是生成抄表计划，在录入表码环节无显示。

图 5-3

二、存在问题

由此户的抄表周期为空引起的。

三、解决办法

抄表区段管理处按用户所在的册查询点"当月抄表"同步抄表信息，即可重新数据开放，进行抄表。

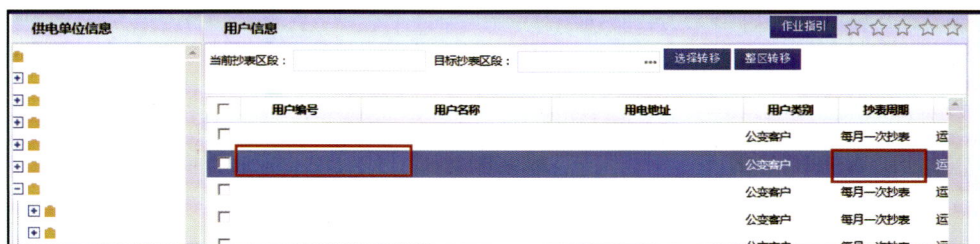

图 5-4

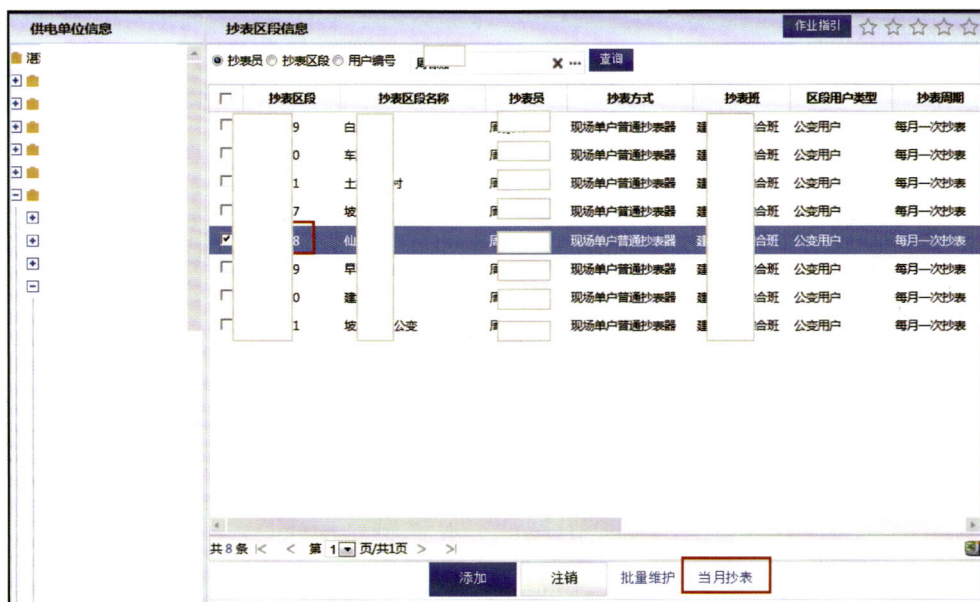

图 5-5

四、注意事项

1．检查抄表例日是否已过期，比如应抄日期是 5 日，只能在 4 日、5 日开放，超过 5 日后，请及时发起抄表计划调整申请工单，工单归档后可以重新数据开放。

2．台区表二次数据无法开放，先查看第一次抄表计划的数据是否已经全部发行（某一册有一户未发行，二次抄表无法数据开放）。

3．查看"电费状态查询"，只有待开放状态才可以数据开放，其他状态无法再开放（比如这册已经是电费计算状态，数据不能直接重新开放。如需要重新数据开放，要转抄表异常处理，再重新数据开放。如有工单归档想当月生效，要单户进行数据开放处理）。

4．单户无法数据开放，需要查看是否档案异常，没有计量点或表盘。如是没有计量点或表盘则需要走客户信息维护添加计量点和表盘。

5．如客户在本月正常抄表前已进行非周期性计费（工单归档，为了生效发起非周期性计费），这种情况下是无法抄表数据开放，厂家建议一般都是正常抄表算费发行完，才能发起非周期性计费处理的，如出现上述情况，可再次发起非周期性计费。注意：抄表数据开放对于区段来说只允许开放一次，对于用户可以多次开放。如果档案发生变更，对用户重新进行数据开放即可。

案例 5-4　抄表计划及抄表区段调整申请

一、案例介绍

部分供电所容易混淆抄表计划及抄表区段调整申请工单，以下说明这两种工单的功能及区别。

抄表计划调整工单：

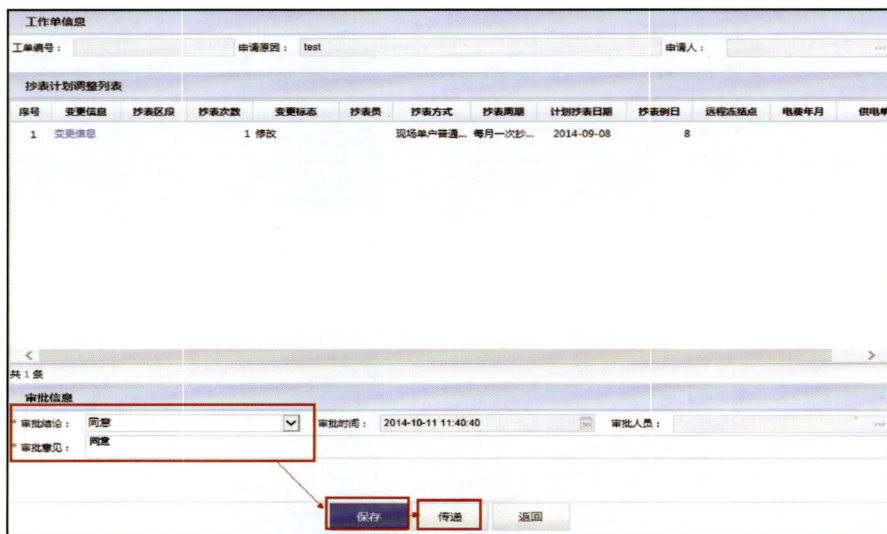

图 5-6

抄表区段调整申请工单：

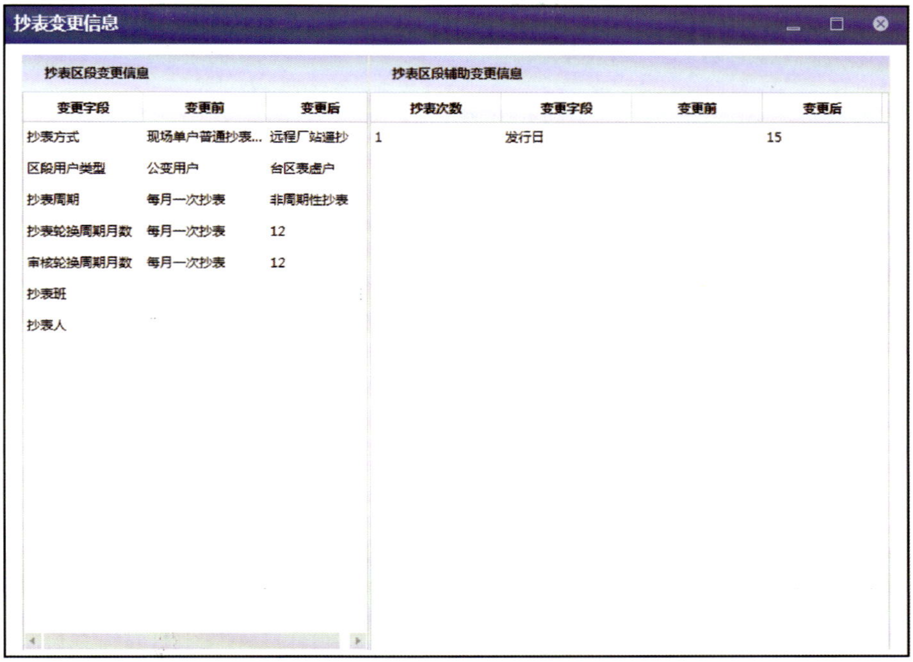

图 5-7

二、存在问题

临时需要申请修改本月的抄表例日，次月恢复原来的例日，却发起抄表区段调整申请。应该发起抄表计划调整申请。

三、解决办法

区分抄表计划及抄表区段调整申请工单：

1．因天气、节假日原因，需要本月临时提前或延后抄表，可以申请抄表计划调整工单。

2．年底轮换、新增、修改等，需要更改新的抄表例日、抄表周期及其他抄表信息的，可以申请抄表区段调整工单。

四、注意事项

1．抄表计划工单不建议提前超过 2 天申请，只需要数据开放前申请即可。

2．抄表计划及抄表区段调整工单，申请调整的时间跨度尽量控制在 2 天之内，调整的区域，需要提前做好客户通知解释工作。

案例5-5　工单装拆时间错误，导致电价计费出错

一、案例介绍

该户发起高压暂停工单，在"记录电表表示数"环节录入装拆时间错误，导致抄表日期及电价出错。

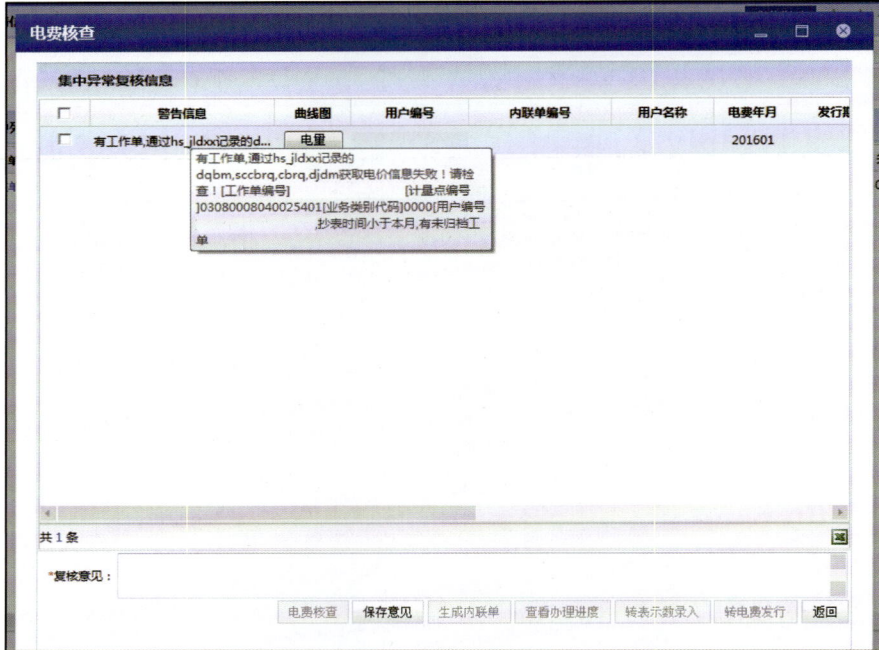

图 5-8

图 5-9

二、存在问题

抄表时间是直接影响计费的关键参数之一，工单的抄表时间录入错误，导致无法识别匹配的电价版本，电价为空，警告信息异常，计费错误。

三、解决办法

在非周期计费处理中发现异常，回退至记录电表表示数环节，重新录入正确的抄表时间。

四、注意事项

业务人员处理工单注意正常录入装拆时间，以免影响计费。

案例5-6 有工单导致无功表电量异常，力调电费不正确

一、案例介绍

该户发起高压减容工单归档，有工单导致无功表电量异常，力调电费过大不正确。该户子表无功电量无法在母表进行扣减，导致子表力调突增。

二、存在问题

1. 母表容量大于100K，需要执行力调计费，子表与母表一起考核，本月有工单，系统将力调分段计费。变更前，父表有功电量已经按扣减后的电量参与力调考核，但是父表的无功表计却没有扣除子表无功电量，即按子表有功电量 10157kW·h，无功电量 37560kW·h进行力调考核，导致子表变更前的力调考核不正确，力调电费过大。

2. 警告信息提示：力调电费大于10000，除了核对电表起止码外，需要核对扣减关系是否正常。

三、解决办法

发起电费退补工单重新计算正确的电费再进行退补。

供电单位						电费年月 201601		电费次数 1	
用户编			用户名				用电地址		
抄表区		供电线				台区名		合同容	1000
收费方		开户银				账号		客户类	公线专变客户
抄表员		抄表日	2016-01-01	上次抄表日期	2015-12-01		联系人		
核算员		核算日	2016-01-07	发行员			发行日	2016-01-12	联系电
抄表周	每月一次抄表	阶梯类	非阶梯	免费电标志	否	免费电有效截止日			备注说

抄表信息

计量点	抄表序	资产编号	示数类型	上月行码	本月行码	度差	业务类别	倍率	电表电量	换表电量	合计电量
1			正有功总	140.44	148.3	7.86	正常电费	1500	11790	0	11790
1			正有功峰	27.34	29.7	2.36	正常电费	1500	3540	0	3540
1			正有功平	56.83	60.34	3.51	正常电费	1500	5265	0	5265
1			正有功谷	56.27	58.26	1.99	正常电费	1500	2985	0	2985
1			正无功总	92.64	94.08	1.44	正常电费	1500	2160	0	2160
2			正有功总	131.1	140.44	9.34	变更前	6000	56040	0	56040
2			正有功峰	24.97	27.34	2.37	变更前	6000	14220	0	14220
2			正有功平	53.16	56.83	3.67	变更前	6000	22020	0	22020
2			正有功谷	52.97	56.27	3.3	变更前	6000	19800	0	19800
2			正无功总	86.38	92.64	6.26	变更前	6000	37560	0	37560
1			正有功总	177.73	270.29	92.56	正常电费	600	55536	0	55536

计费信息

计量点	计量方式	电价代码	分时计费	定量定比值	基本电费标志	需量核定值	变损分摊标志	业务类别	力调标准	变损定额	线损计算方法	线损分摊标志	线损计算值
1	高供高计	31002001大工业1-10千伏(0.6096)	是	0	按变压器容量	0	不分摊	正常电费	考核标准0.9	0	不计算	否	0
1	高供高计	35001002居民合表电价(0.667)	否	0	不计算	0	不分摊	正常电费	不考核	0	不计算	否	0
2	高供高计	31002001大工业1-10千伏(0.6096)	是	0	按变压器容量	0	不分摊	变更前	考核标准0.9	0	不计算	否	0

图 5-10

088957	1	693.33	专变	2016-01-05	2016-07-18	0	1600	停用	GB6451.1-95	不计算	考核标准 0.9	
088957	2	693.33	专变	2016-01-05	2016-07-18	0	1600	停用	GB6451.1-95	不计算	考核标准 0.9	
088957	1	0	专变	2016-01-01	2016-01-05	4	1600	运行	GB6451.1-95	不计算	考核标准 0.9	
088957	2	0	专变	2016-01-01	2016-01-05	4	1600	运行	GB6451.1-95	不计算	考核标准 0.9	
089000022528	1	866.67	专变	2016-01-05	2016-07-18	0	2000	停用	GB6451.1-95	不计算	考核标准 0.9	
089000022528	2	866.67	专变	2016-01-05	2016-07-18	0	2000	停用	GB6451.1-95	不计算	考核标准 0.9	
089000022528	1	0	专变	2016-01-01	2016-01-05	4	2000	运行	GB6451.1-95	不计算	考核标准 0.9	
089000022528	2	0	专变	2016-01-01	2016-01-05	4	2000	运行	GB6451.1-95	不计算	考核标准 0.9	
08A1476	1	0	专变	2016-01-01	2016-07-18	197	1000	运行	GB6451.1-95	不计算	考核标准 0.9	
08A1476	2	0	专变	2016-01-01	2016-07-18	197	1000	运行	GB6451.1-95	不计算	考核标准 0.9	

电量		有功								无功						电度电费	
计量点	时段	抄见电量	换表电量	免费电量	退补电量	扣表电量	分摊电量	变损电量	线损电量	实用电量	抄见电量	换表电量	退补电量	变损电量	扣表电量	实用电量	单价	金额
1	总	0	0	0	0	0	0	0	0	0	0	0	0	0	0	0		0.00
2	总	0	0	0	0	0	0	0	0	0	0	0	0	0	0	0		0.00

电量		有功								无功						电度电费	
计量点	时段	抄见电量	换表电量	免费电量	退补电量	扣表电量	分摊电量	变损电量	线损电量	实用电量	抄见电量	换表电量	退补电量	变损电量	扣表电量	实用电量	单价	金额
1	总	0	0	0	0	0	0	0	0	0	0	0	0	0	0	0		0.00
2	总	0	0	0	0	0	0	0	0	0	0	0	0	0	0	0		0.00

阶梯信息

计量点	时段	阶梯类别	用电时间	至	电量上限	电量	单价	电费

各项附加费

计量点	重大水利工程建设基金		城建附加费		国家水库移民		省内水库移民		可再生资源		差别电价		燃油附加		业务类型
	单价	金额	单价	金额	单价	金额	单价	金额	单价	金额	单价	金额	单价	金额	
2	0	0.00	0	0.00	0	0.00	0	0.00	0	0.00	0	0.00	0	0.00	正常电费

套扣关系

父表户号	父表计量点	父表户名	子表户号	子表计量点	子表户名	关系类型

总电费

计量点	考核/计费电量	电度电费	加价合计	计费容需量	单价	基本电费	实际力率	调整率	力调电费	总电费	退补电费	金额
1	0	0.00	0	0	0	0.00	0	0.00%	0.00	0.00	0.00	0.00
2	0	0.00	0	8606.67	23	197953.41	0	0.00%	0.00	197953.41	0.00	197953.41
总计	0	0.00	0	8606.67	23	197953.41	0	0.00%	0.00	197953.41	0.00	197953.41

图 5-14

二、存在问题

1. 暂停、恢复工单里的变压器时间选取错误，导致计费不正确。
2. 业务人员未能认真核对工单里的暂停变压器封停时间。

三、解决办法

1. 工单未归档前，可以跳转至变压器封停环节重新修改正确的时间。
2. 每月手工维护正确的变压器运行天数及计费相关参数，并上传说明。
3. 建议重新发起正确的暂停工单。

四、注意事项

目前新系统暂停工单里的设备封停时间为系统自动截取，时间不正确，请业务人员务必注意重新选取正确的实际暂停、恢复时间。业务人员应避免工单选择时间、日期错误而导致二次计费非周期性计费基本电费错误。

案例 5-8　计量点发生变化，导致电费退补工单报错

一、案例介绍

该户在 2015 年 12 月有暂停工单，计费表计量点 2 与参考表计量点 1 发生变化，在 2016 年 1 月计费时，计费表计量点 2 已变更为 1，参考表计量点 1 变更为 2，计量点互调导致电费退补工单异常及发行报错。

用户编			用户名				用电地址							
抄表区			供电线				台区名					合同容	500	
收费方	供电坐收		开户银				账号					客户类	公线专变客户	
抄表员			抄表日	2016-01-01		上次抄表日期 2015-12-05		联系人						
核算员			核算日	2016-01-15		发行员			发行日			联系电		
抄表周	每月一次抄表		阶梯类	非阶梯		免费电标志	否	免费电有效截止日				备注说		

抄表信息

计量点	抄表序	资产编号	示数类型	上月行码	本月行码	度差	业务类别	倍率	电表电量	换表电量	合计电量
2			正有功总	27760.72	27760.72	0	正常电费	160	0	0	0
1			正有功总	27760.72	27760.72	0	正常电费	160	0	0	0
1			正有功峰	5958.18	5958.18	0	正常电费	160	0	0	0
1			正有功平	12347.2	12347.2	0	正常电费	160	0	0	0
1			正有功谷	9455.33	9455.33	0	正常电费	160	0	0	0
1			正无功总	11492.9	11492.9	0	正常电费	160	0	0	0

计费信息

计量点	计量方式	电价代码	分时计费	定量定比值	基本电费标志	需量核定值	变损分摊标志	业务类别	力调标准	变损定额	线损计算方法	线损分摊标志	线损计算值
1	高供低计	大工业1-10千伏	是	0	按变压器容量	0	按电量比例分摊	正常电费	考核标准0.9	0	不计算	否	0
2	高供低	无电价	否		不计算		不分摊	正常电	不考核	0	不计算	否	

变压器信息

变压器标识	计量点	补收容量	变压器标志	开始时间	结束时间	运行天数	容量	状态	变损类型	计算方法	考核功率因数	变压器户号
	2	500	专变	2015-12-01	2015-12-31	0	500	停用	GB6451.1-95	查表法一	考核标准0.9	
	1	500	专变	2015-12-01	2015-12-31	0	500	停用	GB6451.1-95	查表法一	考核标准0.9	

电量

计量点	时段	有功							无功						电度电费	
		抄见电量	换表电量	免费电量	退补电量	扣表电量	分摊电量	变损电量	线损电量	实用电量	抄见电量	换表电量	退补电量	扣表电量	实用电量	单价	金额
2	总	0	0	0	0	0	0	0	0	0	0	0	0	0	0		0.00

图 5-15

用户编			用户名			用电地址			
抄表区		供电线			台区名			合同容	500
收费方		开户银		账号				客户类	公线专变客户
抄表员		抄表日	2015-12-05	上次抄表日期	2015-11-05	联系人			
核算员		核算日	2015-12-06	发行员		发行日	2015-12-09	联系电	
抄表周	每月一次抄表	阶梯类	非阶梯	免费电标志	否	免费电有效截止日		备注说	

抄表信息

计量点	抄表序	资产编号	示数类型	上月行码	本月行码	度差	业务类别	倍率	电表电量	换表电量	合计电量
1			正有功总	27760.72	27760.72	0	正常电费	160	0	0	0
2			正有功总	27760.72	27760.72	0	正常电费	160	0	0	0
2			正有功峰	5958.18	5958.18	0	正常电费	160	0	0	0
2			正有功平	12347.2	12347.2	0	正常电费	160	0	0	0
2			正有功谷	9455.33	9455.33	0	正常电费	160	0	0	0
2			正无功总	11492.9	11492.9	0	正常电费	160	0	0	0

计费信息

计量点	计量方式	电价代码	分时计费	定量定比值	基本电费标志	需量核定值	变损分摊标志	业务类别	力调标准	变损定额	线损计算方法	线损分摊标志	线损计算值
1	高供低	无电价	否	0	不计算	0	不分摊	正常电	不考核	0	不计算	否	0
2	高供低计	大工业1-10千伏	是	0	按变压器容量	0	按电量比例分摊	正常电费	考核标准0.9	0	不计算	否	0

变压器信息

变压器标识	计量点	补收容量	变压器标志	开始时间	结束时间	运行天数	容量	状态	变损类型	计算方法	考核功因数	变压器户号
08M666725	1	500	专变	2015-11-01	2015-11-30	0	500	停用	GB6451.1-95	查表法一	考核标准0.9	0308000800679421
08M666725	2	500	专变	2015-11-01	2015-11-30	0	500	停用	GB6451.1-95	查表法一	考核标准0.9	0308000800679421

图 5-16

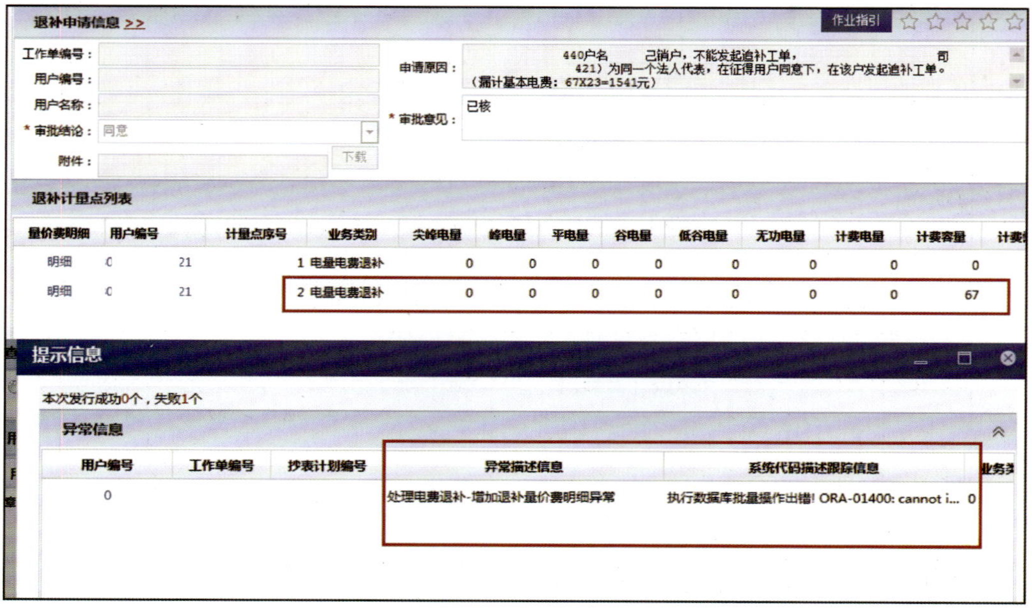

图 5-17

二、存在问题

该户的计费计量点已发生变化，计费表由原来的计量点 2 变为计量点 1，但是退补电费工单仍然按计量点 2 作为计费表退补，导致发行时退补电费工单异常，参考表计量点 2 无法识别电价，造成电费发行出错。

三、解决办法

提交后台数据处理申请单，申请将计量点 2 中的退补容量及金额维护至计量点 1 处。

四、注意事项

1．注意观察客户本月是否有工单，计费计量点是否发生变化。如果计费表由原来的计量点 2 变为计量点 1，但是退补电费工单仍然按计量点 2 作为计费表退补，会导致发行时退补电费工单异常，参考表计量点 2 无法识别电价，造成电费发行出错。

2．有工单的专变用户，发起电费退补工单时要注意选择相应的计费计量点。

案例 5-9　上次抄表日期为空，导致电价为空

一、案例介绍

该户为新装第一次计费，但在复核单中上月行码为空，上次抄表日期为空，导致电度单价为空，电费错误。

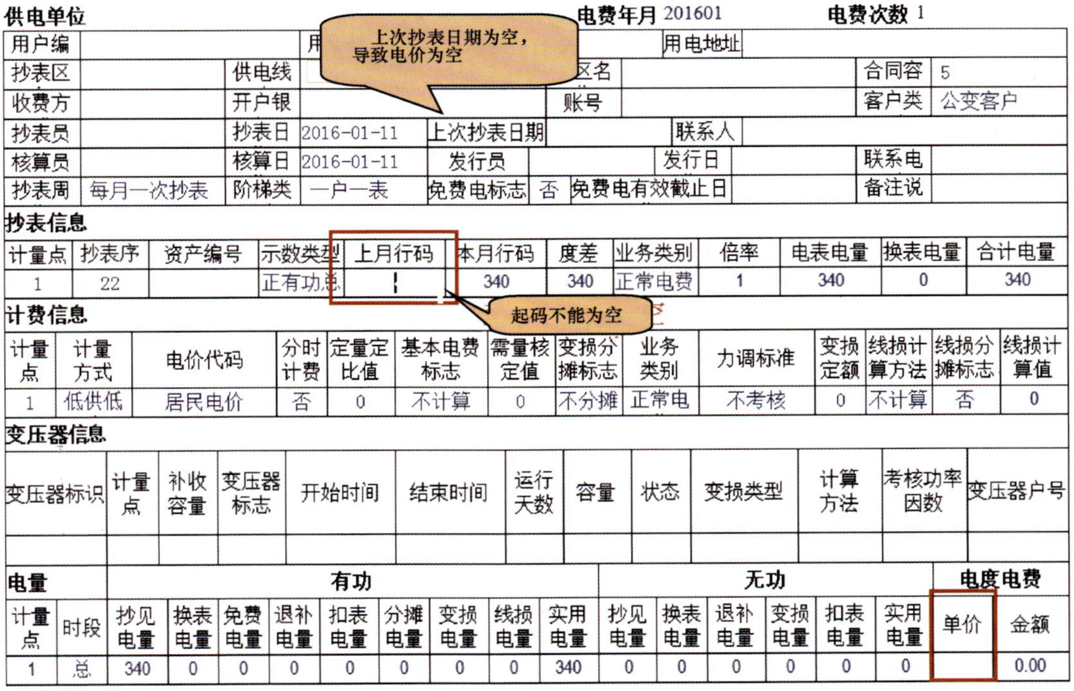

图 5-18

电量		有功									无功						电度电费	
计量点	时段	抄见电量	换表电量	免费电量	退补电量	扣表电量	分摊电量	变损电量	线损电量	实用电量	抄见电量	换表电量	退补电量	变损电量	扣表电量	实用电量	单价	金额
1	总	340	0	0	0	0	0	0	0	340	0	0	0	0	0	0		0.00

阶梯信息

计量点	时段	阶梯类别	用电时间	至	电量上限	电量	单价	电费

各项附加费

计量点	重大水利工程建设基金		城建附加费		国家水库移民		省内水库移民		可再生资源		差别电价		燃油附加		业务类别
	单价	金额	单价	金额	单价	金额	单价	金额	单价	金额	单价	金额	单价	金额	

套扣关系

父表户号	父表计量点	父表户名	子表户号	子表计量点	子表户名	关系类型

总电费

计量点	考核/计费电量	电度电费	加价合计	计费容需量	单价	基本电费	实际力率	调整率	力调电费	总电费	退补电费	金额
1	340	0.00	0	0	0	0.00	0	0.00%	0.00	0.00	0.00	0.00
总计	340	0.00	0	0	0	0.00	0		0.00	0.00	0.00	0.00

图 5-19

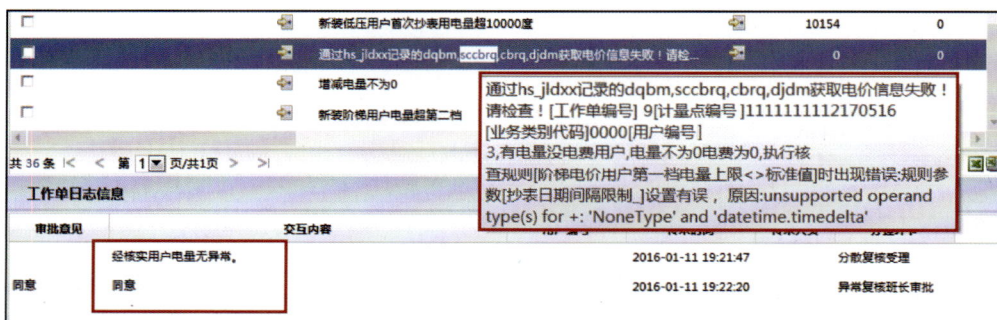

图 5-20

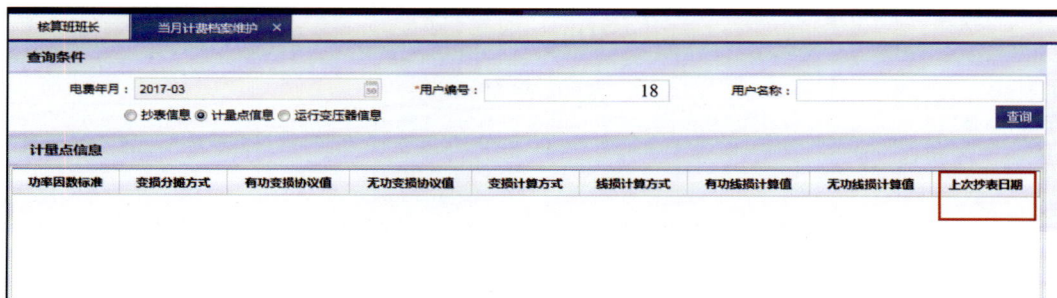

图 5-21

二、存在问题

上次抄表日期及本次抄表日期是影响本月计费的重要参数，该户由于上次抄表日期为空，导致系统无法选取正确的电价版本，电价为空，计费报错。

三、解决办法

在"当月计费档案维护"—"计量点信息"处手工维护正确的上次抄表日期。

四、注意事项

1. 抄表起码不能为空，起码为空需进行电表起码调整申请，申请修改为正确的电表起码。

2. 上次抄表日期为空，需要在当月计费档案维护中的计量点信息处修改正确的上次抄表日期（此处维护需要上传相关的过程描述说明文件）。

3. 复核规则提示“获取电价信息失败”，需要注意上次抄表时间是否为空，注意计费是否正确。

案例 5-10　工单已更换倍率但未生效，仍按旧倍率计算

一、案例介绍

该台区发起受电装置变更，倍率由原来的 200/5 变更为 750/5，但工单归档后并未生效，仍按照旧的倍率进行计算。

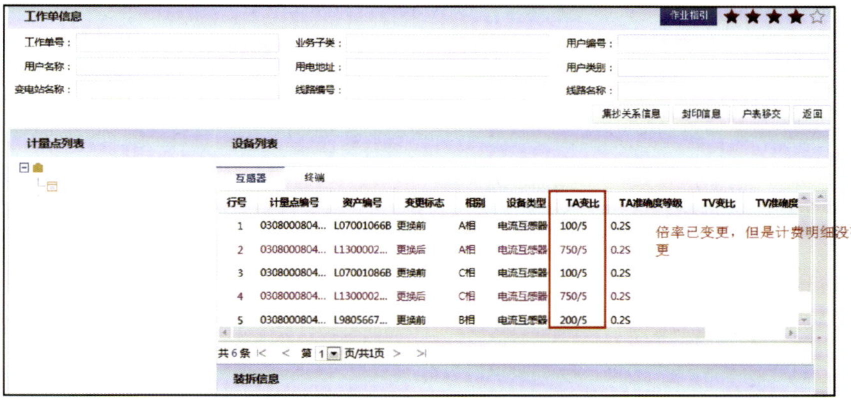

图 5-22

客户抄表结算复核单

供电单位				电费年月	201512	电费次数	1	
用户编		用户名		用电地址				
抄表区		供电线		台区名		合同容	400	
收费方	供电坐收	开户银		账号		客户类	台区考核表户	
抄表员		抄表日	2015-12-01	上次抄表日期	2015-11-01	联系人		
核算员		核算日	2015-12-24	发行员		发行日	2015-12-24	联系电
抄表周	每月多次抄表	阶梯类	非阶梯	免费电标志	否	免费电有效截止日		备注说

抄表信息

计量点	抄表序	资产编号	示数类型	上月行码	本月行码	度差	业务类别	倍率	电表电量	换表电量	合计电量
1			正有功总	39130.02	41180.9	2050.88	正常电费	40	82035	0	82035
1			正有功总	40846.67	40846.67	0	变更前	40	0	0	0

计费信息

计量点	计量方式	电价代码	分时计费	定量定比值	基本电费标志	需量核定值	变损分摊标志	业务类别	力调标准	变损定额	线损计算方法	线损分摊标志	线损计算值
1	高供低	无电价	否	0	不计算	0	不分摊	变更前	不考核	0	不计算	否	0
1	高供低	无电价	否	0	不计算	0	不分摊	正常电	不考核	0	不计算	否	0

变压器信息

图 5-23

二、存在问题

"受电装置变更"工单更换了互感器，倍率已经变了，但是计费明细中倍率没有更新，复核规则没有相关的提示。

三、解决办法

1．工单已归档但是倍率未生效，需要在当月计费档案维护的抄表信息中综合倍率处，进行手工维护正确的倍率，并上传相关的说明。

2．次月计费时观察该户正确的倍率是否生效，如仍未能生效，需要重新发起相关的倍率更正工单进行更正。

3．复核规则需要申请增加台区表用户筛查规则，倍率有变化的提示。

4．加强对有变更倍率的工单核查。

5．注意计费参数有变更的工单计费后的核查。

四、注意事项

1．提高电费复核人员对电费异常信息的核查能力，及时发现错误，避免出现电费差错。

2．注意电量异常波动是否正常，如发现电量异常较大，注意核查是否存在工单变更参数未生效。

3．台区线损是否异常，如发现台区线损偏差过大，注意核查是否存在工单变更参数未生效。

第六章　其他类型案例

案例 6-1　变压器的组号不一致，导致基本电费错误

一、案例介绍

该户增容，但是将增容的变压器 400kVA 挂在参考表计量点 3 上，导致此户只是计算了 250kVA 基本电费：250/30×16=133kVA，正确的应该是两台变压器 16 天的基本电费：（250+400）/30×16=346kVA。（250 及 400 是指变压器容量，30 是指一个月 30 天，16 是指运行天数 16 天。）另外，除了会影响基本电费，还会影响变损电量。

错误：

变压器组号不一致导致计算基本电费不对

基本电漏计

图 6-1

正确：

变压器信息

变压器组号	变压器号	变压器标志	开始时间	结束时间	运行天数	容量	状态	装拆标志	变损类型	计算方法	考核功率因数	变压器户号
1	9000029440	专变	2013/11/15	2013/11/30	16	400	运行	新装	GB6451.1-95	不计算	0.90	
	9000024067	专变	2013/11/15	2013/11/30	16	250	运行	新计费信息	GB6451.1-95	不计算	0.90	
101	9000024067Y	专变	2013/11/01	2013/11/14	14	250	运行	原计费信息	GB6451.1-95	查表	0.90	

电量

计量点	时段	有功 抄见电量	换表电量	增减电量	扣补电量	分摊电量	变损电量	线损电量	实用电量	无功 抄见电量	换表电量	增减电量	变损电量	实用电量	电度电费 单价	金额
2	总	106610							106610	89470				89470		62422.60
	峰	26920							26920						0	0.9598	25837.81
	平	46090							46090						0	0.5817	26810.55
	谷	33600							33600						0	0.2909	9774.24
3	总	106620							106620	89470				89470		
101	总	11140					501		11641	7880			2276	10156		7917.71
	峰	2047					92		2139						0	1.2799	2737.70
	平	3687					166		3853						0	0.7757	2988.77
	谷	5406					243		5649						0	0.3879	2191.24

计量信息

计量点	时段	分段	运行天数	电度电费－阶梯1 电量	单价	电费	电度电费－阶梯2 电量	单价	电费	电度电费－阶梯3 电量	单价	电费

加价电费

计量点	三峡建设基金 单价	金额	城建附加费 单价	金额	国家水库移民 单价	金额	省内水库移民 单价	金额	可再生能源 单价	金额	高耗能差别电价 单价	金额	燃油附加 单价	金额
2	0.0070	746.27	0.0140	1492.54	0.0083	884.87	0.0005	53.31	0.0150	1599.15				
101	0.0070	81.48	0.0140	162.98	0.0083	96.62	0.0005	5.82	0.0150	174.63				

总电费

计量点	考核电量	计费电量	电度电费	加价合计	功率因数	调整率%	力调电费	计费容(需)量	单价	基本电费	总电费	退补电费	应收电费
2	0	106610	62422.60	4776.14	0.77	6.50	4574.74	346.00	23.00	7958.00	79731.48		79731.48
3	106620	0	0.00	0.00							0.00		0.00
101	0	11641	7917.71	521.53	0.75	7.50	593.83				9033.07		9033.07
合计	106620	118251	70340.31	5297.67			5168.57	346.00		7958.00	88764.55		88764.55

图 6-2

二、存在问题

该户计量点 2 是大工业电价，变压器 250kVA 挂靠此户上，且变压器组号为 1，但是 400kVA 这台变压器，组号却为 3，导致 400kVA 这台变压器无法参与基本电费计算。

三、解决办法

维护客户档案里变压器组号保持一致。

四、注意事项

1. 电价为大工业且需要计算基本电费的，有两台及以上变压器的客户要留意组号要一致，相关工作人员都要留意这一参数的正确设置。

2. 业务人员要熟悉影响计费参数的设置，复核员在核算过程中，尤其是有工单的计费用户，变损、基本电费、力调、倍率、电量等，都要手工仔细核对正确。

案例 6-2 高压暂停或高压恢复工单，导致计费重复

一、案例介绍

该户 9 月第二次计费时，已收取了全部变压器 9 月的 16 天基本电费。在 10 月计费时，运行的变压器收取了 30 天基本电费，暂停的变压器 4945 也收取了暂停前的 16 天基本电费和暂停的 14 天基本电费的 50%。故已重复收取了 4 台 630kVA 变压器的 16 天基本电费。

二、存在问题

除销户工单外，高压暂停或高压恢复等工单中，非周期性计费环节中进行了抄表初始

化，产生第二次计费，容易导致基本电费与变损电量不正确。

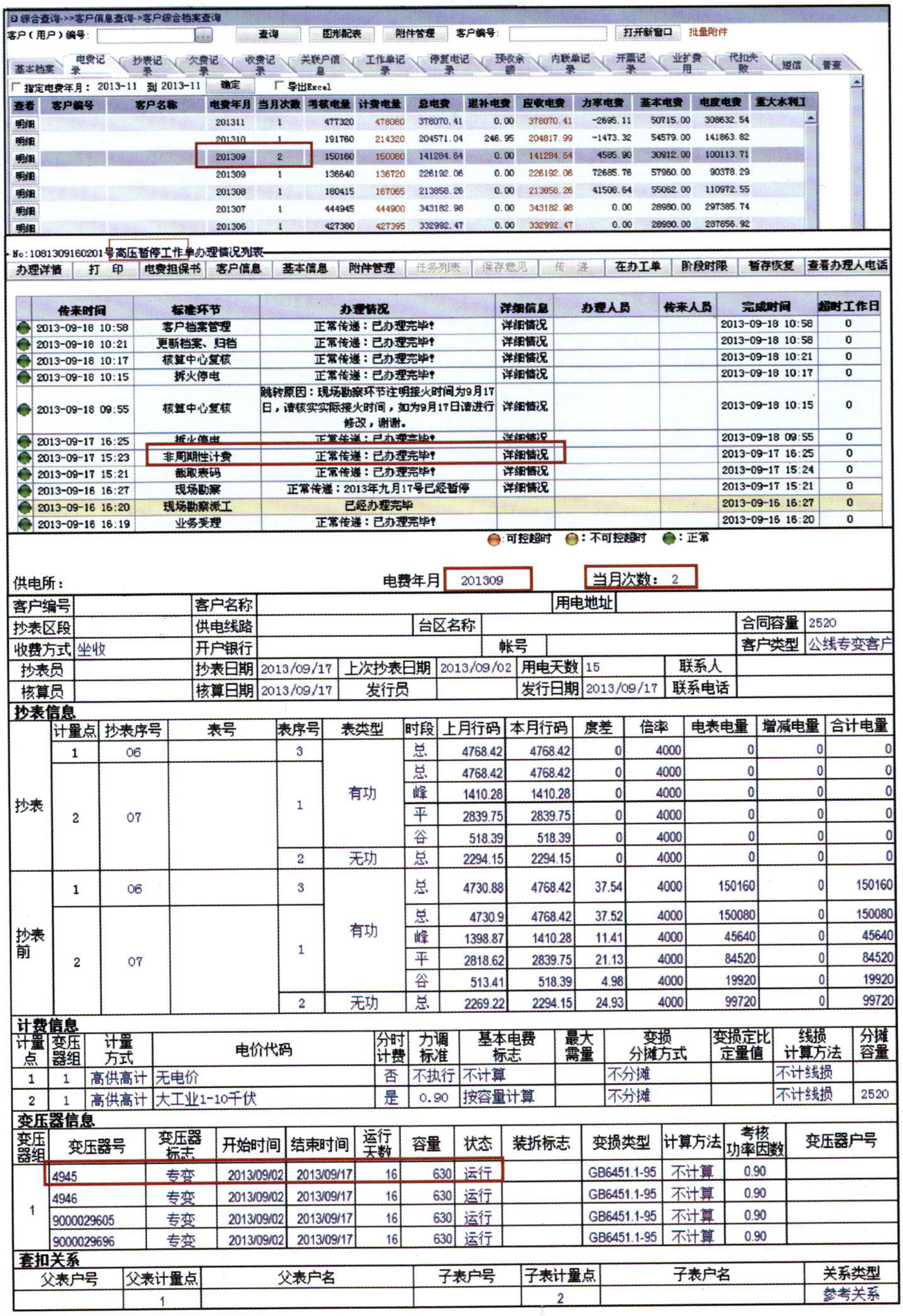

综合查询->>客户信息查询->客户综合档案查询

客户（用户）编号：　查询　图形配表　附件管理　客户编号：　打开新窗口　批量附件

基本档案　电费记录　抄表记录　欠费记录　收费记录　关联户信息　工作单记录　停复电记录　预收余额　内联单记录　开票记录　业扩费用　代扣失败　短信　普查

指定电费年月：2013-11 到 2013-11　确定　导出Excel

查看	客户编号	客户名称	电费年月	当月次数	考核电量	计费电量	总电费	退补电费	应收电费	力率电费	基本电费	电度电费	重大水利工
明细			201311	1	477320	478080	378070.41	0.00	378070.41	-2695.11	50715.00	308632.54	
明细			201310	1	191760	214320	204571.04	246.95	204817.99	-1473.32	54579.00	141863.82	
明细			201309	2	150160	150080	141284.64	0.00	141284.64	4585.90	30912.00	100113.71	
明细			201309	1	136640	136720	226192.06	0.00	226192.06	72685.76	57980.00	90378.29	
明细			201308	1	180415	167065	213858.26	0.00	213858.26	41508.64	55062.00	110972.55	
明细			201307	1	444945	444900	343182.98	0.00	343182.98	0.00	28980.00	297385.74	
明细			201306	1	427380	427395	332992.47	0.00	332992.47	0.00	28980.00	287856.92	

No:1081309160201号高压暂停工作单办理情况列表

办理详情　打印　电费担保书　客户信息　基本信息　附件管理　任务列表　保存意见　传递　在办工单　阶段时限　暂存恢复　查看办理人电话

传来时间	标准环节	办理情况	详细信息	办理人员	传来人员	完成时间	超时工作日
2013-09-18 10:58	客户档案管理	正常传递：已办理完毕！	详细情况			2013-09-18 10:58	0
2013-09-18 10:21	更新档案、归档	正常传递：已办理完毕！	详细情况			2013-09-18 10:58	0
2013-09-18 10:17	核算中心复核	正常传递：已办理完毕！	详细情况			2013-09-18 10:21	0
2013-09-18 10:15	拆火停电	正常传递：已办理完毕！	详细情况			2013-09-18 10:17	0
2013-09-18 09:55	核算中心复核	跳转原因：现场勘察环节注明接火时间为9月17日，请核实实际接火时间，如为9月17日请进行修改，谢谢。	详细情况			2013-09-18 10:15	0
2013-09-17 16:25	拆火停电	正常传递：已办理完毕！	详细情况			2013-09-18 09:55	0
2013-09-17 15:23	非周期性计费	正常传递：已办理完毕！	详细情况			2013-09-17 16:25	0
2013-09-17 15:21	截取表码	正常传递：已办理完毕！	详细情况			2013-09-17 15:24	0
2013-09-16 16:27	现场勘察	正常传递：2013年九月17号已经暂停	详细情况			2013-09-17 15:21	0
2013-09-16 16:20	现场勘察派工	已经办理完毕				2013-09-16 16:27	0
2013-09-16 16:19	业务受理	正常传递：已办理完毕！				2013-09-16 16:20	0

可控超时　不可控超时　正常

供电所：　电费年月 201309　当月次数：2

客户编号		客户名称		用电地址			
抄表区段		供电线路		台区名称		合同容量	2520
收费方式	坐收	开户银行		帐号		客户类型	公线专变客户
抄表员		抄表日期	2013/09/17	上次抄表日期	2013/09/02	用电天数	15
核算员		核算日期	2013/09/17	发行员		发行日期	2013/09/17

联系人　联系电话

抄表信息

	计量点	抄表序号	表号	表序号	表类型	时段	上月行码	本月行码	度差	倍率	电表电量	增减电量	合计电量
抄表	1	06		3	有功	总	4768.42	4768.42	0	4000	0	0	0
	2	07		1	有功	总	4768.42	4768.42	0	4000	0	0	0
						峰	1410.28	1410.28	0	4000	0	0	0
						平	2839.75	2839.75	0	4000	0	0	0
						谷	518.39	518.39	0	4000	0	0	0
				2	无功	总	2294.15	2294.15	0	4000	0	0	0
抄表前	1	06		3	有功	总	4730.88	4768.42	37.54	4000	150160	0	150160
	2	07		1	有功	总	4730.9	4768.42	37.52	4000	150080	0	150080
						峰	1398.87	1410.28	11.41	4000	45640	0	45640
						平	2818.62	2839.75	21.13	4000	84520	0	84520
						谷	513.41	518.39	4.98	4000	19920	0	19920
				2	无功	总	2269.22	2294.15	24.93	4000	99720	0	99720

计费信息

计量点	变压器组	计量方式	电价代码	分时计费	力调标准	基本电费标志	最大需量	变损分摊方式	变损定比定量值	线损计算方法	分摊容量
1	1	高供高计	无电价	否	不执行	不计算		不分摊		不计线损	
2	1	高供高计	大工业1-10千伏	是	0.90	按容量计算		不分摊		不计线损	2520

变压器信息

变压器组	变压器号	变压器标志	开始时间	结束时间	运行天数	容量	状态	装拆标志	变损类型	计算方法	考核功率因数	变压器户号
1	4945	专变	2013/09/02	2013/09/17	16	630	运行		GB6451.1-95	不计算	0.90	
	4946	专变	2013/09/02	2013/09/17	16	630	运行		GB6451.1-95	不计算	0.90	
	9000029605	专变	2013/09/02	2013/09/17	16	630	运行		GB6451.1-95	不计算	0.90	
	9000029696	专变	2013/09/02	2013/09/17	16	630	运行		GB6451.1-95	不计算	0.90	

套扣关系

父表户号	父表计量点	父表户名	子表户号	子表计量点	子表户名	关系类型
	1			2		参考关系

图 6-3

计量信息				电度电费 – 阶梯1			电度电费 – 阶梯2			电度电费 – 阶梯3		
计量点	时段	分段	运行天数	电量	单价	电费	电量	单价	电费	电量	单价	电费

加价电费												
计量点	三峡建设基金		城建附加费		国家水库移民		省内水库移民		可再生能源		高耗能差别电价	
	单价	金额	单价	金额	单价	金额	单价	金额	单价	金额	单价	金额
2	0.0070	1050.56	0.0140	2101.12	0.0083	1245.67	0.0005	75.04	0.0080	1200.64		

> 630/30×16×4＝1344，已收取暂停前9月的16天基本电费

总电费												
计量点	考核电量	计费电量	电度电费	加价合计	功率因数	调整率%	力调电费	计费容(需)量	单价	基本电费	总电费	退补电费	应收电费
1	150160	0	0.00	0.00						0.00		0.00
2	0	150080	100113.71	5673.03	0.83	3.50	4585.90	1344.00	23.00	30912.00	141284.64		141284.64
合计	150160	150080	100113.71	5673.03			4585.90	1344.00		30912.00	141284.64		141284.64

客户抄表结算复核单

供电所：				电费年月： 201310		当月次数： 1	
客户编号		客户名称			用电地址		
抄表区段		供电线路		台区名称		合同容量 2520	
收费方式 坐收		开户银行		帐号		客户类型 公线专变客户	
抄表员		抄表日期 2013/10/01	上次抄表日期 2013/09/17	用电天数 14	联系人		
核算员		核算日期 2013/10/06	发行员		发行日期 2013/10/08	联系电话	

抄表信息

	计量点	抄表序号	表号	表序号	表类型	时段	上月行码	本月行码	度差	倍率	电表电量	增减电量	合计电量
抄表	1	06		3		总	4768.42	4816.36	47.94	4000	191760	0	191760
	2	07		1	有功	总	4768.42	4822	53.58	4000	214320	0	214320
						峰	1410.28	1427.44	17.16	4000	68640	0	68640
						平	2839.75	2868.64	28.89	4000	115560	0	115560
						谷	518.39	525.92	7.53	4000	30120	0	30120
				2	无功		2294.15	2309.61	15.46	4000	61840	0	61840

计费信息

计量点	变压器组	计量方式	电价代码	分时计费	力调标志	基本电费标志	最大需量	变损分摊方式	变损定比定量值	线损方法	分摊容量
1	1	高供高计	无电价	否	不执行	不计算		不分摊		不计线损	
2	1	高供高计	大工业1-10千伏	是	0.90	按容量计算		不分摊		不计线损	2520

变压器信息

变压器组	变压器号	变压器标志	开始时间	结束时间	运行天数	容量	状态	装拆标志	变损类型	计算方法	考核功率因数	变压器户号
1		专变	2013/09/01	2013/09/30	30	630	运行		GB6451.1-95	不计算	0.90	
		专变	2013/09/01	2013/09/16	16	630	运行		GB6451.1-95	不计算	0.90	
		专变	2013/09/17	2013/09/30	0	630	停运	暂停	GB6451.1-95	不计算	0.90	
		专变	2013/09/01	2013/09/30	30	630	运行		GB6451.1-95	不计算	0.90	
		专变	2013/09/01	2013/09/30	30	630	运行		GB6451.1-95	不计算	0.90	

套扣关系

父表表号	父表计量点	父表户名	子表户号	子表计量点	子表户名	关系类型
	1			2		参考关系

计量信息				电度电费 – 阶梯1			电度电费 – 阶梯2			电度电费 – 阶梯3		
计量点	时段	分段	运行天数	电量	单价	电费	电量	单价	电费	电量	单价	电费

加价电费												
计量点	三峡建设基金		城建附加费		国家水库移民		省内水库移民		可再生能源		高耗能差别电价	燃油附加
	单价	金额	单价	金额	单价	金额	单价	金额				
2	0.0070	1500.24	0.0140	3000.48	0.0083	1778.86	0.0005	107.16				

> 630×3+630/30×16+630/30×14×50%=2373，收取了3台运行变压器整月的基本电费

总电费												
计量点	考核电量	计费电量	电度电费	加价合计	功率因数	调整率%	力调电费	计费容(需)量	单价	基本电费	总电费	退补电费	应收电费
1	191760	0	0.00	0.00						0.00			0.00
2	0	214320	141863.82	9601.54	0.96	-0.75	-1473.32	2373.00	23.00	54579.00	204571.04	246.95	204817.99
合计	191760	214320	141863.82	9601.54			-1473.32	2373.00		54579.00	204571.04	246.95	204817.99

图 6-4

三、解决办法

发起冲正退补工单或电量电费退补工单，退补多收的电费。

四、注意事项

1. 留意非周期性计费是否重复计收或漏收。

2. 复核员在核算过程中，尤其是有工单的计费用户，变损、基本电费、力调、倍率、电量等，都要手工仔细核对正确。

案例6-3　关联户不一起计算，导致力调不正确

一、案例介绍

变压器为总分关系的关联户应收回退后不一起计算，导致力调计费异常，且没有相应的拦截复核规则。

二、存在问题

关联户应收回退后不一起计算，导致子表力调计费异常，力调电费为空白未收取。如该关联户有变损电量，还会影响变损电量的分摊，造成电量电费收取错误。

图6-5

三、解决办法

关联户应一起冲正退补（旧系统应收回退）并同时计算。

四、注意事项

请注意关联户冲正退补（应收回退）或是重算，要一起计算，否则会影响力调和变损电量的收取。

案例6-4　一户一表电量错误且有规则提示电量大，仍然确认正确

一、案例介绍

某住宅用户警告信息仅为"居民有功用户电量突变，居民一户一表用户电量突变 3 倍以上"，实际表码已回行，电量已错误，电量是平常用电量的 100 多倍。但供电所复核员仍然在分散复核工单，经过三级复核审批确认该户电量电费正确。

二、存在问题

某用户警告信息仅为"居民有功用户电量突变，居民一户一表用户电量突变 3 倍以上"，实际表码已回行，电量已错误。但复核员并未仔细核实复核单上相关数据，直接转确认。

三、解决办法

转抄表异常正确录入数据并重新计算。

四、注意事项

1．注意核查电量波动大及有异常提示的用户，不要批量转发行确认。

2．供电分局的分散复核工单三级审核存在问题，没有起到层层审核把关的作用。

3．应组织相关人员进行在岗培训，要求各班长及班员认真学习，吸取教训，引起大家的重视和警觉，杜绝类似现象再次发生。

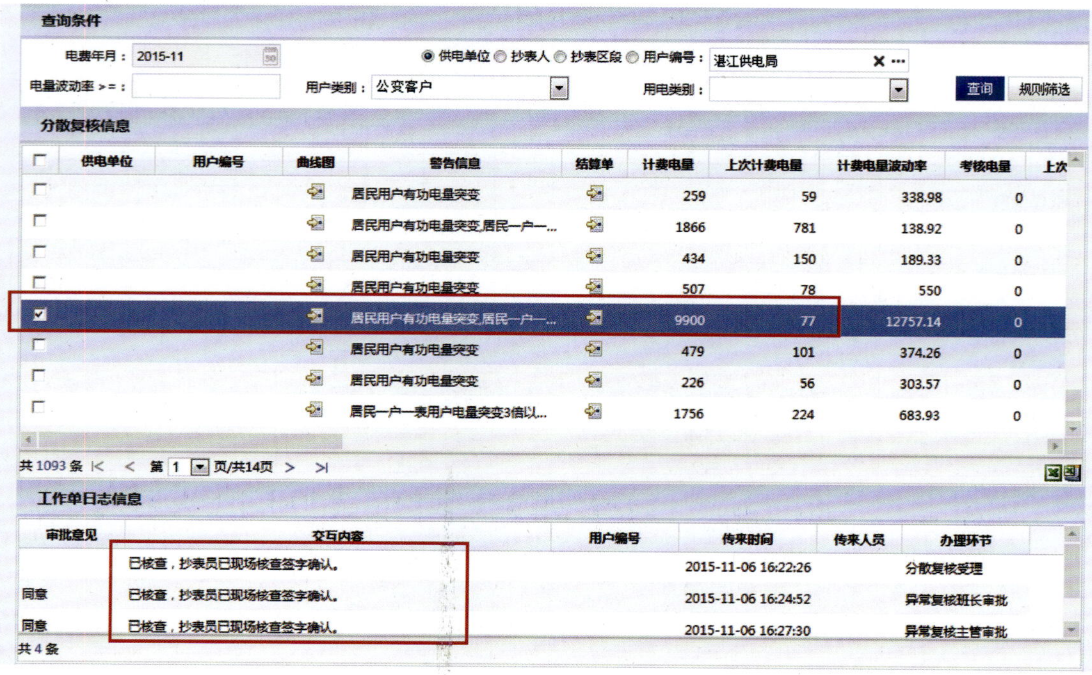

图 6-6

客户抄表结算复核单

供电单位					电费年月 201511			电费次数 1	
用户编			用户名			用电地址			
抄表区		供电线			台区名			合同容	4
收费方	银行批扣	开户银			账号			客户类	公变客户
抄表员		抄表日	2015-11-03	上次抄表日期	2015-10-03	联系人			
核算员		核算日	2015-11-03	发行员		发行日		联系电	
抄表周	每月一次抄表	阶梯类	一户一表	免费电标志	否	免费电有效截止日		备注说	

抄表信息

计量点	抄表序	资产编号	示数类型	上月行码	本月行码	度差	业务类别	倍率	电表电量	换表电量	合计电量
1			正有功总	3710	3610	9900	正常电费	1	9900		9900

计费信息

计量点	计量方式	电价代码	分时计费	定量定比值	基本电费标志	需量核定值	变损分摊标志	业务类别	力调标准	变损定额	线损计算方法	线损分摊标志	线损计算值
1	低供低	居民电价	否	0	不计算	0	不分摊	正常电	不考核	0	不计算	否	0

变压器信息

变压器标识	计量点	补收容量	变压器标志	开始时间	结束时间	运行天数	容量	状态	变损类型	计算方法	考核功率因数	变压器户号

电量

计量点	时段	有功								无功						电度电费	
		抄见电量	换表电量	免费电量	退补电量	扣表电量	分摊电量	变损电量	线损电量	实用电量	抄见电量	换表电量	退补电量	变损电量	扣表电量	实用电量	单价	金额
1	总	9900	0	0	0	0	0	0	0	9900	0	0	0	0	0	0	0.9002	8748.98

阶梯信息

计量点	时段	阶梯类别	用电时间			电量上限	电量	单价	电费
1	总	居民阶梯一	2015-10-03	至	2015-11-03	260	260	0.63	163.8
1	总	居民阶梯二	2015-10-03	至	2015-11-03	600	340	0.68	231.2
1	总	居民阶梯三	2015-10-03	至	2015-11-03	99999999	9300	0.93	8649

图 6-7

案例 6-5　计量故障追补工单未生效，导致电量电费漏收（当月电费次数影响）

一、案例介绍

某客户有更换故障计量装置的工单且有退补电量，但退补电量并未生效，漏计追补电量。查看当月计费维护的工作单档案，这张工单的处理月份是 6 月，但电费次数显示为 2，表示该追补工单的电量可以在 6 月的第二次计费中生效。但是 6 月的第一次电费在 6 月 4 日已发行，更换故障计量装置工单在 6 月 6 日才归档，6 月没有进行第二次抄表计费，所以追补电量并没有生效。

二、存在问题

1. 某客户有更换故障计量装置的工单且有退补电量，但是该工单并未生效，原因可能是 6 月只有 1 次的抄表计费，但可以看到工作单档案中的是第二次计费生效，此类计量故障工单追补电量不生效与工单归档后默认的电费处理月份有关，导致工单没有生效。

2. 此类问题属于旧系统问题，已提缺陷需求，但仍要注意核查退补电量是否生效。

3. 新营销系统根据需求变更，在计量故障工单中可以触发计量故障退补工单，另外单独对故障电量进行退补，可以正常计算退补电量，避免再有漏生效退补电量的异常发生。

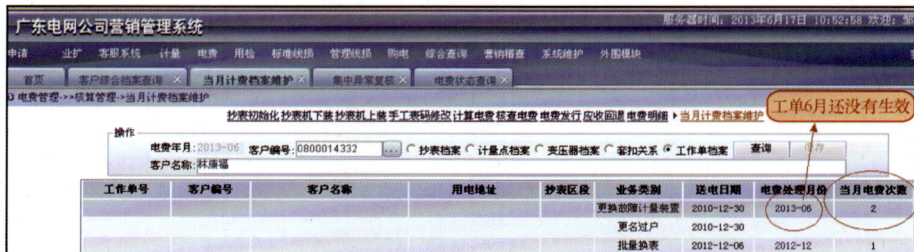

图 6-8

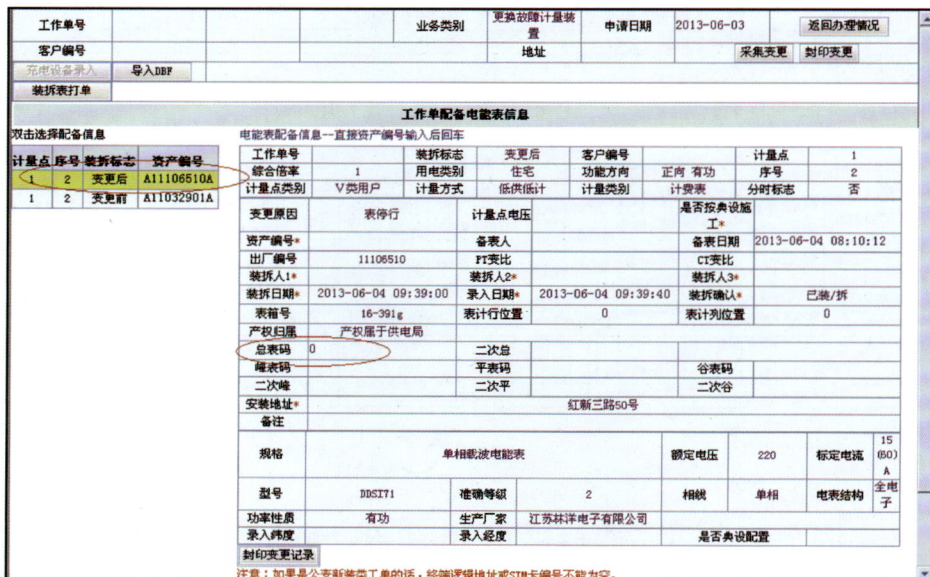

图 6-9

图 6-10

审批结论：	同意	审批意见：	按前二期日平均用电量追62天660度。

计量点号	表序号	资产编号	功能代码	分时表标志	所退补月份	退补类别	总退补电量	峰退补电量	平退补电量	谷退补电量	参与变损标志
1	2	A11032901A	有功	否	201306		660				是

图 6-11

工作单档案中的当月次数是2

客户抄表结算复核单

供电所：　　电费年月 201306　　当月次数：1

客户编号		客户名称				用电地址			
抄表区段		供电线路		台区名称				合同容量	4
收费方式	银行代扣	开户银行			帐号			客户类型	公变客户
抄表员		抄表日期	2013/06/02	上次抄表日期	2013/04/03	用电天数	60	联系人	
核算员		核算日期	2013/06/02	发行员		发行日期	2013/06/04	联系电话	
抄表周期	双月抄表	阶梯类型	一户一表	免费电标志	否	备注说明			

抄表信息

	计量点	抄表序号	表号	表序号	表类型	时段	上月行码	本月行码	度差	倍率	电表电量	增减电量	合计电量
抄表	1	075		2	有功	总	1279.31	1279.31	0	1	0	0	0

计费信息

计量点	变压器组	计量方式	电价代码	分时计费	力调标准	基本电费标志	最大需量	变损分摊方式	变损定比定量值	线损计算方法	分摊容量
1		低供低计	住宅用电	否	不执行	不计算		不分摊		不计线损	

电量

		有功									无功					电度电费	
计量点	时段	抄见电量	换表电量	免费电量	增减电量	扣表电量	分摊电量	变损电量	线损电量	实用电量	抄见电量	换表电量	增减电量	变损电量	实用电量	单价	金额
1	总	0								0							

阶梯信息

计量点	时段	计费类型	用电天数	阶梯类别	阶梯档次	电量上限	电量	单价	电费

各项附加费

计量点	重大水利工程建设基金		城建附加费		国家水库移民		省内水库移民		可再生能源		高耗能差别电价		燃油附加	
	单价	金额	单价	金额	单价	金额	单价	金额	单价	金额	单价	金额	单价	金额
1	0.0070		0.0140		0.0083									

总电费

计量点	考核电量	计费电量	电度电费	加价合计	功率因数	调整率%	力调电费	计费容(需)量	单价	基本电费	总电费	退补电费	应收电费
1	0	0	0.00	0.00							0.00		0.00

图 6-12

三、解决办法

进行当月计费维护并且重新计算。

四、注意事项

1．更换故障计量装置并且有退补电量时，应注意核查退补电量是否生效，避免有漏生效退补电量的异常发生。

2．应加强营销业务管理，严格按照《广东电网公司抄表管理细则》第 5.6.3 条的规定执行，指定专人负责电量电费退补工作，避免因人为疏忽致使电量电费出错。

案例 6-6　改类工单本次抄表日期错误，导致表码错误

一、案例介绍

某公变客户 2016 年 7 月 11 日发起改类工单，由于改类工单的记录电表示数这一环节的本次抄表日期错误，导致表计的起码错误，致使计算电费错误。

二、存在问题

1．某公变客户 2016 年 7 月 11 日发起改类工单，改类工单的记录电表示数这一环节的本次抄表日期错误。查看工单可知本次表示数为 9620，抄表日期却为 2016 年 7 月 4 日，此日期为上次抄表的日期。

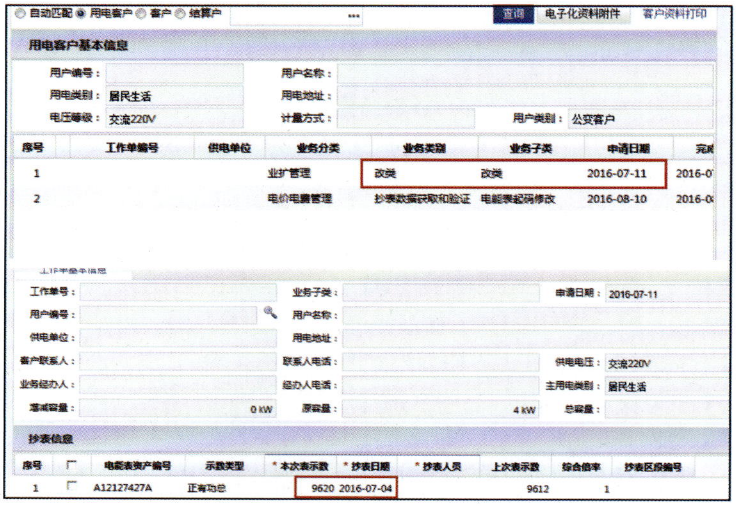

图 6-13

2．该客户 8 月的客户抄表结算复核单显示改类后的起码错误，致使漏计电量。

供电单位　　　　电费年月 201608　　　　电费次数 1

用户编		用户名				用电地址			
抄表区		供电线		台区名				合同容	4
收费方	银行批扣	开户银		账号				客户类	公变客户
抄表员		抄表日	2016-08-04	上次抄表日期	2016-07-04	联系人			
核算员		核算日	2016-08-04	发行员		发行日		联系电	
抄表周	每月一次抄表	阶梯类	一户一表	免费电标志	否	免费电有效截止日		备注说	

抄表信息

计量点	抄表序	资产编号	示数类型	上月行码	本月行码	度差	业务类别	倍率	电表电量	换表电量	合计电量
1	50	A12127427A	正有功总	9620	9877	257	正常电费	1	257	0	257
1	50	A12127427A	正有功总	9612	9612	0	变更前	1	0	0	0

计费信息

计量点	计量方式	电价代码	分时计费	定量定比值	基本电费标志	需量核定值	变损分摊标志	业务类别	力调标准	变损定额	线损计算方法	线损分摊标志	线损计算值
1	低供低计	35001001居民电价(0.63)	否	0	不计算	0	不分摊	正常电费	不考核	0	不计算	否	0
1	低供低计	35001001居民电价(0.63)	否	0	不计算	0	不分摊	变更前	不考核		不计算	否	0
2	低供低计	33001001商业不满1千伏(0.816)	否	0.01	不计算	0	不分摊	正常电费	不考核	0	不计算	否	0

变压器信息

变压器标识	计量点	补收容量	变压器标志	开始时间	结束时间	运行天数	容量	状态	变损类型	计算方法	考核功率因数	变压器户号

电量

计量点	时段	有功									无功						电度电费	
		抄见电量	换表电量	免费电量	退补电量	扣表电量	分摊电量	变损电量	线损电量	实用电量	抄见电量	换表电量	退补电量	变损电量	扣表电量	实用电量	单价	金额
1	总	257	0	0	0	3	0	0	0	254	0	0	0	0	0	0	0.6002	152.44
1	总	0	0	0	0	0	0	0	0	0	0	0	0	0	0	0		0.00
2	总	3	0	0	0	0	0	0	0	3	0	0	0	0	0	0	0.7672	2.31

图 6-14

三、解决办法

1．由于改类工单已归档，无法再对工单里的本次抄表日期进行修改，只能发起电能表起码修改工单进行修改。

◎ 自动匹配 ◉ 用电客户 ◎ 客户 ◎ 结算户 ... 查询 电子化资料附件 客户资料打印

用电客户基本信息

用户编号：		用户名称：			
用电类别：	居民生活	用电地址：			
电压等级：	交流220V	计量方式：	低供低计	用户类别：	公安客户

序号		工作单编号	供电单位	业务分类	业务类别	业务子类	申请日期
1				业扩管理	改类	改类	2016-07-11
2				电价电费管理	抄表数据获取和验证	电能表起码修改	2016-08-10

图 6-15

2．工单归档生效后，电量电费已正确计收。

供电单位 **电费年月** 201608 **电费次数** 1

用户编		用户名		用电地址			
抄表区		供电线		台区名		合同容	4
收费方	银行批扣	开户银		账号		客户类	公安客户
抄表员		抄表日	2016-08-04	上次抄表日期	2016-07-04	联系人	
核算员		核算日	2016-08-10	发行员		发行日	2016-08-16
						联系电	
抄表周	每月一次抄表	阶梯类	一户一表	免费电标志	否	免费电有效截止日	
						备注说	

抄表信息

计量点	抄表序	资产编号	示数类型	上月行码	本月行码	度差	业务类别	倍率	电表电量	换表电量	合计电量
1	50	A12127427A	正有功总	9620	9877	257	正常电费	1	257	0	257
1	50	A12127427A	正有功总	9612	9620	8	变更前	1	8	0	8

计费信息

计量点	计量方式	电价代码	分时计费	定量定比值	基本电费标志	需量核定值	变损分摊标志	业务类别	力调标准	变损定额	线损计算方法	线损分摊标志	线损计算值
1	低供低计	35001001居民电价(0.63)	否	0	不计算	0	不分摊	正常电费	不考核	0	不计算	否	0
1	低供低计	35001001居民电价(0.63)	否	0	不计算	0	不分摊	变更前	不考核		不计算	否	0
2	低供低计	33001001商业不满1千伏(0.816)	否	0.01	不计算	0	不分摊	正常电费	不考核	0	不计算	否	0

变压器信息

变压器标识	计量点	补收容量	变压器标志	开始时间	结束时间	运行天数	容量	状态	变损类型	计算方法	考核功率因数	变压器户号

电量		有功									无功						电度电费	
计量点	时段	抄见电量	换表电量	免费电量	退补电量	扣表电量	分摊电量	变损电量	线损电量	实用电量	抄见电量	换表电量	退补电量	变损电量	扣表电量	实用电量	单价	金额
1	总	257	0	0	0	3	0	0	0	254	0	0	0	0	0	0	0.6002	152.44
1	总	8	0	0	0	0	0	0	0	8	0	0	0	0	0	0	0.6002	4.80

图 6-16

四、注意事项

1．电费核算人员对于起止码异常这一异常警告信息应逐户核对。

2．加强相关业务人员的业务技能培训，确保录入的客户档案计费信息准确无误。

案例 6-7　参考表不能填写为考核表，否则力调计算不正确

一、案例介绍

该户参考表误选择为考核表，旧系统计算力调电费的计算方法是将有功电量加上参考表的电量进行计算，导致力调计算不正确。修改正确后，力调电费计算不再包括参考表电量，计算正确。

图 6-17

修改前：

抄表信息

计量点	抄表序号	表号	表序号	表类型	时段	上月行码	本月行码	度差	倍率	电表电量	增减电量	合计电量
抄表	2	43	3	正向有功	总	4042.11	4055.54	13.43	800	10744	0	10744
					峰	1142.72	1146.48	3.76	800	3008	0	3008
					平	1597.9	1603.62	5.72	800	4576	0	4576
					谷	1301.49	1305.44	3.95	800	3160	0	3160
			4	正向无功	总	1392.6	1398	5.4	800	4320	0	4320
	3	44	5	正向有功	总	4043.1	4056.53	13.43	800	10744	0	10744

计费信息

计量点	变压器组	计量方式	电价代码	分时计费	力调标准	基本电费标志	最大需量	变损分摊方式	段定比定量值	线损计算方法	分摊容量
2	1	高供高计	大工业1-10千伏	是	0.90	按容量计算		不分摊		不计线损	630
3	1	高供高计	无电价	否	不执行	不计算		不分摊		不计线损	

变压器信息

变压器组	变压器号	变压器标志	开始时间	结束时间	运行天数	容量	状态	装拆标志	变损类型	计算方法	考核功率因数	变压器户号
1	M666933	专变	2014/09/01	2014/09/30	30	630	运行		GB6451.1-86	不计算	0.90	0800681280

电量

		有功						无功				电度电费	
计量点	时段	抄见电量	换表电量	免费电量	增减电量	扣表电量	分摊电量	变损电量	线损电量	实用电量	抄见电量	换表电量	增减电量	变损电量	实用电量	单价	金额

计量点	时段	抄见电量	实用电量(有功)	抄见电量(无功)	实用电量(无功)	单价	金额
2	总	10744	10744	4320	4320		6468.18
	峰	3008	3008		0	0.9598	2887.08
	平	4576	4576		0	0.5817	2661.86
	谷	3160	3160		0	0.2909	919.24
3	总	10744	10744				

阶梯信息

计量点	时段	计费类型	用电天数	阶梯类别	阶梯档次	电量上限	电量	单价	电费

各项附加费

计量点	重大水利工程建设基金		城建附加费		国家水库移民		省内水库移民		可再生能源		高耗能差别电价		燃油附加	
	单价	金额	单价	金额	单价	金额	单价	金额	单价	金额	单价	金额	单价	金额
2	0.0070	75.21	0.0140	150.41	0.0083	89.18	0.0005	5.37	0.0150	161.16				

总电费

计量点	考核电量	计费电量	电度电费	加价合计	功率因数	调整率%	力调电费	计费容(需)量	单价	基本电费	总电费	退补电费	应收电费
2	0	10744	6468.18	481.33	0.98	-0.75	-157.17	630.00	23.00	14490.00	21282.32		0.00
3	10744		0.00	0.00						0.00			0.00
合计	10744	10744	6468.18	481.33			-157.17	630.00		14490.00	21282.32		0.00

图 6-18

修改后：

抄表信息

计量点	抄表序号	表号	表序号	表类型	时段	上月行码	本月行码	度差	倍率	电表电量	增减电量	合计电量
2	43		3	正向有功	总	4042.11	4055.54	13.43	800	10744	0	10744
					峰	1142.72	1146.48	3.76	800	3008	0	3008
					平	1597.9	1603.62	5.72	800	4576	0	4576
					谷	1301.49	1305.44	3.95	800	3160	0	3160
			4	正向无功	总	1392.6	1398	5.4	800	4320		4320
3	44		5	正向有功	总	4043.1	4056.53	13.43	800	10744		10744

计费信息

计量点	变压器组	计量方式	电价代码	分时计费	力调标准	基本电费标志	最大需量	变损分摊方式	变损定比定量值	线损计算方法	分摊容量
2	1	高供高计	大工业1-10千伏	是	0.90	按容量计算		不分摊		不计线损	630
3	1	高供高计	无电价	否	不执行	不计算		不分摊		不计线损	

变压器信息

变压器组	变压器号	变压器标志	开始时间	结束时间	运行天数	容量	计费容量	状态	装拆标志	变损类型	计算方法	考核功率因数	变压器户号
1	M666933	专变	2014/09/01	2014/09/30	30	630	630	运行			GB6451.1-86	不计	0.90	

电量

计量点	时段	抄见电量(有功)	换表电量	免费电量	增减电量	扣表电量	分摊电量	变损电量	线损电量	实用电量	抄见电量(无功)	换表电量	增减电量	变损电量	实用电量	单价	金额
2	总	10744								10744	4320				4320		6468.18
	峰	3008								3008					0	0.9598	2887.08
	平	4576								4576					0	0.5817	2661.86
	谷	3160								3160					0	0.2909	919.24
3	总	10744								10744	0						

阶梯信息

计量点	时段	计费类型	用电天数	阶梯类别	阶梯档次	电量上限	电量	单价	电费

各项附加费

计量点	重大水利工程建设基金 单价	金额	城建附加费 单价	金额	国家水库移民 单价	金额	省内水库移民 单价	金额	可再生能源 单价	金额	高耗能差别电价 单价	金额	燃油附加 单价	金额
2	0.0070	75.21	0.0140	150.41	0.0083	89.18	0.0005	5.37	0.0150	161.16				

总电费

计量点	考核电量	计费电量	电度电费	加价合计	功率因数	调整率%	力调电费	计费容(需)量	单价	基本电费	总电费	退补电费	应收电费
2	0	10744	6468.18	481.33	0.93	-0.45	-94.31	630.00	23.00	14490.00	21345.20		21345.20
3	10744	0	0.00	0.00							0.00		0.00
合计	10744	10744	6468.18	481.33			-94.31	630.00		14490.00	21345.20		21345.20

图 6-19

二、存在问题

将参考表与考核表混淆，分不清楚参考表与考核表的用途。

三、解决方法

发起工单修改错误的档案，将考核表修改为参考表。

四、注意事项

1．该户参考表误选择为考核表，旧系统计算力调计算将有功电量加上参考表的电量进行计算，导致力调计算不正确。修改正确后，力调计算不再包括参考表电量，计算正确。

2．相关工作人员应要正确区分参考表与考核表的区别，以免错收电费。参考表和考核表都是不作为计算电费用途。参考表是指与计费电能表的电量进行对比参考的副表。考核表是便于电力部门作线损分析、考核，以及供电量统计而装设的表计。

案例 6-8　低压用户选取中高压电价，导致电费错误

一、案例介绍

该户为低压公变客户，2016 年 2 月该户办理增容，由于增容工单录入了中压供电的电价，从 3 月到 8 月电费计算错误。没有相关的复核规则可以拦截。

客户抄表结算复核单

供电单位					电费年月 201603			电费次数 1			
用户编号			用户名称				用电地址				
抄表区段		供电线路				台区名称			合同容量	14	
收费方式	银行批扣	开户银行				账号			客户类型	公变客户	
抄表员		抄表日期 2016-03-06		上次抄表日期 2016-02-05			联系人				
核算员		核算日期 2016-03-08		发行员			发行日期 2016-03-10		联系电话		
抄表周期	每月一次抄表	阶梯类型	非阶梯	免费电标志	否	免费电有效截止日			备注说明		

抄表信息

计量点	抄表序号	资产编号	示数类型	上月行码	本月行码	度差	业务类别	倍率	电表电量	换表电量	合计电量
1	132		正有功总	0	369	369	正常电费	1	369	0	369

计费信息

计量点	计量方式	电价代码	分时计费	定量定比值	基本电费标志	需量核定值	变损分摊标志	业务类别	力调标准	变损定额	线损计算方法	线损分摊标志	线损计算值
1	低供低计	32602004非工业1-10千伏(0.8078)	否	0	不计算	0	不分摊	正常电费	不考核	0	不计算	否	0

图 6-20

二、存在问题

1．经核查，低压增容工单由于分局业扩人员选择错误，选取中高压电价，建议从源头上进行整改。整改建议如下：已转交业扩相关人员，应在工单上限制低压工单可以选取高压电价，由业扩向省 1000 号提出需求，在"新装、增容、改类"等可以更改电价的工作单上进行控制。需要申请增加低压增容及新装工单的电价限制，公变客户不能选择中压及以上的电价，或者选取后有弹出电价选取错误的提示。

2．提交电费复核规则需求，对于此类低压选择中高错误电价的异常，进行报警提示。

三、解决办法

1．申请改类工单，修改为正确的低压电价。

2．发起电费退补工单，对差错月份的电费进行历史重算后再退补。

四、注意事项

1．加强提高业务人员工作责任心，注意谨慎选择对应的电价。

2．新装及增容工单的电价是最关键的计费参数，"现场勘查"与"资料电子化归档"环节的相关业务人员应注意核查中的电价选择是否正确。

案例 6-9 新装用户归档多月未正常抄表

一、案例介绍

某低压新装工单 2016 年 3 月归档，截至 2016 年 8 月没有抄表记录。系统没有相关提示。

图 6-21

二、存在问题

1. 翻月前所有的新装归档客户，如果抄表册没有及时编入抄表周期，该新装户无法成功翻月抄表，但营销系统仍未完善，存然存在无法正常数据开放的客户，且没有相关的提示，继续向省公司提交完善需求。

2. 抄表班班长应在每月抄表前对已归档的新装客户编入抄表计划进行抄表计费，避免因未及时抄表影响线损电量和下一周期抄表计费。

三、解决办法

1. 找出此类客户的共同问题后，再向省 1000 号平台提交需求，建议系统及时拦截此类客户。

2．加强对各局新装用户及时抄表的管理力度。通知各分局实时监控"抄表业务监控"菜单，处于抄表数据开放的待开放客户注意核查是否属于新装未正常数据开放的用户。

四、注意事项

1．抄表员现场抄表发现新表有表没档，及时反馈抄表班或复核班相关人员跟进。

2．总结此类客户共同点都是没有录入抄表方式，各分局注意核查新装归档户要及时录入抄表方式。

案例 6-10　大工业客户减容或暂停后的容量 250kVA，仍执行大工业电价

一、案例介绍

某大工业用户原有两台变压器共 450kVA，2016 年 4 月 1 日现场暂停一台 200kVA 的变压器，剩下一台 250kVA 的变压器继续运行，运行容量少于 315kVA，达不到两部制电价的要求，按照国家发展改革委办公室最新的电价政策《关于两部制电价用户基本电价执行方式的通知》（发改办价格〔2016〕1583 号），第二条"放宽减容（暂停）期限限制"的第三小点"减容（暂停）后容量达不到实施两部制电价规定容量标准的，应改为相应用电类别单一制电价计费，并执行相应的分类电价标准"的规定执行该户 4 月暂停，当时两部制最新电价没有下文，但是文件通知后的 11 月仍执行错误的大工业电价。

客户抄表结算复核单

						电费年月 201611		电费次数 1
供电单位								
用户编			用户名			用电地址		
抄表区		供电线			台区名		合同容量	450
收费方	供电坐收	开户银			账号		客户类	公线专变客户
抄表员		抄表日 2016-11-01		上次抄表日期 2016-10-01		联系人		
核算员		核算日 2016-11-14		发行员		发行日 2016-11-15		联系电
抄表周	每月一次抄表	阶梯类	非阶梯	免费电标志 否	免费电有效截止日		备注说	

抄表信息

计量点	抄表序	资产编号	示数类型	上月行码	本月行码	度差	业务类别	倍率	电表电量	换表电量	合计电量
1			正有功总	1787.02	1789.54	2.52	正常电费	600	1512	0	1512
1			正有功峰	226.85	227.52	0.67	正常电费	600	402	0	402
1			正有功平	759.13	760.47	1.34	正常电费	600	804	0	804
1			正有功谷	801.03	801.54	0.51	正常电费	600	306	0	306
1			正无功总	764.28	765.7	1.42	正常电费	600	852	0	852

计费信息

计量点	计量方式	电价代码	分时计费	定量定比值	基本电费标志	需量核定值	变损分摊标志	业务类别	力调标准	变损定额	线损计算方法	线损分摊标志	线损计算值
1	高供高计	31002001大工业1-10千伏(0.5928)	是	0	按变压器容量	0	不分摊	正常电费	考核标准0.9	0	不计算	否	0

变压器信息

变压器标识	计量点	补收容量	变压器标志	开始时间	结束时间	运行天数	容量	状态	变损类型	计算方法	考核功率因数	变压器户号
	1	240	专变	2016-10-01	2016-10-31	0	200	停用	GB6451.1-95	不计算	考核标准0.9	
	1		专变	2016-10-01	2016-10-31	30	250	运行	GB6451.1-95	不计算	考核标准0.9	

图 6-22

二、存在问题

暂停后运行容量只有 250kVA 应改为普通工业电价，但仍执行大工业电价，存在执行电价与政策不符。

三、解决办法

根据最新的两部制政策〔2016〕1583 号文件，营销系统程序部署的暂停或减容工单已有电价重新选取及重新签订《供用电合同》的环节，及时通知客户重新来办理暂停工单或减容工单。

四、注意事项

1．全员学习《关于两部制电价用户基本电价执行方式的通知》（发改办价格〔2016〕1583 号）文件，注意大工业用户的暂停、减容、改类等工单核查正确、计费正确。

2．暂停、临时减容、永久减容业务主要根据减少容量的时间长度进行选择。

3．客户需要短期减少容量，有较为明确的时限打算，年内又累计未超过 6 个月，建议办理暂停业务。

4．暂停业务日历年内累计超过 6 个月，系统将按原容量计算基本电费，但是客户状态还是暂停。暂停业务到期后，客户在暂停的状态下可以直接办理减容业务，无须先办理暂停恢复再办理减容业务。

案例 6-11　增容工单计量点的计量容量与现场勘查图形配表的变压器容量不一致

一、案例介绍

某食品猪场客户，办理高压增容业务，变压器容量由 50kVA 增容到 125kVA，但没有添加无功表盘，导致力调电费漏收。

二、存在问题

1．业扩人员在办理高压增容工单时，现场勘查图形配表的变压器容量已变更到 125kVA，但计量点里的相关计量容量仍为 50kVA。

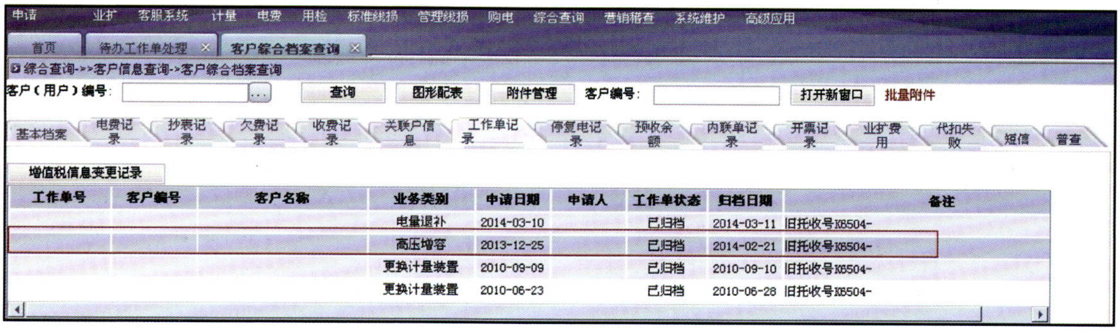

图 6-23

165

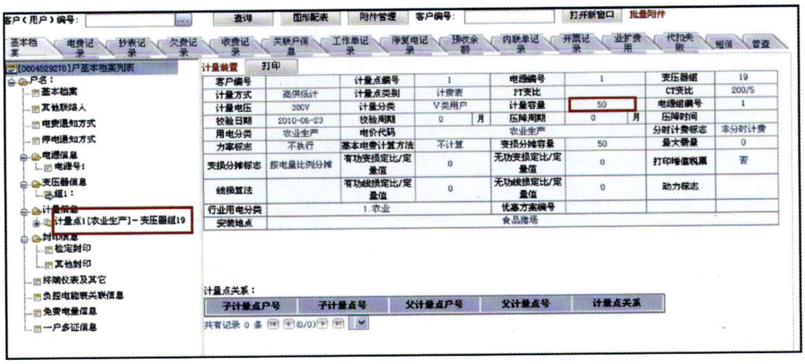

图 6-24

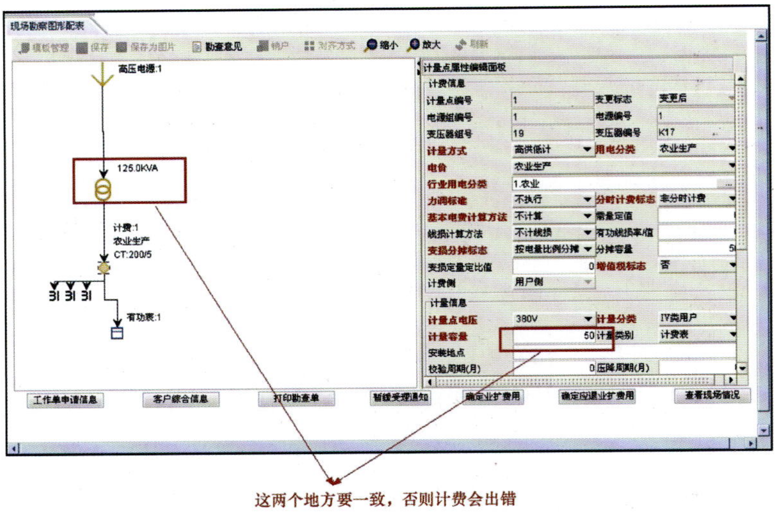
这两个地方要一致，否则计费会出错

图 6-25

2.《客户抄表结算复核单》显示，分摊容量与变压器信息的容量不一致，由于没有添加无功表盘，力调标准选择为不执行，导致变损电量错收，力率电费漏计。

客户抄表结算复核单

供电所：　　电费年月 201403　　当月次数：1

客户编号		客户名称			用电地址		
抄表区段		供电线路		台区名称		合同容量	125
收费方式	银行代扣	开户银行		帐号	5.91014E+21	客户类型	公线专变客户
抄表员		抄表日期	2014/03/03	上次抄表日期	2014/02/01	用电天数	30
核算员		核算日期	2014/03/11	发行员		发行日期	

联系人　联系电话

抄表信息

	计量点	抄表序号	表号	表序号	表类型	时段	上月行码	本月行码	度差	倍率	电表电量	增减电量	合计电量
抄表	1	1	D09000040F	1	有功	总	19834.14	20816.59	982.45	40	39298		39298
抄表前				1	有功	总	19834.14	19834.14	0	40			0

计费信息

计量点	变压器组	计量方式	电价代码	分时计费	力调标准	基本电费标志	最大需量	变损分摊方式	定量值	计算方法	分摊容量
1	19			否	不执行	不计算		按电量比例分摊		不计线损	50

125K力调标准应是执行，无功表盘应要添加

分摊容量填写错误

变压器信息

变压器组	变压器号	变压器标志	开始时间	结束时间	运行天数	容量	状态	装拆标志	变损类型	计算方法	考核功率因数	变压器户号
1	K17131	专变合用	2014/02/0	2014/02/28	30	125	运行		GB6451.1-86	查表	0.8	

电量

计量点	时段	有功 抄见电量	换表电量	增减电量	扣表电量	分摊电量	变损电量	线损电量	实用电量	无功 抄见电量	换表电量	增减电量	变损电量	实用电量	电度电费 单价	金额
1	总	39298					1283		40581	0			4180	4180	0.6351	25772.99

计量信息				电度电费 - 阶梯1			电度电费 - 阶梯2			电度电费 - 阶梯3		
计量点	时段	分段	运行天数	电量	单价	电费	电量	单价	电费	电量	单价	电费

加价电费

图 6-26

三、解决办法

业扩人员应及时到现场核实工单里的变压器容量是否与现场相符，并要及时发起工单，添加无功表盘并执行正确的力率标准以便正确计收变损电量和力率电费。

四、注意事项

1. 业扩人员在办理高压增容工单时，应留意现场勘查图形配表的变压器容量与计量点里的相关计量容量是否保证一致，如客户的变压器容量大于或等于 100kVA 时，应添加无功表盘，录入关键计费信息时认真按照功率因数调整电费的收取范围进行填写。

2. 电费核算人员在审核工单时应留意这个计费参数的正确选择。

3. 电费核算人员应"对新装增容、用电变更、电能计量装置参数变化、执行或不执行特殊电价，表计故障等，在业务流程处理完毕后的首次计费月份，应逐户进行核对"。要求对该户的首次计费月份进行认真核对，及时发现错误，及时更正。

4. 加强相关业务人员的业务技能培训，确保录入的客户档案计费信息准确无误。

案例 6-12 变压器已停运，却有电量产生

一、案例介绍

某专变客户变压器已停运，没有恢复工单，2016 年 3 月却有电量产生，需要现场核实用户是否有违约用电或窃电行为。

供电单位 **电费年月** 201603 **电费次数** 1

用户编		用户名				用电地址			
抄表区		供电线		台区名				合同容	50
收费方	银行批扣	开户银		账号				客户类	公线专变客户
抄表员		抄表日	2016-03-01	上次抄表日期	2016-02-03	联系人			
核算员		核算日	2016-03-05	发行员		发行日			
抄表周	每月一次抄表	阶梯类	非阶梯	免费电标志	否	免费电有效截止日			

停运却有电量产生

抄表信息

计量点	抄表序	资产编号	示数类型	上月行码	本月行码	度差	业务类别	倍率	电表电量	换表电量	合计电量
1	0		正有功总	11239.01	11438.58	199.57	正常电费	15	2994	0	2994

计费信息

计量点	计量方式	电价代码	分时计费	定量定比值	基本电费标志	需量核定值	变损分摊标志	业务类别	力调标准	变损定额	线损计算方法	线损分摊标志	线损计算值
1	高供低计	稻田排灌、脱粒用电	否	0	不计算	0	按电量比例分摊	正常电费	不考核	0	不计算	否	0

变压器信息

变压器标识	计量点	补收容量	变压器标志	开始时间	结束时间	运行天数	容量	状态	变损类型	计算方法	考核功率因数	变压器户号
08J15338	1	0	专变	2016-02-01	2016-02-29	0	50	停用	GB6451.1-86	查表法一	考核标准 0.8	0308000804653818

电量		**有功**									**无功**						**电度电费**	
计量点	时段	抄见电量	换表电量	免费电量	退补电量	扣表电量	分摊电量	变损电量	线损电量	实用电量	抄见电量	换表电量	退补电量	变损电量	扣表电量	实用电量	单价	金额

图 6-27

图 6-28

二、存在问题

经分局复核员核查反映，该专变客户 2 月已经到供电所营业厅办理恢复用电，业务人员已到客户现场恢复用电，但疏忽遗漏在系统中发起工单，导致变压器实际已运行但系统仍然是暂停状态。

三、解决办法

1．发起暂停恢复工单，录入正确的变压器启封日期，重新计算电费。

2．如果本月已发行，需要根据客户实际恢复的运行天数，重新计收变压器变损电量。并发起冲正退补工单或电费退补工单。

四、注意事项

1．分局针对此类问题进行通报，杜绝类似问题再次发生。

2．加强业务人员的技能培训，确保实际现场工作与营销系统信息同步准确无误。